红棉论丛
中共广州市委党校

丛书主编　孟源北

十年砥砺

新时代广州基层民主治理之路

陈　炜／主编

广州新华出版发行集团
广州出版社

图书在版编目（CIP）数据

十年砥砺：新时代广州基层民主治理之路 / 陈炜主编. —广州：广州出版社，2022.9

（中共广州市委党校红棉论丛）

ISBN 978-7-5462-3501-1

Ⅰ. ①十…　Ⅱ. ①陈…　Ⅲ. ①社会主义民主—建设—研究—广州

Ⅳ. ①D638

中国版本图书馆CIP数据核字（2022）第175935号

书　　名　十年砥砺——新时代广州基层民主治理之路
Shi Nian Dili —Xin Shidai Guangzhou Jiceng Minzhu Zhili Zhi Lu

出版发行　广州出版社
（地址：广州市天河区天润路87号9、10楼　邮政编码：510635
网址：www.gzcbs.com.cn）

出 品 人　柳宗慧

项目统筹　李良婷

项目策划　潘孟良

责任编辑　潘孟良

责任校对　王俊婕

装帧设计　肖晓文

印刷单位　佛山市迎高彩印有限公司
（地址：佛山市顺德区陈村镇广隆工业区兴业七路九号
邮政编码：528313）

规　　格　787 mm × 1092 mm　1/16

印　　张　17

字　　数　280千

版　　次　2022年9月第1版

印　　次　2022年9月第1次

书　　号　ISBN 978-7-5462-3501-1

定　　价　55.00元

《红棉论丛·非凡十年（2012—2022）专辑》

总 序

孟源北

党的十八大以来的十年，是党和国家事业发展中极不平凡的十年，在以习近平同志为核心的党中央坚强领导下，我国全面建成小康社会，开启了全面建设社会主义现代化国家新征程，新发展理念深入人心，经济社会发展和生态文明建设取得了具有里程碑意义的重大成就。进入了中国特色社会主义新时代这十年，必将永载史册。

习近平总书记对广东、广州工作高度重视、亲切关怀、寄予厚望。党的十八大以来3次赴广东考察调研、两次参加全国人大广东代表团审议、多次作出重要指示批示，亲自谋划、亲自部署、亲自推动粤港澳大湾区建设。2012年12月，党的十八大后首次离京考察，习近平总书记就来到广东。总书记表示，这次调研之所以到广东来，就是要到在我国改革开放中得风气之先的地方，现场回顾我国改革开放的历史进程，将改革开放继续推向前进。2018年10月，总书记再次到广东、广州考察调研，要求广州实现老城市新活力，在综合城市功能、城市文化综合实力、现代服务业、现代化国际化营商环境方面出新出彩。

党的十八大以来，广州以习近平新时代中国特色社会主义思想指导一切工作，不忘初心、牢记嘱托，奋力实现习近平总书记赋予广州的使命任务，立足于自身深厚的文化底蕴，秉持敢为人先的改革创新精神，在经济、科技、文化、社会、党建诸领域奋发有为、励精图治。城市综合实力达至历史最好水平，科技创新能级显著跃升，城市面貌和品质焕然一新，民生福祉改善可圈可点，人民安居乐业，社会和谐，生态优美，千年古城焕发出新的活力。广州市地区生产总值从2012年的1.35万亿元跃升至2021年的2.82万亿元，累计增长1.47万亿元，年均复合增速达到8.5%。2012年，全年城镇居民人均可支配收入38054元，全年农村居民人均可支配收入16788元；至2021年，全年城镇居民人均可支配收入74416元，累计增长36362元，年均复合增速达到7.7%，全年农村居民人均可支配收入34533元，累计增长17745元，年均复合增速达到8.3%。人民群众的获得感、幸福感、安全感大大增强。

时代风云激荡，浩浩珠江两畔铺展雄伟历史画卷。在党的二十大即将胜利召开的这个重要节点上，回顾广州在新时代十年中所走过的波澜壮阔历程，呈现广州在新时代十年中所发生的巨变，具有重要意义。

其一，广州新时代十年的改革创新发展实践，深刻反映了习近平新时代中国特色社会主义思想的真理特征，广州所有的拼搏奋进、所取得的成就与创造的经验，均是习近平新时代中国特色社会主义思想在引领党、引领国家、引领时代的具体实践。

其二，广州新时代十年的改革创新发展实践，生动诠释了中国特色社会主义新时代这一重大概念的深刻内涵，丰富和延伸了中国特色社会主义新时代的精神和意义，是中国特色社会主义新时代取得历史性成就、发生历史性变革的重要组成部分。

其三，广州新时代十年的改革创新发展实践，形象展现了理念创新与实践创新相结合的经典案例，在高质量发展、城市治理现代化、打造文化强市以及基层党的建设等重大主题方面，均形成了理论与实践的深刻认识和丰富经验，具有相对完整的体系性与鲜明的示范性。

总之，回顾与总结广州新时代十年践行习近平新时代中国特色社会主义思想的做法经验，展现广州新时代十年丰富多彩的发展变化，可以进一步深化广州城市改革创新发展进程的研究，为我国高质量发展提供城市样本。

基于以上认识，我们在广州出版社的支持下，调研编写出版了《红棉论丛·非凡十年（2012—2022）专辑》，选择从科技创新、城市更新、国有经济、基层民主、文化建设、基层党建等六个方面，进行呈现与建构、分析与总结，以期多角度展示新时代广州在习近平新时代中国特色社会主义思想引领下所发生的深刻变化和取得的辉煌成就。具体专题为《十年飞跃——新时代广州科技创新之路》《十年嬗变——新时代广州城市更新之路》《十年精进——新时代广州国有经济发展之路》《十年砥砺——新时代广州基层民主治理之路》《十年欣荣——新时代广州文化发展之路》《十年笃行——新时代广州基层党建创新之路》。

历史长河从过去奔涌而来，正向未来逐浪而去。让我们与新时代同向同行，全面深入践行习近平新时代中国特色社会主义思想，发挥广州国家中心城市和综合性门户城市引领作用，全面增强国际商贸中心、综合交通枢纽功能，培育提升科技教育文化中心功能，着力建设国际大都市，奋力打造中国特色社会主义城市典范，推动实现老城市新活力、“四个出新出彩”取得新的更大成就。

2022年7月

（作者系中共广州市委党校常务副校长、研究员）

目 录

导　论

一个国家实行什么样的政治制度，对于国家发展至关紧要。坚持中国特色社会主义道路自信，首先要坚持政治发展道路的自信。党的十八大以来，以习近平同志为核心的党中央对新时代中国特色社会主义民主政治建设作出了一系列重要论述，提出了发展全过程人民民主的重要论断。这对于增强走中国特色社会主义政治发展道路的信心和决心，不断推进我国社会主义政治制度自我完善和发展，推进国家治理体系和治理能力现代化，全面建设社会主义现代化国家，实现中华民族伟大复兴的中国梦，具有十分重要的指导意义。

一、坚定不移走中国特色社会主义政治发展道路

习近平总书记指出："以什么样的思路来谋划和推进中国社会主义民主政治建设，在国家政治生活中具有管根本、管全局、管长远的作用。古今中外，由于政治发展道路选择错误而导致社会动荡、国家分裂、人亡政息的例子比比皆是。中国是一个发展中大国，坚持正确的政治发展道路更是关系根本、关系全局的重大问题。"[①]一个国家走什么样的政治发展道路，必须与这个国家的国情和性质相适应。

中华人民共和国成立以来特别是改革开放以来，中国共产党团结带领人民成功开辟了中国特色社会主义政治发展道路，为实现最广泛的人民民主确立了正确方向。中国特色社会主义政治发展道路是符合中国国情的正确道路。中国特色社会主义政治发展道路的核心思想、主体内容、基本要求，都在宪法中得到了确认和体现，主要包括：国家的根本制度和根本任务，国家的领导核心和指导思想，工人阶级领导的、以工农联盟为基础的人民民主专政的国体，人民代表大会制度的政体，中国共产党领导的多

① 习近平：《习近平谈治国理政》（第二卷），外文出版社2017年，第285页。

党合作和政治协商制度、民族区域自治制度以及基层群众自治制度，爱国统一战线，社会主义法治原则，民主集中制原则，尊重和保障人权原则，等等。这一政治发展道路是近代以来中国人民长期奋斗的历史逻辑、理论逻辑、实践逻辑的必然结果，是坚持党的本质属性、践行党的根本宗旨的必然要求，是符合中国国情、保证人民当家作主的正确道路。在这个问题上，我们必须保持政治定力，增强走中国特色社会主义政治发展道路的信心和决心。

走中国特色社会主义政治发展道路必须积极稳妥推进政治体制改革。中国特色社会主义民主是个新事物，也是个好事物。当然，这并不是说，中国政治制度就完美无缺了，就不需要完善和发展了。我们一直认为，我们的民主法治建设同扩大人民民主和经济社会发展的要求还不完全适应，必须继续加以完善。当今世界正经历百年未有之大变局，改革发展稳定、内政外交国防、治党治国治军各方面任务之繁重前所未有，我们面临的风险挑战之严峻前所未有，必须坚持和完善中国特色社会主义制度、推进国家治理体系和治理能力现代化，运用制度威力应对风险挑战的冲击。

“橘生淮南则为橘，生于淮北则为枳。”我们需要借鉴国外政治文明有益成果，但绝不能放弃中国政治制度的根本。中国有九百六十多万平方公里土地、五十六个民族，我们不能照搬别的国家的模式，也不需要“教师爷”般的说教。对丰富多彩的世界，我们应该秉持兼容并蓄的态度，虚心学习他人的好东西，在独立自主的立场上把他人的好东西加以消化吸收，化成我们自己的好东西，但决不能囫囵吞枣、决不能邯郸学步。照抄照搬他国的政治制度行不通，会水土不服，会画虎不成反类犬，甚至会把国家前途命运葬送掉。只有扎根本国土壤、汲取充沛养分的制度，才最可靠、也最管用。

作为调节社会关系的政治制度，没有固定的模式，各个国家不可能完全相同。政治制度是用来解决社会问题推进社会发展的，能够达到这样目的的政治制度就是好的制度。中国特色社会主义政治制度，实现了我国经济长期发展和社会长期稳定，已经被实践检验是行之有效的，这是我们之所以能够坚定制度自信的厚实基础。习近平总书记在庆祝全国人民代表大会成立60周年大会上讲话指出："设计和发展国家政治制度，必须注重历史和现实、理论和实践、形式和内容有机统一。要坚持从国情出发、从实际出发，既要把握长期形成的历史传承，又要把握走过的发展道路、积累的政治经验、形成的政治原则，还要把握现实要求、着眼解决现实问题，不能割断历史，不能想象突然就搬来一座政治制度上的'飞来峰'。政治制度是用来调节政治关系、建立政治秩序、推动国家发展、维护国家稳定的，不可能脱离特定社会政治条件来抽象评判，不可能千篇一律、归于一尊。在政治制度上，看到别的国家有而我们没有就简单认为有欠缺，要搬过来；或者，看到我们有而别的国家没有就简单认为是多余的，要去除掉。这两种观点都是简单化的、片面的，因而都是不正确的。"①

世界上不存在完全相同的政治制度，也不存在适用于一切国家的政治制度模式。"物之不齐，物之情也。"各国国情不同，每个国家的政治制度都是独特的，都是由这个国家的人民决定的，都是在这个国家历史传承、文化传统、经济社会发展的基础上长期发展、渐进改进、内生性演化的结果。中国特色社会主义政治制度之所以行得通、有生命力、有效率，就是因为它是从中国的社会土壤中生长起来的。中国特色社会主义政治制度过去和现在一直生长在中国的社会土壤之中，未来要继续茁壮成长，也必须深深扎根于中国的社会土壤。

中国的实践向世界说明了一个道理：治理一个国家，推动一个国家实现现代化，并不只有西方制度模式这一条道，各国完全可以走出自己的道路来。可以说，我们用事实宣告了"历史终结论"的破产，宣告了各国最终都要以西方制度模式为归宿的单线式历史观的破产。

发展社会主义民主政治，保证国家政治生活既充满活力又安定有序，关键是要坚持党的领导、人民当家作主、依法治国有机统一。三者统一于我国社会主义民主政治伟大实践。中国共产党领导是中国特色社会主义最

① 习近平：《习近平谈治国理政》（第二卷），外文出版社2017年版，第285-286页。

本质的特征，是中国特色社会主义制度的最大优势，是人民当家作主和依法治国的根本保证。必须坚持党政军民学、东西南北中，党是领导一切的，坚决维护党中央权威，健全总揽全局、协调各方的党的领导制度体系，把党的领导落实到国家治理各领域各方面各环节。要不断改进党的领导方式和执政方式，善于使党的主张通过法定程序成为国家意志，善于使党组织推荐的人选通过法定程序成为国家政权机关的领导人员，善于通过国家政权机关实施党对国家和社会的领导，善于运用民主集中制原则维护党和国家权威、维护全党全国团结统一。

人民当家作主是社会主义民主政治的本质和核心。人民是我们党执政的最大底气。人民民主是社会主义的生命，没有民主就没有社会主义，就没有社会主义的现代化，就没有中华民族伟大复兴。我们要坚持人民民主，更好地把人民的智慧和力量凝聚到党和人民事业中来。必须坚持国家一切权力属于人民，坚持人民主体地位，支持和保证人民通过人民代表大会行使国家权力。要扩大人民民主，健全民主制度，丰富民主形式，拓宽民主渠道，从各层次各领域扩大公民有序政治参与，发展更加广泛、更加充分、更加健全的民主。

依法治国是党领导人民治理国家的基本方式。必须把党的领导贯彻落实到依法治国全过程和各方面，坚定不移走中国特色社会主义法治道路，完善以宪法为核心的中国特色社会主义法律体系，建设中国特色社会主义法治体系，建设社会主义法治国家，发展中国特色社会主义法治理论，坚持依法治国、依法执政、依法行政共同推进，坚持法治国家、法治政府、法治社会一体建设，坚持依法治国和以德治国相结合，依法治国和依规治党有机统一，深化司法体制改革，提高全民族法治素养和道德素质。

评价一个国家政治制度是不是民主的、有效的，主要看国家领导层能否依法有序更替；全体人民能否依法管理国家事务和社会事务、管理经济和文化事业；人民群众能否畅通表达利益要求；社会各方面能否有效参与国家政治生活；国家决策能否实现科学化、民主化；各方面人才能否通过公平竞争进入国家领导和管理体系；执政党能否依照宪法法律规定实现对国家事务的领导；权力运用能否得到有效制约和监督。经过长期努力，我们在这些重点问题的解决上都取得了决定性进展。我们废除了实际上存在的领导干部职务终身制，普遍实行领导干部任期制度，实现了国家机关和领导层的有序更替。我们不断扩大人民有序政治参与，人民实现了内容广泛、层次丰富的当家作主。我们坚持发展最广泛的爱国统一战线，发展独具特色的社会主义协商民主，有效凝聚了各党派、各团体、各民族、各阶层、各界人士的智慧和力量。我们努力建设了解民情、反映民意、集中民智、珍惜民力的决策机制，增强决策透明度和公众参与度，保证了决策符合人民利益和愿望。我们积极发展广纳群贤、充满活力的选人用人机制，广泛把各方面的优秀人才集聚到党和国家各项事业中来。我们坚持依法治国、依法执政、依法行政共同推进，坚持法治国家、法治政府、法治社会一体建设，全社会法治水平不断提高。我们建立健全多层次监督体系，完善各类公开办事制度，保证党和国家领导机关和人员按照法定权限和程序行使权力。

人民代表大会制度，是坚持党的领导、人民当家作主、依法治国有机统一的根本政治制度。1954年，中华人民共和国的缔造者们，同经过普选产生的1200多名全国人大代表一道，召开了第一届全国人民代表大会第一次会议，通过了《中华人民共和国宪法》，从此建立起中华人民共和国的根本政治制度——人民代表大会制度。这是中国人民翻身作主、掌握自己命运的必然选择，是中国人民在人类政治制度史上的伟大创造。宪法明确规定："中华人民共和国的一切权力属于人民。人民行使国家权力的机关是全国人民代表大会和地方各级人民代表大会。"坚持人民代表大会制度，就是支持和保证人民通过人民代表大会行使国家权力，保证各级人大都由民主选举产生、对人民负责、受人民监督，保证各级国家机关都由人大产生、对人大负责、受人大监督。

人民代表大会制度是我国的根本政治制度。要毫不动摇坚持人民代表大会制度，也要与时俱进完善人民代表大会制度。各级党委要加强和改善党对人大工作的领导，支持和保证人大及其常务委员会依法行使职权、开展工作。支持和保证人民通过人民代表大会行使国家权力。加强和改进立法工作，加强重要领域立法，确保国家发展、重大改革于法有据，坚持问题导向，抓住提高立法质量这个关键。加强和改进法律实施工作，深入推进依法行政，加快建设法治政府；深入推进公正司法，深化司法体制改革。加强和改进监督工作，加强对“一府一委两院”执法、监察、司法工作的监督。加强同人大代表和人民群众的联系。加强和改进人大工作，健全人大常委会组成人员联系本级人大代表机制。

坚持和完善中国共产党领导的多党合作和政治协商制度，推进协商民主广泛多层制度化发展。中国共产党领导的多党合作和政治协商制度作为我国一项基本政治制度，是中国共产党、中国人民和各民主党派、无党派人士的伟大政治创造，是从中国土壤中生长出来的新型政党制度。新型政党制度，新就新在能够真实、广泛、持久代表和实现最广大人民根本利益、全国各族各界根本利益，把各个政党和无党派人士紧密团结起来为着共同目标而奋斗，通过制度化、程序化、规范化的安排集中各种意见和建议推动决策科学化民主化。有效避免了旧式政党制度代表少数人、少数利益集团的弊端；有效避免了一党缺乏监督或者多党轮流坐庄、恶性竞争的弊端；有效避免了旧式政党制度囿于党派利益、阶级利益、区域和集团利益决策施政导致社会撕裂的弊端。

坚持多党合作，贯彻长期共存、互相监督、肝胆相照、荣辱与共的方针，加强中国特色社会主义政党制度建设，展现我国新型政党制度优势。坚持社会主义协商民主的独特优势，统筹推进政党协商、人大协商、政府协商、政协协商、人民团体协商、基层协商，以及社会组织协商。发挥人民政协作为政治组织和民主形式的效能，提高政治协商、民主监督、参政议政水平，更好凝聚共识。

坚持和完善民族区域自治制度，增进民族团结。民族区域自治制度是我国的一项基本政治制度。要坚定不移走中国特色解决民族问题的正确道路，坚持各民族一律平等，坚持各民族共同团结奋斗、共同繁荣发展，保证民族自治地方依法行使自治权，保障少数民族合法权益，巩固和发展平等团结互助和谐的社会主义民族关系。要高举各民族大团结的旗帜，在各民族中牢固树立国家意识、公民意识、中华民族共同体意识。用法律来保障民族团结。严格区分两类不同性质的矛盾，是什么问题就按什么问题处置。坚持和完善基层群众自治制度，发展基层民主。基层群众自治制度是我国的一项基本政治制度。要以扩大有序参与、推进信息公开、加强议事协商、强化权力监督为重点，从各层次各领域扩大公民有序参与。健全基层党组织领导的基层群众自治机制，着力推进基层直接民主制度化、规范化、程序化。健全以职工代表大会为基本形式的企事业单位民主管理制度，探索企业职工参与管理的有效方式。

坚持和完善中国特色社会主义行政体制，构建职责明确、依法行政的政府治理体系。国家行政管理承担着按照党和国家决策部署推动经济社会发展、管理社会事务、服务人民群众的重大职责。必须坚持一切行政机关为人民服务、对人民负责、受人民监督，创新行政方式，提高行政效能，建设人民满意的服务型政府。完善国家行政体制，优化政府职责体系，优化政府组织结构，健全充分发挥中央和地方两个积极性体制机制。

坚持和完善党和国家监督体系，强化对权力运行的制约和监督。只要公共权力存在，就必须受到制约。必须健全统一领导、全面覆盖、权威高效的监督体系，增强监督严肃性、协同性、有效性，形成决策科学、执行坚定、监督有力的权力运行机制，确保党和人民赋予的权力始终用来为人民谋幸福。健全党和国家监督制度，完善权力配置和运行制约机制，构建一体推进不敢腐、不能腐、不想腐体制机制，深化纪检监察体制改革。

巩固和发展最广泛的爱国统一战线。统一战线是中国共产党凝聚人心、汇聚力量的政治优势和战略方针，是夺取革命、建设、改革事业胜利的重要法宝，是增强党的阶级基础、扩大党的群众基础、巩固党的执政地位的重要法宝，是全面建成小康社会、加快推进社会主义现代化、实现中华民族伟大复兴中国梦的重要法宝。统一战线工作是党的特殊群众工作，是一致性和多样性的统一体，解决的是人心和力量问题，是我们党治国理政要解决好的重大战略问题。统战工作的本质要求是大团结大联合，要高举爱国主义、社会主义旗帜，牢牢把握大团结大联合的主题，找到最大公约数，画出最大同心圆，促进政党关系、民族关系、宗教关系、阶层关系、海内外同胞关系和谐。支持民主党派按照中国特色社会主义参政党要求更好地履行职能。全面贯彻党的民族政策，深化民族团结进步教育，铸牢中华民族共同体意识，加强各民族交往交流交融。加强党外知识分子工作。

二、发展全过程人民民主

社会主义民主是一种新型的民主，是人类历史上第一次为群众、为劳动者服务的民主。中华人民共和国的成立，使中国人民得到彻底解放，各族人民实现了政治上的完全平等，开启了人民民主的新纪元。从此，中国人民掌握了国家的权力，成为国家的主人。人民依照法律规定通过各种途径和形式，管理国家事务，管理经济和文化事业，管理社会事务。如果人民只是在投票时被唤醒，投票后就进入休眠期，那就是在搞“民主秀”。民主就成了装饰品，就成了摆设。有比较才有鉴别，我国人民民主既保证了人民进行民主选举的权利，也保证了人民在民主协商、决策、管理、监督等方面的权利，是全过程的民主。

党的十九届六中全会把推进人民民主不断发展作为党百年奋斗的历史意义，把坚持人民至上作为党百年奋斗的历史经验，把积极发展全过程民主作为党的十八大以来政治建设的成功经验，强调党迈步在第二个百年新征程中必须发展全过程人民民主、保证人民当家作主。全过程人民民主是中国特色社会主义政治建设的伟大创造。全过程民主具有巨大的实践优势和话语优势。人民是否享有民主权利，要看人民是否在选举时有投票的权利，也要看人民在日常政治生活中是否有持续参与的权利；要看人民有没有进行民主选举的权利，也要看人民有没有进行民主决策、民主管理、民主监督的权利。

我国人民依法实行民主选举、民主协商、民主决策、民主管理、民主监督，这五个环节扩大了人民有序政治参与，集中反映了全过程民主的具体形式。民主选举实行直接选举和间接选举，产生各级人民代表大会代表，组成国家权力机关并产生其他国家机关。民主协商坚持有事好商量，众人的事情由众人商量，保证了人民的意愿和要求得到充分表达。民主决策以民主集中制为基本原则，广泛征求和充分听取各方面意见，凝聚人民群众智慧，形成最大共识，保证了决策科学有效。民主管理根据宪法赋予人民的各项权利和义务，保证了人人都有参与管理国家和社会各项事务的机会和渠道。民主监督按照宪法赋予人民的监督权利，保证了人民群众对各级国家机关和公职人员提出意见、批评和建议的权利。以上五个环节，环环相扣，内在统一，形成全过程民主的完整链条，实实在在解决人民群众关心的事，为实现人民对美好生活的向往提供了有力保障。

以十三届全国人大代表为例，一线工人、农民、专业技术人员代表所占比例明显提升，凸显了人大代表的广泛性，反映了人民群众政治参与的广泛性。2021年1月1日起实施的《中华人民共和国民法典》，就是在广泛征求人大代表、地方人大、基层立法联系点、中央有关部门和社会公众意见的基础上完成的。实践证明，人民参与民主实践越广泛，意愿表达越充分，人民当家作主的实现就越真实。

社会主义愈发展，民主也愈发展。在新时代新征程中，我们要坚定走中国特色社会主义政治发展道路的信心和决心，坚持和完善人民当家作主制度体系，充分调动人民的积极性、主动性、创造性，更加切实、更有成效地实行人民民主，让全过程民主从各方面、全方位为人民当家作主提供有力保障。

民主永远是在实践中逐渐发展完善的。在保障人民当家作主的前提下，我们要勇于实践，敢为人先，在实践中探索出更多新鲜经验，实现人民对美好生活的追求。作为一种新形态的民主，为了保障全过程人民民主能够实现预设目标，我们可以从五个维度推动全过程人民民主向纵深发展。

第一，培育全过程人民民主有效运行的环境条件。民主的实现是需要客观环境的，同样的民主价值在不同的运转环境下会产生不同的结果。有了稳定的动力来源以后，还需要配置适宜的民主运转环境，也就是民主表达的规则和制度，使任何形式的民意表达都在制度的渠道内流淌。所有的民意表达的规则和制度之和就构成民主的环境。处理好民主的动力来源与客观环境之间的关系，才能确保全过程人民民主在实践中产生良好的效果。二者的关系恰如一个意见收集箱与周围的监控的关系。合适的环境能够有效支撑全过程人民民主的有效运转并产生良好的绩效，不当的环境因素将会制约甚至阻滞全过程人民民主的正常运行。

如何处理好全过程人民民主的动力来源与客观环境的关系？

首先，要激活全过程人民民主实践的动力，克服一些民主实践中存在的参与不足现象。我国人民民主的实践动力来源于人民对美好生活的追求，这个动力已经转化为党的执政理念，现在需要更多的人能够知晓全过程人民民主的价值，体悟全过程人民民主在实现人民权益中的优势，实现对全过程人民民主由认知到认同的转换，在此基础上将全过程人民民主的参与热情转化为积极的实践探索。其次，要培育全过程人民民主的规则意识。民主的正常运行必须具有法治的保障，缺失法治保障的民主将是无序的参与。因此，必须积极培育人民在全过程人民民主实践中的法治理念和规则意识，形成依法参与民主、以程序行使民主、以规则规范民主的思想，保证全过程人民民主的有效运转，提升民主的质量。

第二，注重形式程序的闭路循环。全过程人民民主的实现形式体现在民主选举、民主协商、民主决策、民主管理、民主监督五个环节当中。有了民主形式，并不意味着民主权利的自动实现。民主权利实现需要各环节进行制度设计加以保证，任何一个环节的“中梗阻”都会迟滞民主权利的实现，所以，权利的闭路循环制度是民主得以实现的基本保证。以民主决策为例，决策之前要进行广泛的调研和必要的听证，议题的设定要符合公共利益的需要，公共利益的沉淀要有基本的参与；决策之中要进行协商和对话，确保下情上达和上情下达，决策要有可供比较和选择的方案；决策之后要进行评估和调整，失误的决策要有问责机制兜底。这些基本的制度设计才能保证民主决策的闭路循环，避免半拉子工程，防止公共资源的浪费。在民主选举的形式中，我们以往过多关注代表来源的广泛性，忽视了选出代表的民主能力，对代表履职能力缺乏刚性制度的约束；在民主协商的形式中，我们以往过多关注协商的过程及参与的主体，对协商结果的运用重视度不够；在民主决策的形式中，如何平衡决策的民主质量和决策的效益之间的关系，一直没有明确的制度设计；在民主管理的形式中，是自上而下的动员型民主管理更有效还是自下而上需求性民主管理更有效，没有定论，缺少可以复制的案例；在民主监督的形式中，如何处理监督能力的发展与纪律约束的钳制这一对矛盾，使民主监督的制度设计更加便民可及。这些方面的制度建设，都与民主权利实现紧密相关，应尽早纳入民主制度的闭路循环之中予以考虑。

第三，拓展全过程人民民主发展的空间场域。民主的实现既有纵向的时间过程，也需要有多维的空间场域。纵向时间的民主运作必然涉及多个系统、领域的制约，没有多维空间的相互支撑，就会导致因纵向时间民主运转通道的狭窄而难以取得预期的效果。例如，在进行经济民主决策的过程中，如果只关注经济民主决策的通道，忽视政治、文化和社会民主决策的空间，将产生经济决策民主因整体决策民主空间的狭小，难以展示多数人的意见和对多数人意志的尊重，更难以化解经济民主决策所涉及的政治、文化和社会制约因素问题。因此，必须积极拓展民主的多维场域空间，以适应民主在恰当时空领域的发展。在实践中沿着选举民主、决策民主、管理民主这条主线，积极拓展政治民主、经济民主、文化民主和社会民主等多维民主的空间，将协商民主渗透于纵向民主的具体环节和空间民主的不同领域，形成全过程人民民主在不同过程和空间中民主内容和形式交织互动与支撑的完整运作系统，将人民当家作主的权利发挥到最佳状态。

第四，强化各类主体的关系耦合。全过程人民民主涉及众多主体，这些参与主体在各种民主形式中难免因观点差异而交锋碰撞，只有实现有效的磨合才能在民主实践中产生最大的合力，因此，有必要强化各类主体的关系耦合。根据我国社会治理运转的现状，应该以“党委领导、政府负责、社会协同、公众参与、专家论证、科技支撑”作为各类民主参与主体运转的基本原则。

全过程人民民主的社会主义性质决定了党委领导的必然性。必须坚决维护党中央权威，健全总揽全局、协调各方的党的领导制度体系，把党的领导落实到国家治理各领域各方面各环节，不能因发展全过程人民民主而削弱了党的领导；同时，不断改进党的领导方式，党应该依照国家宪法、法律和党内法规等指引来影响民主选举、民主决策、民主管理和民主监督的每一环节，党领导民主发展的制度建设要及时规范并予以完善。政府是民主建设发展的主要平台，政府因其职能所系，和民主选举、民主协商、民主决策、民主管理、民主监督各环节都紧密相关，政府要适应在监督下开展工作，提升与各类主体合作共治的能力。社会协同主要体现在民主目标的合成方面，当前邻避①问题的处理尤其需要社会协同。公众参与是民主治理的基本要义，维持适当的公众参与张力才能实现民主的价值目标。专家论证在一些复杂问题的决策过程中能够发挥关键作用，引入专家论证可以有效提升治理的专业化水平。实现民主越来越依靠科技的支撑，大数据的运用既能精准反映实际情况，又能有效降低运作成本。

第五，实现民主渠道的广度与民主内涵的深度协调共进。在民主的内容确立之后，通过何种渠道获取优质的民主绩效，这也是需要考虑的问题。在中国特色社会主义制度下，民主实现的渠道十分丰富，但主要集中在如下方面：一是人民代表大会制度渠道；二是政治协商会议渠道；三是基层社会自治渠道；四是府民共治渠道。在民主实践中上述渠道基本上满足了人民民主参与的重要功能，但依然存在人民参与深度不够、渠道有限

① 邻避（Not-In-My-Back-Yard，NIMBY，译为“邻避”，意为“不要建在我家后院”），指当地或邻近居民因反对一切影响房产价值或生活质量设施的建设而引发的矛盾状况，这类设施常见如核电站、垃圾焚烧厂、工厂等。

的问题。

具体而言，在人民代表大会制度实施中，需要依照国家法律法规内容，在不同层级特别是基层人民代表大会活动中提升人民代表的参与率，在议题创设过程中增加基层民众的话语权。在政治协商民主中，需要进一步规范党际协商的程序，确保协商民主有制可依、有规可循，提升各参政党在全过程人民民主中咨政建言的功能。在基层社会自治的民主实践中，由于有了适度的竞争，因此需要加强党对基层社会自治活动的领导，同时也需要提升群众基层社会自治过程中的主人翁地位，使基层选举真正推举出契合民意的代表，提升基层自治的质量，杜绝基层自治过程中出现的自治异化问题，使基层社会自治真正成为全过程人民民主活动的主渠道。在府民共治中，政府何种议题引入公众参与，在何时开放公众参与，这些问题都需要制度化的规定。政府公共政策执行模式的选择、利益资源的分配等方面都需要全面融入公众的参与，在尊重民意的基础决策上，更好地吸纳和凝聚民智，才能克服一些公共政策执行不畅与决策失误的弊端，使全过程人民民主在府民共治的实践中呈现出更加显著的绩效。

随着信息技术的发展，民主渠道的广度与民主内涵的深度之间的关系还要适应技术平台的变化，以提升民主的效益。要及时研究跟进全过程人民民主运作技术平台的现代化。工具手段的先进与否直接关联着全过程人民民主运行的效率和质量，在大数据、信息化和人工智能发展日新月异的时代，必须使全过程人民民主实践契合时代发展的需求，不断更新民主运行的工具和手段，使技术赋能于全过程人民民主的实践，在现代技术平台的基础上增强人民参与的便利度，减少民主运作的成本，提升民主参与的质量，增进民主实践的效益。例如，2021年1月1日起实施的《中华人民共和国民法典》，就是在广泛征求人大代表、地方人大、基层立法联系点、中央有关部门和社会公众意见的基础上完成的。据有关部门统计，民法典草案先后10次公开征求意见，征集到各方面意见100万余条，这是通过民主协商推进立法的典范。这样的案例在互联网普及之前几乎是不可想象的浩繁工程。

三、发挥协商民主在社会治理体系中的作用

1949年9月21日，中国人民政治协商会议第一届全体会议召开，标志着中国共产党领导的多党合作和政治协商制度正式成立。社会主义协商民主是我国社会主义民主政治的特有形式和独特优势——有事好商量；政治协商是中国共产党在政治制度上的伟大创造。人民通过选举、投票行使权利和人民内部各方面在重大决策之前进行充分协商，尽可能就共同性问题取得一致意见，是我国民主的两种重要形式。这两种形式不是相互替代、相互否定的，而是相互补充、相得益彰的。

协商民主的独特政治优势在于：可以广泛达成决策和工作的最大共识，克服党派利益集团相互竞争倾轧的弊端；可以广泛畅通各种利益诉求进入决策程序的渠道，克服不同政治力量为维护利益而固执己见的弊端；可以广泛形成发现和改正错误的机制，克服决策中情况不明、自以为是的弊端；可以广泛形成人民群众参与各层次管理的机制，克服人民群众在国家政治生活中无法表达的弊端；可以广泛凝聚社会力量推进改革，克服各项工作共识不高、难以落实的弊端。

党的十九届四中全会规划了坚持和完善中国特色社会主义制度、推进国家治理体系和治理能力现代化的目标。社会治理是国家治理的重要方面，在社会治理制度方面，要着眼于保持社会稳定、维护国家安全，不断加强和创新社会治理，完善“党委领导、政府负责、民主协商、社会协同、公众参与、法治保障、科技支撑”的社会治理体系，建设人人有责、人人尽责、人人享有的社会治理共同体，确保人民安居乐业、社会安定有序，建设更高水平的平安中国。十九届四中全会归纳的社会治理体系28个字，肯定了我国协商民主发展在共建共治共享社会治理体系中的积极意义，适应了科技的蓬勃发展在社会治理领域的广泛运用，为新时期完善社会治理格局，提升社会治理能力注入了新鲜元素，为提升治理效能提供了制度依据。

从统治到管理，从管理到治理，中国共产党已经从简单的掌权意识深化到提升治理能力、提高执政水平的崭新境界。也就是通过治理能力的提升取代政府的单向管制，寻求多元共治，争取以更小的代价实现更和谐的社会运转。这既是对执政规律的深化，也是对社会治理规律的实际运用。这条主线所贯穿的是思维变革，要求的是执政能力的提升，即在顺应多元社会和有效治理的深刻变化中进行自我调适，寻找领导国家、带领群众、适应社会变化的切入点，以治理能力的现代化呼应社会对传统管控模式变革的要求，尤其是对饱受诟病的行政高压维稳模式的革新，以维护人民各方面的权益，满足人民对美好生活的追求，解放和增强社会活力。正如十九届四中全会所指出的，要将制度优势转化为治理效能，促进国家治理体系和治理能力现代化。

“治理体系现代化”这一执政概念的提出，适合治理变革发展的大趋势，顺应了国内公共参与的发展进程与法治社会建设的现实需求。贯彻社会治理体系中的具体原则，需要发挥各级政府的主观能动性，因此各地政府不可避免存在差异。探索治理体系现代化，还有很长的路要走。它不会像切换电源开关一样，瞬间实现。提出治理能力现代化，是执政党对执政能力结构所进行的自觉调整，以适应现代社会运行的基本要求。

在提升治理能力这个问题上，通过积极探索，已经形成了一些基本的共识，包括：强化党委领导、政府负责的作用，鼓励和支持社会各方面参与，实现政府治理和社会自我调节、居民自治良性互动。坚持民主协商，发挥各种协商平台的作用，最大限度地凝聚共识。坚持依法治理，加强法治保障，运用法治思维和法治方式化解社会矛盾。坚持综合治理，强化道德约束，规范社会行为，调节利益关系，协调社会关系，解决社会问题。坚持源头治理，标本兼治、重在治本。坚持科技支撑，向科技要效益，将成熟的技术运用于社会治理。坚持以网格化管理、社会化服务为方向，健全基层综合服务管理平台，及时反映和协调人民群众各方面各层次利益诉求。

健全民主协商是国家治理现代化的必然选择。我国已经进入全面深化改革的新时期，社会分化趋势加剧，利益格局更趋多元。在这种情况下，社会协商不可或缺，通过协商进行社会整合更是不可替代。治理体系和治理能力只有跟上社会现代化的步伐，才能满足人民日益增长的美好生活需求。社会主义协商民主正是在这个大背景下蓬勃发展。通过人民政协这个制度平台，拓展协商内容、丰富协商形式，开展专题协商、对口协商、界别协商、提案办理协商，探索网络议政、远程协商等新形式，提高协商实效，努力营造既畅所欲言、各抒己见，又理性有度、合法依章的良好协商氛围。通过建立健全协商机制，将政协履行职能纳入各级党委的议事规则和日程，实现政协职能与党委政府工作的有效衔接，完善协商成果采纳、落实和反馈机制，推动协商列入党委政府的督查事项。

民主协商客观上要求对公共事务所涉及的利益群体持开放与尊重的态度，坚信有效的社会管理是建立在社会不同群体之间的有效对话与沟通的基础上，只有通过有效对话与协商，使利益各方更容易达成共识。各级党委政府要本着“愿协商”的心态，推动疑难问题“真协商”，提升“善协商”的本领。在尊重合法利益表达的前提下，构建有序对话机制，营造良性意见交流氛围，从而确保社会治理和公共事务的处理能够得到社会各方的支持，减少社会摩擦，降低社会运行成本，促进社会良性运转，最终实现社会有效治理。

现代国家治理是依托制度的治理，民主协商与现代国家治理高度契合。要大力推动民主协商与国家治理现代化的互动发展，构建民主协商与国家治理的互动机制。坚持和发展中国特色社会主义民主协商，关键在于使民主协商制度化。而制度化的关键在于制度的构建、完善与实施。我们不仅要以提高制度化水平为重点，把民主协商纳入国家治理体系和治理能力现代化进程之中，也要按照程序合理、环节完整的要求，建立健全民主协商的程序和组织方式，拓宽协商制度化渠道，构建国家治理现代化的运行机制。

协商的程序化、制度化、规范化和法律化，对于民主协商至关重要。加强协商民主制度化的顶层设计，把民主协商作为社会治理体系的一个重要内容，同时围绕政党协商制度化、国家权力机关协商制度化、国家行政机关协商制度化、社会基层协商制度化、大众网络协商制度化等一系列制度化建设，健全社会主义民主协商制度，逐步构建和形成富有中国特色的协商制度体系，保证公众能够广泛参加国家治理，保证各领域各方面民主协商的全面深入发展。在此基础上推进协商成果的运用，确保协商模式的可复制性。通过培育民主协商的文化基础，不断增强国家治理现代化的价值认同，着力培育公民的公共协商精神，树立民主协商观念，培育社会主义协商文化，以协商为桥梁，以共识为基础，逐步形成平等、公正、包容、责任、理性的价值氛围，为推进国家治理体系和治理能力现代化服务。

实现共治的要求，需要推动民主协商向基层延伸为突破口，拓展社会阶层政治参与的空间和渠道。扩大人民群众的参与权、知情权、监督权，为新时期密切联系群众提供了有力的保障。推进民主协商制度向基层延伸，拓展政协委员履职平台，探索扩大公民有序政治参与的新途径和新方法，促进群众在城乡社区治理、基层公共事务和公益事业中依法自我管理、自我服务、自我教育、自我监督。建构基层党委、政府、社会组织平等协商的机制，探索出一条以民主协商服务基层群众、破解基层难题的新路子，激发社会协商的活力，维护社会和谐稳定。

四、理直气壮地在民主制度上争取话语权

党的十九届六中全会通过的《中共中央关于党的百年奋斗重大成就和历史经验的决议》指出："改革开放以后，党领导人民坚持中国特色社会主义政治发展道路，发展社会主义民主，取得重大进展。"[①]中国特色社会

① 《中共中央关于党的百年奋斗重大成就和历史经验的决议》，《人民日报》2021年11月17日。

主义民主制度是中国共产党带领人民在实现美好生活过程中逐渐摸索出来的，有自己的历史逻辑、理论逻辑和实践逻辑。方向决定前途，道路决定命运，我们积极发展全过程人民民主，健全全面、广泛、有机衔接的人民当家作主制度体系，构建多样、畅通、有序的民主渠道，丰富民主形式，从各层次各领域扩大人民有序政治参与，使各方面制度和国家治理更好体现人民意志、保障人民权益、激发人民创造。长期以来，我们在民主制度上着眼于自己问题解决的多，对外宣讲的少，在民主制度的国际话语权方面认识迟起步晚。我国的民主制度上遭受较多非议，这影响了民主制度在国际上的形象。经过72年的砥砺奋进，我们已经走到了世界舞台的中央，我们要理直气壮地在民主制度上发出中国声音，坚定制度自信，争取话语权。

上层建筑对经济基础具有反作用，以前我们对这一点强调得不多，古今中外的政例警示我们，必须重视民主发展道路选择，避免犯颠覆性错误。

民主政治因公共生活而起，为公共秩序而兴，它必然是形式民主和实质内容的统一，谁也无权垄断民主政治的评判标准。那种投票时被唤醒、投完票之后即束之高阁的民主已经被越来越多的人厌倦。

评价一个民主政体的标准是多维的，最起码有以下八个标准，即“国家领导层能否依法有序更替；全体人民能否依法管理国家事务和社会事务、管理经济和文化事业；人民群众能否畅通表达利益要求；社会各方面能否有效参与国家政治生活；国家决策能否实现科学化、民主化；各方面人才能否通过公平竞争进入国家领导和管理体系；执政党能否依照宪法法律规定实现对国家事务的领导；权力运用能否得到有效制约和监督”。[①]这些指标，也是我国民主制度进一步发展完善的方向。

经过几代中国人的接续奋斗，我们创造了经济快速发展的奇迹和社会长期稳定的奇迹，为世界发展贡献了中国模式，拓展了广大发展中国家走

① 习近平：《在中央人大工作会议上的讲话》，《求是》2022年第5期。

向现代化的新途径，创造了人类文明新形态。我们应该在民主制度上发出自己的声音。

我们之所以能够大踏步追赶世界，皆赖于民主发展道路的优势。民主制度永远是在实践中逐步发展完善的。中华人民共和国成立70多年来，我们建立了人民代表大会制度、政治协商制度、民族区域自治制度、基层群众自治制度，保证和发展人民当家作主，健全民主制度，丰富民主形式，拓宽民主渠道，实行民主选举、民主协商、民主决策、民主管理、民主监督，保障各族人民平等享受发展的权益。我国的全过程人民民主实现了形式民主和实质民主相统一，程序民主与实体民主相结合，选举民主与协商民主相促进。我国的民主政治制度在调节政治关系、维护社会和谐与促进社会发展方面发挥了积极作用。

在民主政治制度上我们要加强交流，主动发声，争取更多的话语权。中国已经走到了世界舞台的中央，这为我们发出声音奠定了基础。我们要积极主动作为，提升我国民主制度的影响力。国务院新闻办公室在2021年12月4日发表了《中国的民主》白皮书，向全世界展示我国民主制度发展的成就。在争取话语权的道路上，斗争是不可避免的。既要破除对西方民主制度的话语迷信，也要对中国民主制度话语进行科学表达，使之形象好、传得出、被认同。在和西方话语霸权的斗争中，只要站稳立场，持续发声，尊重传播规律，就能积小胜为大胜，不断提升我国民主制度话语的影响力。

第一章

广州城市基层民主治理总体情况

基层民主是我国社会主义民主政治的重要组成部分，是人民当家作主的直接体现，彰显了我国国家制度和国家治理体系的优势。在党的领导下，人民群众在城乡形成基层自治机制，在城乡社区治理、基层公共事务和公益事业中实行自我管理、自我服务、自我教育、自我监督，开展广泛、真实、生动的基层民主实践。实现好、维护好、发展好最广大人民的根本利益，是基层民主的出发点和落脚点，也是践行党的群众路线、密切党同人民群众血肉联系、厚植党的执政根基的重要保障。通过基层民主这一制度纽带，激发广大人民群众的积极性与创造力，促进改革发展成果共享，有效增强人民群众获得感、幸福感、安全感。同时，通过基层民主的实践，紧密团结党同人民群众的联系，为党领导人民推动经济社会发展奠定坚实基础。

党的十八大以来，习近平总书记就推进社会主义民主政治建设作出一系列重要论述，多次强调要坚持和完善基层群众自治制度，发展基层民主，保障人民依法直接行使民主权利，为基层民主建设提供了有力指引和重要理论支撑。习近平总书记指出："民主不是装饰品，不是用来做摆设的，而是需要用来解决人民要解决的问题的。"[①]在城镇化快速发展的时代，我国城市和农村的基层治理面临一系列新问题，亟须妥善处理和解决，基层民主为人民群众表达利益诉求提供了直接平台，是解决问题和矛盾的有效方式和手段。通过健全基层选举、议事、公开、述职、问责等机制，发挥村（居）民委员会、村（居）民小组、村（居）民会议以及群团组织、治安保卫委员会等自治组织的作用，发挥村规民约、村民自治章程、市民公约等自治规范的作用，实现人民群众利益诉求的充分表达、利益差异的积极协调、利益矛盾的有效化解。

广州经济发达，居民求真务实、思想解放，社会利益更为多元化，城市在政务公开、政策开明、民主法治等的建设上更是走在全国各地的前列。改革开放以来，广州市基层社会的治理格局发生了巨大变化，基层治理变迁的逻辑，从过去国家的建设逐渐转变成为社会建设。在主客观因素

① 习近平：《在中央人大工作会议上的讲话》，《求是》2022年第5期。

的共同作用下，产生了多样化的基层民主治理模式。近年来，广州积极谋划推动市域社会治理现代化“一核四维”行动，即以党建引领为“核心”，以改革创新、民主协商、固本强基、群众满意为“四维”，助力实现老城市新活力，助推千年商都出新出彩。

一、广州城市基层民主发展历程

广州是一座英雄城市，是近代国民革命运动的策源地，国民革命军的东征与北伐均从广州起步。广州不仅在一系列进步的历史事件中走在前面，而且在成立共产党组织的过程中也先走了一步。早在1921年3月，广州就建立了共产党小组，是当时国内最早成立共产党组织的六个地区之一。实现第一次国共合作的具有决定意义的中共“三大”和国民党“一大”先后在广州召开。著名的黄埔军校和农民运动讲习所在广州举办。此外还有震动世界的省港大罢工和广州起义。1949年9月，中国人民政治协商会议第一届全体会议通过了起临时宪法作用的《中国人民政治协商会议共同纲领》，确定了中华人民共和国的政权体制是民主集中制的人民代表大会制。1949年11月至1953年12月，广州市各界人民代表会议是人民参与政权建设的机关，其常设办事机构为协商委员会，其代表由各民主党派、人民团体、政府各机关和驻穗部队自行选派。1953年，在全国范围内进行了一次规模空前的普选，拉开了建立人民代表大会制度的序幕。1954年，在普选的基础上，由下而上逐级召开了地方各级人民代表大会和全国人民代表大会。1954年7月广州市第一届人民代表大会第一次会议在广州召开，至1965年12月，广州市人民代表大会召开过六届共21次会议。1965年12月广州市第六届人大第二次会议召开后，由于“文革”的发生，人民代表大会会议被迫停止。1978年12月，十一届三中全会确立了发展社会主义民主、健全社会主义法制的基本方针，重申了人民代表大会制度的地位和作用。

1979年7月，五届全国人大二次会议通过的《关于修正中华人民共和国宪法若干规定的决议》和地方组织法规定，县和县以上的地方各级人大设立常委会。1981年9月23日至28日，广州市第七届人民代表大会第一次会议召开，选举产生了广州市人民代表大会常务委员会。[①]

广州市各界人民代表会议协商委员会于1949年12月17日建立，委员共25人，来自19个界别，由各界人民代表会议通过选举产生。委员会下设政法、财经、文教、治安、华侨、社会福利等6个工作组，机关办事机构设秘书处。第一届广州协商委员会历时5个月，主要讨论了整顿金融，冬令救济，推销人民胜利折实公债和更改广州市马路、学校、机关名称等问题。广州市的基层选举工作于1954年1月在全市铺开，市协商会贯彻市、区各界人民代表联席会议《关于全市展开普选工作的决议》，协助各民主党派，对其成员以及所联系的群众进行深入的宣传解释，并与各民主党派、人民团体和有关单位协商联合提名；收集有关选民资格审查方面的意见；掌握普选进行中所发生的问题，及时研究和反映，推动全市基层选举工作的顺利进行。中华人民共和国宪法草案颁布后，1954年4月，市协商会协助市人民政府组织宪法草案讨论委员会，发动全市人民展开讨论，反映提出的修改意见。由于宪法草案讨论与人民民主统一战线工作有密切联系，市协商会设宪法草案讨论分会，对民主党派、科学技术界、卫生工作者、工商界、宗教界、华侨、少数民族等群体进行联系辅导。1955年2月8日，广州市召开政协第一届广州市委员会第一次全体会议，广州市正式实施人民代表大会制度，市协商会的历史使命结束，市政协成为城市协商议事的重要组成部分。[②]

改革开放后，广州率先拥抱市场经济，不断突破体制机制桎梏，发展成为一座机遇之城、务实求真之城、包容宜居之城。随着经济结构与经

① 《广州市人民代表大会及其常委会历史沿革》，广州人大网，2022年1月31日，https://www.rd.gz.cn/rdgl/zrzc/lsyg/content/post_149229.html.

② 中国人民政治协商会议广州市委员会：《市政协历史沿革》，中国人民政治协商会议广州市委员会网，2021年5月10日，https://www.gzzx.gov.cn/zxkk/lsyg/.

济基础的巨大变化，社会生活也随之调整，基层民主意识、权利意识、平等意识增强，市民社会日趋活跃，形成了广开言路的民主新局面，基层和群众的参政议政积极性不断上升，有力推动广州的各项变革。1988年，广州经济社会发展研究中心与企业合办广州社情民情研究中心，并在《广州市1988年政治体制改革工作方案》中确定了民主协商、相互对话的制度原则，落实“市领导接待群众来访日”“市政府新闻发布会”“市长专线电话”等，为基础民主发声提供多种渠道。1992年，《羊城论坛》开办，该论坛是全国第一个、也是迄今为止持续时间最长的大型政论性电视公开论坛。论坛以“国事家事大家谈”为原则，围绕群众关心的问题进行公开协商，为政府、群众、企业、社会组织、专家、新闻工作者等创造了一个对话的平台，保障落实市民的知情权和表达权。同年，广州推行“开门立法”改革，多方面拓宽人民群众参与地方立法事务渠道，如在报纸上刊登法规草案征求意见、举办《羊城论坛》电视节目、组织群众座谈、在大型门户网站征求意见、委托市社情民意中心调研等。1997年，广州市人民代表大会常务委员会创立立法顾问制度，再开全国之先河，通过广泛邀请地区法务专家学者和立法工作者，建立立法咨询专家库，使人大地方立法得到社会智力支持。2003年，广州又制定《广州市人民代表大会常务委员会立法听证办法》，使立法听证制度规范化、制度化，激发市民参与地方立法的积极性。2005年，广州又首创《广州市人民代表大会议案条例》，明确代表议案的内容、范围和处理过程。此外，广州还不断创新群众政务监督方式，包括推行人大代表向政府部门及法院、检察院开展询问，对听证会进行电视直播，推动地方预算编制改革，在全市开展人大代表议案建议评选活动等。①

1982年，我国修订颁布的《中华人民共和国宪法》第111条，规定“村民委员会是基层群众自治性组织”，村民自治的核心内容是“四个民

① 陈建智、罗玉忠：《民主政治的生动实践——改革开放以来广州人大工作扫描》，《人民之声》2008年第8期。

主”，即民主选举、民主决策、民主管理、民主监督。到1984年底，农村撤社改乡镇、撤队改村的体制改革工作在全国基本完成。1998年，《中华人民共和国村民委员会组织法》在我国正式施行。1999年，《广东省村民委员会选举办法》实施，广东省正式废止实行多年的农村管理区体制，开始走村民自治的农村基层治理道路，使广东农村基层民主制度建设获得了“在高起点上后来居上”的赞誉。广州则乘全省农村改革的春风，在农村地区实行村委会直接选举制度。所有行政村全部按照“一法两办法”实行村民直选。选举过程做到了领导到位、机构到位、人员到位、经费到位和宣传到位。2001年，广东省颁布《广东省村务管理办法（试行）》，明确属于村党支部的负责事项与村委会的责任事项。2015年，修订后的《广东省村务公开条例》实施，明确规定的村务公开事项，包括村财务收支和债权债务；村集体经济项目立项、招投标等情况以及村集体经济所得收益的使用情况；村集体所有土地等的承包经营、征收征用、安置标准、征收面积和各项补偿费的补偿标准、收入、使用情况，集体建设用地使用权流转以及土地收益情况；宅基地的分配情况；政府拨付和接受社会捐赠的救灾救助、补贴补助等资金、物资及其管理使用；村委会成员、村务监督委员会成员、村民小组长、村民代表选举等情况；村委会成员任期和离任经济责任审计、民主评议情况。2020年11月，新修订的《广东省村民委员会选举办法》正式实施，明确村民委员会每届任期由三年调整为五年；加强党对村民委员会选举工作的全面领导；新任村民委员会成员一般具有高中以上学历或者相当文化程度。此外，新选举办法还规定，村民委员会成员候选人名单确认、候选人选举结果确认，都要由村民选举委员会在不设区的市、市辖区、县、自治县和乡、民族乡、镇村民委员会换届选举工作指导小组指导帮助下进行资格审查，村民自治自此进入新发展阶段。

二、党的十八大以来广州城市基层民主治理成就

党的十八大以来，广州市把“令行禁止”作为构建基层党建工作格局的首要要求，把“有呼必应”作为贯穿基层党建引领基层治理全过程的主线，形成社区（村）“收集问题”、街镇“统筹指挥”、职能部门“随时响应”的“呼应”关系。持续推进“综治中心+网格化+信息化”建设，建成以“标准作业图”为核心的“数字广州”基础应用平台，开展城市治理“四标四实”专项行动。打造“有事好商量”民生实事协商平台。开展“焦点式协商”“智库式协商”“链条式协商”，取得显著成效。广州在全部村（社区）建立村（居）民议事厅，建立“民主商议，一事一议”基层群众议事协商新模式，建立城市社区定期收集议题、定期召开议事会工作制度，将协商活动向村民小组、楼宇延伸。通过市域社会治理现代化“固本强基”工程，有效应对疫情防控“大考”。构建一体化网上政务服务体系，建立“统一收件、分类审批、统一出件”运行机制，实行“马上办、网上办、就近办、一次办”。创新新时代群众工作机制和群防群治力量组织模式，开发“广州街坊”群防共治小程序，以“地缘”“业缘”“趣缘”为纽带聚合社会力量参与群防共治，让市民群众在参与中增强归属感、幸福感。

（一）党建引领基层民主新发展

广州以党建引领赋能基层治理体系，“一根针”穿引“千条线”，推动人往基层走、钱往基层投、政策往基层倾斜，奠定到基层一线、到群众身边解决问题的基层治理模式。自2018年起，实施两轮党的基层组织建设三年行动，明确了全面推动习近平新时代中国特色社会主义思想在基层落地生根、强化党对基层工作的全面领导、强化基层党组织落实中心工作的组织力和执行力、织密上下贯通执行有力基层组织体系、锻造高素质基层

干部队伍、增强基层党建整体性系统性、提升党建引领基层治理质量等七项重点任务，健全“令行禁止、有呼必应”党建引领基层共建共治共享社会治理格局，以高质量党建引领广州经济社会高质量发展。

作为超大城市，广州坚持精细化管理，以党建为抓手，下“绣花针”功夫，实现城市治理高质量发展。全市按照“一网格一支部”“一楼栋一党员”原则，将党建网格与治理网格“双网融合”，做到“人进户、户进房、房进楼、楼进格、格进社区”的党组织设置模式，把党的领导落实到治理末梢。全面整合网格化服务管理系统、12345政府服务热线、城市管理等平台，建设“令行禁止、有呼必应”基层治理综合调度平台，实现区、街（镇）、社区（村）三级信息系统、基础数据一体运行。为扩大党组织引领力、增强党员服务意识，广州持续推行党员志愿服务，通过创新小区党组织组建和运行机制，把党的领导落实到小区治理。实行在职党员和单位党组织“双报到”工作，广泛开展机关企事业单位、国有企业、街道、社区、两新组织之间的“结对共建”活动，建立了党员教育联管、思想工作联做、普法教育联抓、社会治安联防、公共设施联造、困难群众联帮、社区环境联治、社区文化联办、社区文明联创、和谐社区联建的“十联”工作机制，充分发挥了各级党组织在社会治理中的领导核心作用。

在农村，村党组织对各项工作和各类组织的领导地位持续强化，全市1144个行政村全面落实村级重大事项决策“四议两公开”。全面整治软弱涣散基层党组织，对2759个村（社区）党组织进行8轮“拉网式”精准排查、挂点整治，提前完成软弱涣散基层党组织“摘帽”工作。针对农村党支部经费不足的问题，广州市按每村每年10万元，农村党员每人每年1000元拨付办公、服务、活动经费，让基层有钱办好事，并持续向基层赋权，把党的建设、公共服务、社区服务、市场服务等资源和职责下沉到网格，让“喇叭口向下”变“呼声向上”。[①]自2012年起，为提升农村干部队伍素

① 何道岚、申卉、徐雯雯：《广州：党建引领发力 赋能基层治理》，《广州日报》2021年6月30日。

质，广州市实施“羊城村官上大学”工程，大幅提高全市村（社区）“两委”干部、党组织书记大专以上学历占比，通过开展教学创新，拓展专业设置，优化课程安排等，探索出一条提升广州市农村基层干部队伍能力素质的有效路径。

（二）多举措保障基层人大工作

广州坚持科学立法、民主立法、依法立法，确保地方性法规真正造福于基层，聚焦城市建设管理，制定文明行为促进、物业管理、平安建设等法规，助推城市精细化品质化管理。生活垃圾分类管理条例为解决城市垃圾治理难题提供“广州经验”。聚焦历史文化保护传承，出台全国首部博物馆专项地方性法规，对历史文化名城保护条例等法规进行立法后评估，推动焕发城市文化魅力。聚焦生态文明建设，制定湿地保护、生态环境保护等法规，修改流溪河流域保护条例，做出全国首个推进全面实施污泥干化焚烧处理处置的决定，对森林公园管理条例等法规进行一揽子修正，推动建设更高品质美丽广州。聚焦民生社会事业发展，出台全国首部社会工作服务条例，制定养老服务、幼儿园、学校安全管理等法规，不断增强人民群众的获得感、幸福感、安全感。

为确保人大监督权有效实施，广州市区、镇两级人大不断创新监督方法。越秀区人大自2016年起组织实施政府组成部门“满意度测评”，将测评中排名较后的部门列为年度工作评议单位，并在常委会会议上听取部门工作情况报告并对报告进行表决。此外，天河、增城等区积极推进预算联网监督，越秀、花都等区探索开展参与式预算审查监督，白云、番禺等区以督办代表大会议案决议方式推动加强水环境治理，荔湾、南沙等区开展形式多样的工作评议等。

县（区）、乡（镇）两级基层人大处于国家政权结构的最底端。长期以来，基层人大建设存在责权被“虚化”、地位被“弱化”的问题。广州着眼于全市区、镇（街）人大工作实际，解决长期困扰区、镇（街）人大工作和建设发展的机构设立、人员编制、经费短缺等方面的问题，推动各区人大设立监察司法、财经、城建、社会4个专委会，并致力于为区、镇（街）人大行使职权提供制度保障。广州一方面进一步明确镇、街人大的工作职责，另一方面要求选足配齐专职人大干部。在市人大常委会的督导下，全市人大街道工委实现主任专职配备全覆盖，各区镇全部设立人大办公室，并配备了人大专职工作人员。

基层人大是联系人民群众的桥梁。广州坚持组织基层人大代表定期进社区项目，推动解决群众操心事、烦心事、揪心事，先后总结出人大代表在社区“节假日接访”“夜间接访”“流动接访”“代表进网格”以及“随手拍”网络监督等做法。截至2021年，全市建成镇街代表中心联络站176个、村居联络站877个、网上联络站369个。持续擦亮《羊城论坛》品牌，论坛在人大机关或者公园等公共场所录制，在广州电视台公开播放，不设围墙、不限定参加人员、不预审发言内容，促进公民有序的政治参与。开发运用人大代表“i履职”平台，把人民群众的诉求第一时间解决在一线。

（三）协商民主深度嵌入基层治理

党的十八大以来，构建广泛、多层次、制度化的协商民主成为政治体制改革的重要领域，体现了从“协商建国”到“协商治理”的战略转变，进一步将协商民主制度化从政治协商层面推进到社会协商和基层协商层面。实践中，随着我国城市社区进入新一轮发展周期，现代社区治理日益复杂化，因治理不当引发的社会矛盾屡屡发生。协商民主强调理性平等对话，这与现代社区“共建共治共享”的理念契合。协商民主与国家治理现代化同向而行，发展社会主义民主政治也是推进国家治理体系和治理能力现代化的必然要求。一方面从顶层设计上确保参与主体和参与方式有制可依，另一方面加强基层领域民主探索，倡导常商量、真商量、会商量的理性对话思维，营造风清气正的政治生态。

广州市先后印发《关于加强社会主义协商民主建设的实施意见》《关于加强人民政协协商民主建设的实施意见》《关于加强和改进人民政协民主监督工作的实施意见》和《关于加强政党协商的实施意见》等。此后，广州市启动“有事好商量——广州市政协民生实事三年协商行动”，中共广州市委（以下简称广州市委）、广州市人民政府（以下简称广州市政府）把支持政协开展协商、监督作为改进政府工作的着力点，由时任市长协调政府各相关部门与市政协合作，在原有的“年度十大民生实事”意见征集基础上，联系城市民生实际，聚焦长期性、紧迫性的治理难题，决定自2018年起，每年选定9到10个重点协商议题，形成长期协商、广泛协商、有效协商的工作机制。截至2021年6月，“有事好商量”民生实事协商平台共举办推动协商议题32个，主要是围绕基础教育、养老扶幼、医疗、住房、环境等问题进行。在协商内容上，突出问题导向，做到“什么问题群众反映最强烈就协商什么问题”，在决策前就将城市民生工程的优先顺序与市民心中的紧迫民生困难进行对接；在协商过程上，一方面搭建政协与政府之间的协商渠道，另一方面沟通政府与群众代表、群众内部的协商渠道，形成宽领域、全过程的协商流程；在协商主体上，坚持协商主体的多元化，通过多利益主体间的平衡，尽可能让不同群体发声，避免少数人协商、少数人获益的情况。

2019年广州颁布实施《广州市开展“有事好商量”民生实事协商办法（试行）》，成为全国首个以法律形式明确地方民主协商制度及具体程序的超大城市。协商平台受到全国政协、省政协重视，广州市委将其作为全面深化改革的一项重要创新成果在全市加以推进。经过数年探索，“有事好商量”入选中央组织部组织编选的《贯彻落实习近平新时代中国特色社会主义思想、在改革发展稳定中攻坚克难案例》。

（四）基层法治保障居民权利

广州重视法治，厉行法治，维护法治，取得了一系列法治建设新成就。街道、镇法治建设是深化全面依法治国广州实践在基层的具体实践，是维护社会稳定、促进经济社会发展的可靠保障，也是推进社会治理体系和治理能力现代化、构建共建共治共享社会格局的关键举措。

增强全社会的法律意识，是法治社会的重要手段。广州市通过不同渠道，将法律服务免费送到基层，在服务中兼顾普法，有效增强了全社会的法律意识，显现出强大的社会治理效力。广州市普法和法律服务全方位覆盖至村（居）一级，让法律服务就在身边，让依法维权、依法办事深入人心，成为社会运行的稳定器、加速器。持续开展普法进社区、进农村、进机关、进单位、进企业、进网络、进家庭活动，创新开展“用法治方式规范公民行为习惯养成”试点工作，着眼提升公民民法素养，持续开展公民法治素质提升行动，从日常行为做起，培育全民规则意识和法治行为习惯。2018年以来，广州市普法办公室以“广州普法”微信公众号为引领，构建“广州普法+”新媒体矩阵，同时以“广州普法”为品牌宣传号，建立集微信公众号、抖音号、微信小程序等“移动普法”平台于一身的“广州普法”融媒体平台。

自2019年起，广州市委依法治市办统筹协调，邀请高校、律师事务所等法律专家学者全程参与理论和实践指导，在全市中心六区各选择一条街道、外围五区各选择一个镇，全力开展法治示范创建工作，通过实践探索，形成具有广州特色的法治街道、法治镇建设指标体系，进而通过示范创建和法治街、镇建设指标体系引领，带动全市各街道、镇推进法治建设工作。通过实地调研走访，将客观反映街情、镇情贯穿于创建全过程，实现政社良性互动、上下联动，形成街道、镇治理法治化“广州模式”，打造中国特色基层治理法治化“广州品牌”。

广州在推动基层法治上成绩斐然，荣获全国“七五”普法中期先进城市称号，智慧法院建设和司法公开全国领先，建成全国首个5G公共法律服务中心，新警务、公益诉讼、未成年检察等工作走在全国前列，连续多年获得法治广东建设考评全省第一。

（五）全民共建共享激发社区活力

近年来，广州着力建立社区工作事项准入制度，建立基层政府社区治理资源统筹机制，推动人财物和责权利对称下沉到城乡社区。开展村规民约、社区公约梳理修订工作，将社会主义核心价值观融入村规民约。深入推进增城区下围村“一事一议”、越秀区五羊社区居民“分层议事”协商模式，提升城乡社区议事协商能力。推进优势主导“三社联动”工作机制，为社区提供多元服务供给模式。健全社会组织承接政府职能转移目录，加大政府向社会购买服务力度。

为推动居民参与社区事务，广州不断加大在农村、社区建立村（居）民议事厅工作，全面建立健全村民代表会议制度、社区议事会议制度，明确议事范围、议事决策程序、议事成员的权责等事项，严格把好议题收集、酝酿、协商、决策、执行、监督等6个关键环节，切实提高城乡社区议事制度化建设水平。在城市社区，议事会成员包括社区“两委”干部、专业社工、社会组织负责人、物业公司代表、业委会成员等各方代表，通过社区、楼栋、片区等分层协商议事，有效化解社区矛盾。在农村，村“两委”干部、村民代表、基层政府部门、驻村团队、驻村律师、非户籍居民等多元主体代表共同商议村里的公益事项、公共事务，解决为老服务、青少年服务等事项。

在城镇化大潮下，如何创新管理流动人口，已经是城市发展中面临的一道难题。2014年1月，作为广州市政府工作部门的市来穗人员服务管理局建立并正式运作。这是在全国省会城市、副省级城市中设立的第一个负责流动人口职能局，11个区相继成立了区来穗人员服务管理局。2016年，广州实施《广州市来穗人员融合行动计划（2016—2020年）》，提出用5年左右时间，加快推进来穗人员在文化、经济、政治、生活等领域全方位融入广州社会。广州市白云区三元里街试点打造融合社区模式，引导来穗人员以主体地位参与议事决事，推动来穗人员与当地高度融合，三元里社区共治议事会还作为基层民主建设重大创新，入选全国“砥砺奋进的五年”大型成就展。

（六）落实基层民主助力乡村振兴

实施乡村振兴战略，是党的十九大作出的重大决策部署，是决胜全面建成小康社会、全面建设社会主义现代化国家的重大历史任务，夯实基层民主，确保治理有效，是实现乡村振兴的必由之路。村“两委”换届是农村基层民主工作的重要内容，在实践中，广州牢牢把握党对换届工作的领导权主动权，进一步压紧压实各区党委和镇（街）党（工）委主体责任，健全各部门协同联动机制，深入细致做好思想引导和宣传发动，引导党员群众有序参与，确保换届工作沿着正确方向前进。2019年，广州印发《全面提升组织力，构建“令行禁止、有呼必应”基层党建工作格局实施方案》和《关于加快推进村党组织书记“三个一肩挑”工作的通知》，将“三个一肩挑”[①]作为强化基层党组织政治功能的硬举措来落实，建立定期汇总、定期提醒、层层约谈三项机制。全市各镇（街）党（工）委书记带动班子成员分片包干，走村入户开展谈心谈话，“一村一策”解决具体问题，全市所有行政村已全部实现村党组织书记“三个一肩挑”。

基层协商是中国特色社会主义民主政治建设的重要组成部分。广州以完善村民自治有效实现形式为方向，先后出台了《广州市全面推进城乡社区协商的工作方案》《广州城乡社区议事厅标识》《村民代表会议制度样本》等系列规范指引，分片分类对基层民政干部、村委会成员进行轮训，实现全体村委会主任培训全覆盖。通过开展民主协商议事，规范协商议事内容，凡涉及集体资产处置、承包方案、投资建设、财务开支、集体分红等重要事项，都在村社区议事厅提交村民代表会议进行商议和表决。其中，增城区下围村实践以规范村民代表会议制度为核心的村民自治新模

① “三个一肩挑”：指村党组织书记通过法定程序担任村民委员会主任和村集体经济组织、合作经济组织负责人。

式，推行“民主商议、一事一议”制度，通过建立广泛参与、多元多层的协商机制，积极吸纳各利益相关方参与协商，将矛盾化解在基层，促进了基层社会的和谐稳定。

广州以加强农村集体经济组织管理为核心，建立健全农村集体经济监管体系，以深化农村集体产权制度改革为重点，保障农村集体经济组织法人地位，建立适应城乡融合发展要求的农村集体经济管理体制和运行机制，化解制约农村集体经济发展的障碍，激发集体经济活力。2015年，广州市出台了《广州市农村集体资产交易管理办法》，推动建立各级农村集体资产交易平台，逐步规范农村集体资产资源交易和资金监管，有效压缩了村社干部权力寻租空间，从源头上遏制了农村基层腐败问题的发生。实践中，凡涉及集体资产处置、投资建设、财务开支等重要事项，都在城乡社区议事厅提交村（居）民代表会议进行商议和表决，有效遏制了资产管理过程中的“暗箱操作”问题，为集体经济事业发展增添了新动力。

三、广州城市基层民主治理的经验启示

作为国家重要的中心城市和粤港澳大湾区核心城市，广州近年来在完善城市基层治理体制、提升城市治理水平方面进行了一系列探索，在全球化与世界城市（GaWC）2020年世界城市体系排名中，广州位居第34位，跻身世界级城市行列。广州实际管理人口超过2000万人，城镇化率超过83%，群众对美好生活的需求空前高涨，城市治理矛盾的复杂性也特别突出。党的十八大以来，为破解超大型城市治理难题，激发老城市新活力，做到“四个出新出彩”，广州持续推动基层民主治理，充分调动社会各方面力量，汇聚四方资源，形成多元合力共治共建共享格局。同时，广州是改革开放的先行地，市民社会发育较为成熟，对公共事务的参与积极性与规范性一直处在全国前沿，对民主治理的理解力与行动力较强，这是广州得以

形成良好治理的深厚社会资本。

（一）主动为基层减负，破解“小马拉大车”难题

进入新时代，面临新形势新任务新要求，着力解决形式主义、官僚主义等突出矛盾和问题尤为迫切。形式主义积弊甚深、顽固复杂，已经成为阻碍政令畅通、严重困扰基层的突出问题。基层事务繁杂，但服务群众的资源和手段少，被比喻为“小马拉大车”。为破解这一痛点堵点问题，广州市注重加强对街道社区的支持和资源保障，大力推动资源、管理和服务力量下沉到基层，不断做实基层，使基层党组织回归本职，面向基层群众服务。为此，广州先后出台为基层减负10条改革措施，持续开展社区减负专项行动，集中整治牌子多、台账多等问题，将全市社区协助事项35类175项缩减至15类76项，让社区干部真正把心思放到察实情中，把功夫用在服务群众上。同时，明确每个街道党工委配备1名专职副书记、2名专职人员和4名党建指导员，书记、主任“一肩挑”的社区增配1名专职副书记，1至3名组织员，全市共配备党建指导员741名、社区党组织专职副书记894名、社区组织员810名，充实基层队伍，扩大服务覆盖面，确保基层治理人财物储备。①

党的十九大以来，广州大力推动“数字政府”改革建设向基层下沉延伸，并以全省基层减负便民专项试点区越秀区为核心抓手，探索构建大数据驱动的基层政务管理运行新机制、新平台、新渠道。2020年，广州市移动政务服务总门户——“穗好办”App上线。该应用围绕市民生活、企业经营的高频服务需求，陆续上线社保、医保、公积金、教育、就业、住房、结婚登记、车辆管理等热门事项，目标是优化基层为民服务办事流程、精简办事材料，进一步提升服务效能。“穗好办”上线61项基层高频民生服

---

① 王世彤：《令行禁止、有呼必应，推动城市基层党建高质量创新发展》，《南方》2020年第1期。

务事项，覆盖社保、就业、医保、残疾人、社会救助、来穗人员、出租屋管理等多个领域，可通过电子证照、电子签名、电子印章、双程邮寄等方式完成办理，社保参保证明、医保证明、个人完税证明等常用证明实现“秒批”。

（二）善于汇聚民情民意，畅通群众声音表达渠道

进入新时代，广州主动适应城市社会群体结构和社会组织架构的变化，制定《全面提升组织力 构建“令行禁止、有呼必应”基层党建工作格局实施方案》，聚焦城市治理难题，创造性构建“令行禁止、有呼必应”基层党建引领共建共治共享治理格局，形成了令行禁止讲政治、有呼必应为人民、固本强基抓基层、破解难题有作为的良性运行机制，为加强和完善党对基层工作的领导探索了“广州经验”，为构建和完善党建引领社会治理格局创造了“广州样本”。广州把“有呼必应”作为贯穿基层党建引领基层治理全过程的主线，在全国率先建成“民有所呼、我必有应”快速响应机制，极大调动了公众参与社会治理的积极性主动性创造性，为建设人人有责、人人尽责、人人享有的社会治理共同体提供强大的动力支持。

为解决市民群众的急难愁盼问题，实现全市公共服务资源大整合，2013年底广州市决定对全市各条非紧急类服务热线进行大整合，2014年1月2日，广州12345政府服务热线正式整合上线运行。全市在建成政务服务一线接听、一网通办的基础上，聚焦人民群众操心事、烦心事、揪心事，构建覆盖全市的线上线下一体化平台，形成纵向贯通、横向联动的“民有所呼、我必有应”快速响应机制，着力织密联系服务群众“工作网”，拓宽联系服务群众“连心桥”，构建联系服务群众“保障链”。12345热线已经全面整合了全市11个区、40个市直部门的76条非紧急专线，整合规模全国第一。

广州不断推动各级“两委员一代表”下沉基层联络站，把联络站打造成能力提升的“学习之家”，规范化加强平台建设，常态化组织代表培

训，制度化推动代表进站，推动上级重大决策部署在基层落地生根、开花结果。把联络站打造成汇集民意的“桥梁纽带”，善于倾听民意、增进民利、激发民智，做到“民有所呼、我有所应”，并在联系群众中更好地组织群众、发动群众、引导群众共建共享美好家园。同时，把联络站打造成议政监督的“履职平台”，把基层依法履职与推动工作落实、加快转型发展、促进民生改善紧密结合起来，坚持问题导向开展监督，发挥各条战线上的资源优势，提升两委员一代表的履职实效，把联络站打造成联系群众的“民生窗口”。

（三）精准识别社会主要矛盾，完善治理议题筛选机制

新时期超大城市治理有较强的基层民主治理需要，根本原因在于社会主要矛盾的转变。从宏观上说，物质财富的积累和认知水平的提升激发了人们对美好生活的更高和更广泛追求，在全面深化改革的背景下，破解发展过程中的不平衡不充分问题就是全社会最关心的议题。要在提供更好的教育、更高水平的医疗服务、更可靠的社会保障、更优美的生态环境等方面有所突破，仅仅依靠政府单向度的力量已经不足够，必须最大限度地发挥人民群众的智慧，激发社会参与改革的热情。从中观上说，我国城市基层治理正在经历从权威式管理到党政社群合作的“现代治理”的转变，存在基层党组织、行政部门、企业、社会组织、居民自治组织的“现代多中心”关系，过去以行政命令方式能够解决的事项逐步减少，而需要多方协调、群策群力的事项日益增多，“运动式治理”的效能逐步转弱，“常态化治理”的收益持续上升。从微观上说，越是现代化的城市，人口的组成就越异质化，要让超大规模且不具备亲缘或业缘关系的现代城市人口更好地凝聚起来，满足不同人群的多样化服务需求，势必要畅通基层的意愿表达渠道和合力汇聚渠道。

传统的政治协商偏重于政府重大决策，而失焦于民生实事、难事，产生的社会效应影响有限，工作报告中的“可见度”较高，人民群众中的

"可感度"较低。新时代基层民主治理要逐步走向基层，贴近民众身边事，就要懂得识别群众需要的优先级，在有限的资源下，选取呼声最高、合作可能性最大的议题，搭建起政府、社会、市场与群众个人之间的沟通与信任桥梁，才能保证后续的实践顺利展开。在治理过程中，要让单位、团体、个人以平等的身份、对称的信息，摆事实、讲道理，互相尊重、达成共识。同时，基层治理要始终以问题为导向，以理性有度的精神、协同合作的态度、依法依章的方式，共同为解决问题统一思想、集思广益、凝聚智慧，最大限度平衡多方意愿、兼顾多方利益，引导正舆论、汇集正能量，推动利益共同体、事业共同体、命运共同体的形成。

（四）发挥多方力量，建立基层民主治理成果监督机制

传统的基层民主协商治理成果往往流于形式，停在纸面公告上，真正转变成施政效果的不多，"只闻楼梯响，不见人下来"的情况较多、"马上就办"的情况较少，督办反馈"文来文往"较多、"人来人往"较少。究其原因，主要是治理成果的落实缺乏有力监督，特别是缺乏政府之外的其他力量介入。为了解决基层民主自说自话、提议悬置的问题，广州较早开始了民主治理成果落地监督，以"有事好商量"民生实事协商平台为例，就建立了多个落地监督机制：第一，由政协主导协助政府主动公开协商内容，在微信公众号、官方网站、电视台、地方报刊等定期披露协商议程与最新进展，扩大相关群众的知情权，并公布监督热线和在线监督平台，全天候接受社会监督；第二，发挥市政协专门委员会的职能，对对口职能部门进行跟踪联系，与市委、市政府领导班子合作，设立专项意见反馈通道，提高政协的监督力度；第三，邀请第三方测评机构，对全年各项议题的实施情况和市民满意度进行评估，对于进展缓慢、效果不如意、群众意见较大的协商成果，要由该负责专门委员会重新开展调研，并敦促相关部门和企业配合整改；第四，将"有事好商量"协商议题与市政协年度提案、专项视察、专题调研等常规反映社情民意信息的项目，以及委员来

信来访等民主监督方式相结合，打造民主监督活动集合体统一体，融协商于监督之中，融监督于协商之中。

畅通群众对身边事的反馈监督渠道，是落实基层民主治理的重要法宝。广州市纪委监委建立“1个方案+3项制度+2个通知”的制度体系（即《广州市纪委监委机关进一步加强实名举报工作方案》《关于保护、奖励实名举报有功人员的暂行办法》和《关于加强协调联动共同促进实名举报率提升的通知》等制度），确保了基层群众实名举报处理快、有跟踪、有回音、有实效。[①]广州还较早实现了实名举报绿色通道，按程序优先办理、优先处置，给予答复，比如经初步核实属于实名举报的，加盖“实名举报”印章后迅速呈批，确保5日内转入办理环节，对办理的时限提出严格要求，一般自受理之日起60日内办结。此外还建立实名举报工作台账，通过电话催办、轨迹跟踪、发函督促、实地检查、约谈督办、会议督办等方式分类指导、跟踪督办，确保实名举报件优先优质高效办理。在群众信访上，广州市坚持公开“信、电、网、访”方式，增设接待场所智能引导设备，除公布各区纪委监委举报电话外，还推行“码上通”小程序，市民群众直接扫码就可以实现实名举报，高效受理群众实名举报。

（五）始终坚持党组织在基层民主治理中的总揽地位

持续发挥民主治理的作用，离不开党组织对基本方向和大政方针的引领，坚持党在民主治理过程中总揽全局、协调各方的原则，统一谋划、部署和推进，确保沿着正确的方向前进。广州高度重视加强基层党的组织体系建设，着力建设强市、区、镇（街）、村（社区）四级“动力主轴”，同时大力推进两新组织、商圈、园区党组织建设，有效扩大了党的组织和工作覆盖。针对量大面广的网格、小区、楼栋、物业等与市民群众联系最

① 章程：《把群众“弱信号”变为监督“强信息”——广州纪检监察机关多举措强化实名检举控告工作》，《广州日报》2022年3月17日。

紧密的“最后一米”覆盖难问题，广州采取“一方隶属、双重管理”方式，推动党组织全覆盖建在全市20849个综合网格上，并在综合网格下结合服务半径、居民情况、党员人数等情况，建立楼栋（单元）党小组，划分党员责任区，全面构建起“街（镇）党（工）委—社区（村）党组织—综合网格党支部—网格党小组—党员责任区”五级基层组织架构，同时推进业主委员会、物业服务企业建立党组织，坚定不移把织密织牢上下贯通、执行有力的组织体系落实到“最后一米”，将党的组织根系牢牢扎在群众“家门口”，确保党的声音第一时间入网入格入户、基层困难问题第一时间向上反馈并第一时间得到有效处置。

提升党员参与基层治理是广州基层民主发展的另一大抓手。2012年以来，广州积极探索党员在基层治理工作中常态化发挥作用有效途径，接续部署开展27万在职党员和3000多个单位党组织回社区“双报到”并开展服务工作，形成社会治理强大合力。为了做好党员平日志愿服务与突发应急事务之间的转换协调问题，广州在保持党员原有组织隶属关系不变的基础上，打破单一管理模式，组织全市76万名党员和居住在广州市的中央和省驻穗单位党员，不分级别、不分领域全部下沉到居住地，并将党员建制化固定在网格、小区、楼栋上，引导党员平时常态化访民情、听民意、解民忧，带头参与文明创建、矛盾化解、小区治理等工作，紧急关头就地接受所在地党组织统一调度，确保党员工作生活在哪里，作用就发挥到哪里，全面壮大基层治理的“中坚力量”“骨干力量”。广州市在精准掌握下沉党员的工作单位、兴趣爱好、专业特长、个人意愿等信息的基础上，积极整合“广州街坊”群防共治队伍等工作力量，组建以党员为骨干、专兼结合、功能多样的党群服务队伍。同时，依托公安、卫健、民政等部门专业力量，坚持对党群服务队每年至少开展1次治安巡防、公共卫生等方面的业务培训和每半年至少开展1次力量调集、组织指挥、通信联络等方面的实战演练，全面提升居住地党组织以及基层各方力量应对处置突发事件的能力水平，确保服务队平时成为社区服务、基层治理的重要力量，特殊时期则变成突击队、应急队、先锋队，一旦发生突发紧急事件时，能够迅速健全联防联控机制，落实群防群治要求，坚决守好基层关键防线。

此外，广州还探索社区党组织赋权，建立党员服务评价考核机制，由网格党组织牵头对党员在居住地日常表现和发挥作用情况进行“积分量化”评价，对所辖网格党支部、党小组运行情况，以及在职党员、社区党员发挥作用情况进行“半年一分析、年度一评定”，每年年底向社区（村）党组织报告。建立评价反馈机制，社区（村）党组织根据网格党组织评价情况，并结合平时掌握的党员实际表现，每年年底按“优秀、良好、一般、差”四个等级对党员作出综合评价。其中，对社区（村）在册党员，评价结果作为党员民主评议、评先推优的重要依据；对在职党员，评价结果由镇（街）党（工）委向党员所在单位党组织反馈。建立“双签字”评价运用机制，单位党组织对在职党员进行民主评议、年度考核、选拔任用时，书面征求社区（村）党组织意见，将党员在居住地的评价结果作为重要参考。对评价结果为“差”等次的党员，民主评议、年度考核不能评为“优秀”，暂缓提拔使用，充分发挥服务评价机制的“指挥棒”作用。

第二章

强化基层民主法治

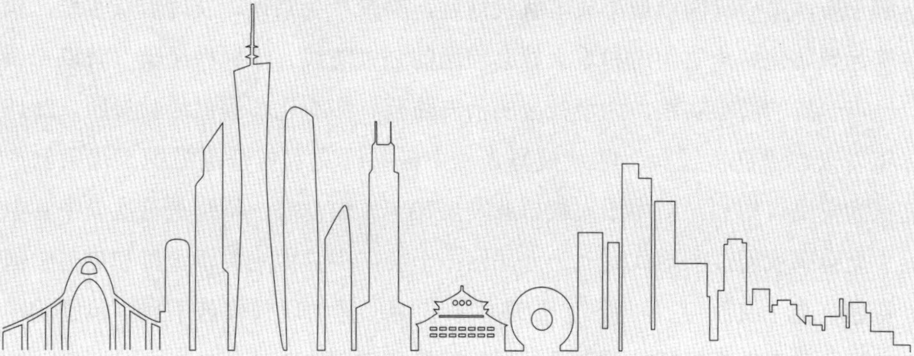

法治兴则国家兴，法治衰则国家乱。《中共中央关于党的百年奋斗重大成就和历史经验的决议》指出，全面依法治国是中国特色社会主义的本质要求和重要保障，是国家治理的一场深刻革命。党的十九大以来，中国特色社会主义法治体系不断健全，法治中国建设迈出坚实步伐，法治固根本、稳预期、利长远的保障作用进一步发挥，党运用法治方式领导和治理国家的能力显著增强。全面依法治国要求坚持党的领导、人民当家作主、依法治国有机统一。党的领导是人民当家作主和依法治国的根本保证，人民当家作主是社会主义民主政治的本质特征，依法治国是党领导人民治理国家的基本方式，三者统一于我国社会主义民主政治伟大实践。

广州市通过不断深化新时代“枫桥经验”基层实践、完善全流程法治规范运行机制、推动“智慧法治”平台建设、落实四级公共法律服务等法治实践，在推进市域社会治理领域形成了富有本地特色、聚焦治理效能的广州模式。

一、深化新时代“枫桥经验”基层实践

矛盾纠纷源头治理是社会治理的重要方面，通过在根源上防范风险、化解矛盾，第一时间以最小成本解决问题，凝聚社会共识、发挥群众智慧，构筑起预防化解矛盾纠纷和重大社会问题的强大防线。“枫桥经验”曾以一镇一市一省的潜心实践，为全社会的治安防范、纠纷化解提供经验参照。2019年以来，“枫桥经验”陆续被写入《中国共产党农村基层组织工作条例》《为人民谋福利：新中国人权事业发展70年》白皮书，特别是首次以中共中央全会审议通过的形式写入十九届四中全会《中共中央关于坚持和完善中国特色社会主义制度 推进国家治理体系和治理能力现代化若干重大问题的决定》，代表着“枫桥经验”已经成为坚持和完善中国特色社会主义制度，推进国家治理体系和治理能力现代化的有机组成部分。“消未起之患、治未病

之疾，医之于无事之前。”法治建设既要抓末端、治已病，更要抓前端、治未病。习近平总书记指出，要推动更多法治力量向引导和疏导端用力，完善预防性法律制度，坚持和发展新时代“枫桥经验”，完善社会矛盾纠纷多元预防调处化解综合机制，更加重视基层基础工作，充分发挥共建共治共享在基层的作用，推进市域社会治理现代化，促进社会和谐稳定。①

（一）新时代“枫桥经验”的理论内涵

习近平总书记在社会治理领域的深刻论述是习近平新时代中国特色社会主义思想的重要组成部分。这一社会治理思想是在深刻把握基层社会治理规律、系统总结以“枫桥经验”为标本的基层社会治理经验、科学凝练基层社会治理理论的基础上形成的，具有鲜明时代特征和深厚历史底蕴。习近平总书记高度重视和关注“枫桥经验”的推广运用和创新发展，多次对“枫桥经验”在浙江的生动实践进行系统总结和全面阐述，不断丰富发展“枫桥经验”的理论品格、思想内涵和时代特征，并对学习推广“枫桥经验”提出明确的实践要求，从而使“枫桥经验”从浙江治理经验上升为大国治理思想，成为我们党领导社会治理现代化的重要经验。一方面，“枫桥经验”及其在各地的实践成果为习近平社会治理思想的萌发、形成、发展及其体系化成熟化提供了现实基础和源头活水；另一方面，正是由于习近平总书记高度重视“枫桥经验”，善于系统总结、全面推广、创新发展“枫桥经验”，才使得“枫桥经验”能够不断适应经济社会发展变化和社会主要矛盾深刻变化而与时俱进、转型升级、历久弥新。新时代“枫桥经验”的理论内涵可概括为：

第一，新时代“枫桥经验”是习近平新时代中国特色社会主义思想的重大成果。从担任浙江省委书记到担任中共中央总书记，习近平同志一以

---

① 习近平：《坚定不移走中国特色社会主义法治道路 为全面建设社会主义现代化国家提供有力法治保障》，《求是》2021年第5期。

贯之地研究、阐述和推广"枫桥经验"，使"枫桥经验"成为新型社会治理的一整套好方法。特别是习近平新时代中国特色社会主义思想引领"枫桥经验"从社会管制的经验提升为社会管理的经验，再创新和发展为社会治理的经验，实现了"枫桥经验"的两次历史性飞跃和创新。

第二，新时代"枫桥经验"是党引领基层社会治理现代化的生动实践。其是在党的领导下由枫桥等地人民创造和发展起来的化解矛盾、促进和谐、引领风尚、保障发展的一整套行之有效并且具有典型意义和示范作用的基层社会治理机制和方法。首先，党的历代领导人为形成、创新和发展"枫桥经验"指明了正确道路，提供了坚强有力的思想指引和政治保障。其次，诸暨市枫桥镇是"枫桥经验"的原创地、发源地，但新时代"枫桥经验"已经涵盖了诸暨、绍兴之外浙江各地人民结合本地实践，在学习运用"枫桥经验"的过程中探索、创新和发展起来的新经验。再次，"枫桥经验"是经过实践和时间检验的可复制可推广的有关基层社会治理的好理念、好机制、好办法。

第三，"枫桥经验"由五个核心要素组成，包括党建统领、人民主体、德法结合、共治共享、平安和谐。这五个要素构成了"枫桥经验"的鲜明特征和时代内涵。其中，党建统领是根本保证，人民主体是价值核心，德法结合是核心要义，共治共享是基本格局，平安和谐是目标效果。①

第四，"枫桥经验"集中体现了基层社会治理的中国智慧和中国方案，是中国共产党领导下的中国人民奉献给世界的有关基层社会治理的一整套的智慧和方案。"枫桥经验"走向世界必将提升我国在全球治理中的影响力和话语权。

（二）深化新时代"枫桥经验"的广州实践

"枫桥经验"是我国基层社会治理的一面旗帜，体现了中国特色的基

① 张文显：《新时代"枫桥经验"的理论命题》，《法制与社会发展》2018年第6期。

层治理智慧。坚持和发展新时代“枫桥经验”，对于充分发挥法治在基层社会治理中的作用，落实“全面依法治国”战略部署，具有深刻的理论和实践价值。新时代要推进基层治理法治化，必须保持正确的政治方向，约束和规范公权力，激发基层社会活力。

党的十九大以来，广州坚持以习近平新时代中国特色社会主义思想为指导，把习近平总书记关于坚持发展“枫桥经验”的重要指示要求与视察广东省时的重要讲话精神一体学习贯彻，准确把握“枫桥经验”的历史地位、时代价值和精髓要义，学习借鉴先进地区经验做法，加快推进基层社会治理现代化，营造共建共治共享社会治理格局，建设更高水平的平安广州。坚持党建引领，构建党组织统一领导、各类组织积极协同、广大群众广泛参与的基层治理体系，把党的领导优势转化为基层社会治理效能。坚定践行党的群众路线，完善城乡社区协商机制、矛盾纠纷多元化解机制和基层公共法律服务体系，解决好人民群众关心的“小事”、难事、具体事，不断增强人民群众获得感、幸福感、安全感。以“绣花”功夫加强城市管理，拓展“雪亮工程”①成果应用，推动“四标四实”②与网格化管理深度融合，运用大数据、云计算、人工智能等信息技术，强化风险隐患预测预警预防，提高社会治理智能化、科学化、精准化水平。深化城乡社区治理专项改革试点，扎实推进“广州街坊”群防共治、“一支队伍联勤执法”等基层治理实践创新项目建设，形成更多可复制推广的经验，并在广州政法网开设《新时代“枫桥经验”——广州实践》专栏，刊发广州市、区、街（镇）三级党政部门、企事业单位及社会组织推动的实践创新案例，打造社会治理创新“广州品牌”。

① “雪亮工程”：取自“群众的眼睛是雪亮的”的寓意，是以县、乡、村三级社会治安综合治理中心为指挥平台，以综治信息化为支撑，以网格化管理为基础，以公共安全视频监控联网应用为重点的“群众性治安防控工程”。

② “四标四实”：是指以标准作业图、标准建筑物编码、标准地址库、标准基础网格、实有人口、实有房屋、实有单位、实有设施为主要内容的城市治理专项行动。

1. 党建引领是广州实践的根本遵循

中国特色社会主义最本质的特征是中国共产党领导，中国特色社会主义制度的最大优势是中国共产党领导。“枫桥经验”的形成、实践和创新发展始终是在党的领导下进行的，首先是毛泽东同志、习近平总书记以及党中央、浙江省委各级党委为形成、创新和发展“枫桥经验”指明了正确道路，也提供了坚强有力的思想指引和政治保障。其次是充分发挥了基层党组织的战斗堡垒作用和党员的先进模范作用。实践证明，这既是“枫桥经验”的政治优势，也是其不断创新发展的根本保证。

在基层社会治理中，党的基层组织建设是关键。治国安邦重在基层，党的工作最坚实的力量支撑在基层，最突出的矛盾和问题也在基层，必须把抓基层、打基础作为长远之计和固本之举。必须从最基本的东西抓起，从基本组织、基本队伍、基本制度抓起，在打牢基础、补齐短板上下功夫，推进党建工作理念创新、机制创新、手段创新，让支部在基层工作中唱主角。回顾55年的发展历程，“枫桥经验”从形成之初发展到现在，至关重要的一条就是坚持党建引领，使基层党组织建设与基层治理有机衔接、良性互动，通过政治领导、思想引领、组织引领、能力引领、机制引领，以党的建设贯穿基层治理、保障基层治理、引领基层治理。

广州大源村基层社会治理的生动实践充分证明党建引领是基层社会治理的最大政治优势。[①]数年前，被称为“广州最大的城中村”的白云区太和镇大源村外来人口多，环境脏乱差，违法建筑多，社会治安复杂。大源村在基层治理中遇到的种种难题，正是广州基层治理现状的缩影。而总结大源村基层治理的经验，最核心一条就是坚持用党建引领基层社会治理。办好中国的事情，关键在党，关键在党的领导。推动基层社会治理，必须强化党的领导，提升党的组织力和战斗力。大源村当初面临的头号难题，便是基层党组织组织力不强。为此，大源村将党支部建在经济社上，实现

---

① 何道岚、申卉、徐雯雯：《广州：党建引领发力 赋能基层治理》，《广州日报》2021年6月30日。

“一经济社一支部”全覆盖，将辖内28个两新组织和3个社区党组织纳入村党委代管，消除党建空白点，切实发挥出领导核心作用，基层治理就有了核心力量、根本支撑。如今的大源村，河涌清澈，环境整洁，秩序井然，新建的党群文化广场成了网红打卡点，一座座旧厂房变成了时尚的电商创意园，社会治安明显改善。①

新冠肺炎疫情发生以来，基层党建的经验在广州疫情防控阻击战中得到了高效应用。“三人小组”、党员回社区、网格化管理、战“疫”临时党支部等举措充分发挥党的领导这个最大的体制优势。全力推动城市基层党建更新升级，红色引擎推动人往基层走、钱往基层投、政策往基层倾斜，构建到最基层一线、到群众身边解决问题的基层治理体系。迎着基层治理变革的号角声，广州71万名党员和3.8万个基层党组织带头冲锋，进入“令行禁止、有呼必应”党建引领基层共建共治共享社会治理格局的新阶段。②

2. *群众路线是广州实践的不竭动力*

“枫桥经验”诞生之初就是发动和依靠群众就地解决矛盾的经验。毛泽东同志认为“枫桥经验”回答了两个问题：一是群众是怎样懂得这样做的；二是依靠群众办事是个好办法。③这两点道出了群众工作的精髓，相信群众、依靠群众，唤起群众的自觉，激发群众的力量，才能化解矛盾、破解难题，实现长治久安。习近平总书记也是将“枫桥经验”和党的群众路线放在一起来思考的。在给纪念毛泽东批示“枫桥经验”50周年大会作出的重要批示中，他明确要求，“各级党委和政府要充分认识‘枫桥经验’的重大意义，发扬优良作风，适应时代要求，创新群众工作方法，善于运用法治思维和法治方式解决涉及群众切身利益的矛盾和问题，把‘枫桥经

① 夏振彬、汤南、肖桂来：《大源村“蝶变记”》，《广州日报》2020年7月7日。

② 何道岚：《“培土”强基层“绣花”办实事》，《广州日报》2020年9月11日。

③ 陆健、严红枫：《“枫桥经验”：基层社会治理的中国方案》，《光明日报》2021年3月17日。

验’坚持好、发展好，把党的群众路线坚持好、贯彻好”。[①]

新时代“枫桥经验”的本质在于其人民性，习近平总书记“以人民为中心”的思想赋予其本质属性。习近平总书记的群众路线思想对“枫桥经验”的创新性发展，集中体现在将新时代“以人民为中心”的思想融入“枫桥经验”的理论内核中，使人民群众作为社会治理主体的作用得以充分彰显，民间力量得以淋漓尽致地发挥。党委政府发挥好在社会治理中的主导作用，同时大力培育并支持社会组织参与社会治理，突出社会组织、基层自治组织和人民群众在社会治理中的主体地位，激发社会自治、自主、能动力量，形成党委、政府与社会力量良性互动的社会治理局面。广大人民群众自我管理、自我服务、自我提升的热情空前高涨，参与社会治理的能动性、创造性得到充分调动，初步实现了社会治理过程让群众参与、成效让群众评判、成果让群众共享。在治理模式上，也从党委、政府自上而下地层层压实责任，发展到更加注重发挥基层干部群众的首创精神，积极鼓励和支持基层大胆实践、敢于担当、勇于创新，激发民间智慧，破解基层治理难题。[②]党的十九大以来，广州坚持以人民为中心的发展思想，努力探索新时代“枫桥经验”广州实践，认真践行党的群众路线，积极依靠群众参与社会治理，推动健全党委领导、政府负责、社会协同、公众参与、法治保障的基层社会治理体制。大力推进“广州街坊”群防共治队伍建设，广泛发动市民群众参与基层社会治理共建共治共享，推进平台建设、队伍建设、机制完善、品牌打造等一系列工作。建立信息化平台作为工作支撑，把现代科技手段与传统群防群治有机结合，创新群防群治力量组织模式，将专业、半专业力量及行业力量、社会志愿力量整合为“广州街坊”群防共治队伍。完善队伍招募、群组组合、活动发起、日常管理、公共参与等方面的制度机制，推动品牌化建设，以地缘、业缘、趣

---

① 习近平：《坚定不移走中国特色社会主义法治道路 为全面建设社会主义现代化国家提供有力法治保障》，《求是》2021年第5期。

② 张文显：《习近平社会治理思想引领“枫桥经验”创新发展》，《国家检察官学院学报》2019年第3期。

缘活动等多缘纽带聚合，广泛发动市民群众加入“广州街坊”，参与基层社会治理共建共治共享，加快形成社会治理人人参与、人人尽责的良好局面。发挥“广州街坊”社情民意的“信息员”、邻里守望的“巡防员”、矛盾纠纷的“调解员”、平安法治的“宣传员”、公共文明的“引导员”和应急处置的“支援员”等作用，凝聚起基层社会治理的强大合力。[①]截至2021年，“广州街坊”群防共治队伍已有52万余名在册成员，培育了451支队伍。为引导激励广大市民积极参与群防共治，广州市更大力发展见义勇为事业，为市民热心参与社会治理解决后顾之忧。2019年以来，广州市见义勇为基金会每年出资100万元，为实名注册“广州街坊”小程序、积极参与群防共治的市民购买人身意外险和第三者责任险。对于弘扬见义勇为精神表现突出的各类群防共治力量，基金会都给予精神和物质奖励。2021年全年，基金会合计支出慰问奖励金25.7万元。[②]

3. 聚力基层是广州实践的关键抓手

社会治理的重心在基层，法治社会建设的重心也在基层。“枫桥经验”的精髓就是基层治理，无论是毛泽东同志概括的“发动和依靠群众，坚持矛盾不上交，就地解决，实现捕人少、治安好”的“枫桥经验”，还是习近平总书记称道的“抓基层、打基础、建机制、架网络、明责任、强保障”“最大限度地把问题解决在基层，努力做到小事不出村，大事不出镇，矛盾不上交”的“枫桥经验”，[③]都着眼其基层性、基础性，都把它作为有效维护基层社会稳定、促进社会和谐的社会治理的典型。“枫桥经验”的实质就是标本兼治、综合治理，依靠群众、预防为主，把矛盾和纠纷化解在基层，把问题和困难解决在基层。学习、推广和创新“枫桥经验”要坚持预防在先、工作在前，努力把不稳定因素解决在基层，解决在

① 罗仕、李焕坤：《广州：致广大而尽精微，打造超大城市现代化治理新范例》，《羊城晚报》2022年2月18日。

② 章程：《广州政法晒出2021成绩单》，《广州日报》2022年2月10日。

③ 习近平：《干在实处 走在前列——推进浙江新发展的思考与实践》，中央党校出版社2006年版，第230页。

内部，解决在萌芽状态。习近平总书记明确指出，构建社会主义和谐社会，重心在基层，基层是社会的细胞，是构建和谐社会的基础。习近平总书记在党的十九大报告中进一步提出，要加强农村基层基础工作，健全自治、法治、德治相结合的乡村治理体系；加强社区治理体系建设，推动社会治理重心向基层下移，发挥社会组织作用，实现政府治理和社会调节、居民自治良性互动。

广州始终牢记习近平总书记“基层是重心”的社会治理思想，始终坚持“小事不出村、大事不出镇、矛盾不上交”的基本精神，着力整合基层社会力量为着力解决城市社会治理中存在的问题隐患，全面提升广州市城市治理标准化、精细化、品质化水平，部署开展了以“四标四实”为核心内容的深化平安有序规范城市管理专项行动。近年来，35个市直部门和11个区共同围绕全市建设“标准作业图、标准建筑物编码、标准地址库、标准基础网格”，全面清理“实有人口、实有房屋、实有单位、实有设施”工作任务，开展了集中式攻坚，取得阶段性成果；建立完善全市网格化管理体系。一方面，将原有的1.66万个“城市社区网格”进行优化调整，按照200户或500人的标准，重新划分标准基础网格20031个。标准基础网格相对于原本“城市社区网格”覆盖更全面、边界更清晰，改变了以往各类网格错综复杂、交叉叠加、覆盖不全等应用难题，为各部门开展网格区域化管理提供规范便捷的最基础作战单位格，方便各部门开展城市网格化管理工作。另一方面，依托“数字广州基础应用平台”，建立了跨层级、跨部门的全流程的网格事项处置机制。创新“采办分离”工作模式，通过网格员网格事件发现上报，到部门流转督办，再到专业网格员跟进处置，形成了网格化事件流转处置的闭环管理工作机制。①

城乡接合部及城中村地区治安状况复杂，向来是超大城市基层治理工作的难点。前文提及的大源村就是其中的典型。为扭转大源村地区复杂落

① 崔泽元：《广州“四标四实”探索超大城市精细化治理的实践与思考》，民主与法制网，2021年5月17日，http://gz.mzyfz.com/detail.asp?dfid=2&cid=87&id=420297.

后的治安状况、提高综合治理水平，广州坚持创新发展理念，构建起“以市民需求为导向，以基层党建为抓手，以信息技术为手段，以精细化治理为方式，以共建共治共享为目标”的现代化基层治理体系。2019年3月起，广州在大源村地区开展“四标四实”应用示范点打造工作。经过一年多的综合治理，该村基础设施短板不断补齐、城市功能和品质不断优化，取得了群众获得感、幸福感和安全感“三个显著提升”的突出成效。经综合治理后，该村案件类警情同比下降21.3%，其中盗抢骗等侵财类警情、涉黑恶警情、黄赌毒警情同比分别下降27.5%、10.3%和29.5%。在综合治理的过程中，为解决基层治理机制不顺的问题，结合“四标四实”工程应用，大力推进大源村网格化治理，建立了“综治中心+网格化+信息化”运行机制。大源地区综合调度室（警务室）依托视频监控室，运用两个平台进行信息研判、事件处置、指挥调度、全覆盖管控社会面秩序，从而建立起发现问题上报、受理派遣、联动处置、反馈回访、考核评价、汇总分析的闭环处置流程，实现资源共享、信息互通、处置高效的网格化联动社会治理格局。这些生动鲜活的治理实践，既是广州城乡环境治理的微观呈现，也为超大城市基层治理现代化提供了宝贵样本。

4. 德法交融是广州实践的鲜明特色

习近平总书记指出，中国特色社会主义法治道路的一个鲜明特点，“就是坚持依法治国和以德治国相结合，强调法治和德治两手抓、两手都要硬。这既是历史经验的总结，也是对治国理政规律的深刻把握”。[①]党的十八届四中全会提出，“坚持依法治国和以德治国相结合”是实现全面推进依法治国总目标必须坚持的重要原则。“坚持依法治国和以德治国相结合”内涵丰富，对推进新时代中国特色社会主义法治建设具有重要意义。

法律是准绳，任何时候都必须遵循；道德是基石，任何时候都不可忽视。在新的历史条件下，要把依法治国基本方略、依法执政基本方式落实

① 求是杂志社：《治国理政新理念新思想新战略》，学习出版社2018年版，第205-206页。

好，把法治中国建设好，必须坚持依法治国和以德治国相结合，使法治和德治在国家治理中相互补充、相互促进、相得益彰，推进国家治理体系和治理能力现代化。广州深刻把握习近平总书记关于法律与道德、法治与德治的科学论述，注重完善组织功能，充分发挥基层村居委组织自治作用，发挥新乡贤在社会治理中的示范作用，鼓励新型社会组织全面参与社会治理，自我管理、自我服务，弥补政府公共管理服务方面的“短板”，实现自治自律。发挥乡规民约、城市公约、社区公约在基层社会治理、促进和谐中的不可替代作用，把现代法治与新型德治有机结合，推进“枫桥经验”向着社会治理现代化的方向深化和发展。以广州市天河区“3+X”矛盾纠纷化解机制为典型，该机制构建起以司法所、派出所、律师事务所为主导，党代表工作室、人大代表联络站、行政职能部门、专业性行业性调解组织、高校志愿团队、法官助理、政协委员等共同参与的“3+X”矛盾纠纷化解模式，矛盾纠纷逐级过滤分流，实现资源优势叠加，推动矛盾纠纷就地高效化解，为本地经济社会发展创造安全稳定的环境。针对矛盾纠纷呈现出的主体多元化、诉求复杂化、类型多样化等特点，天河区积极倡导各司法所充分挖掘自身优势和资源，全面总结、完善、推广“3+X”矛盾纠纷化解工作机制，按照“一区一特色、一所一品牌”，整合人民调解、司法调解、行政调解等多种社会资源，综合运用调解、仲裁、公证等多种方式和手段，形成功能互补、程序衔接、运作有序的矛盾纠纷有效化解体系，满足人民群众多层次、多类型的矛盾纠纷化解需求。①

二、完善全流程法治规范运行机制

习近平法治思想是集时代性、实践性、系统性、原创性于一体的开

① 何瑞琪、缪璟：《“3+X”矛盾纠纷多元化解，天河版“枫桥经验”新升级》，《广州日报》2021年4月28日。

放的科学理论体系，法治政府建设理论是其重要组成部分与核心篇章。习近平法治思想中的法治政府建设理论内涵丰富，对法治政府建设的战略定位、核心目标、衡量标准、着力重点、实现路径等做了全方位的体系化建构，凝聚了党的十八大以来法治政府建设的理论成果和实践经验，[①]从拓展深化党的领导理论、创造性提出“三个共同推进、三个一体建设”理论、充实完善严格执法理论，以及推动行政法基础理论、法治理念、具体制度的发展等维度提升了法治政府建设的理论品质。

习近平法治思想要求坚持依法治国、依法执政、依法行政共同推进，法治国家、法治政府、法治社会一体建设。全面依法治国是一个系统工程，要整体谋划，更加注重系统性、整体性、协同性。依法治国、依法执政、依法行政是一个有机整体，关键在于党要坚持依法执政、各级政府要坚持依法行政。法治国家、法治政府、法治社会相辅相成，法治国家是法治建设的目标，法治政府是建设法治国家的重点，法治社会是构筑法治国家的基础。习近平总书记多次强调，推进全面依法治国，法治政府建设是重点任务和主体工程，对法治国家、法治社会建设具有示范带动作用，要率先突破。[②]

对于广州法治政府建设而言，完善全流程法治规范运行机制是重要抓手。但当前法治政府建设还有一些难啃的“硬骨头”。在行政决策方面，依法行政观念不牢固、行政决策合法性审查走形式等问题还没有根本解决。要用法治给行政权力定规矩、划界限，规范行政决策程序，健全政府守信践诺机制，提高依法行政水平。在行政执法方面，行政执法工作面广量大，一头连着政府，一头连着群众，直接关系群众对党和政府的信任、对法治的信心。要推进严格规范公正文明执法，提高司法公信力。强调严格执法，让违法者敬法畏法，但绝不是暴力执法、过激执法，要让执法既

---

① 江必新、黄明慧：《习近平法治思想中的法治政府建设理论研究》，《行政法学研究》2021年第4期。

② 习近平：《坚定不移走中国特色社会主义法治道路 为全面建设社会主义现代化国家提供有力法治保障》，《求是》2021年第5期。

有力度又有温度。在行政监督方面，要加强省市县乡四级全覆盖的行政执法协调监督工作体系建设，强化全方位、全流程监督，提高执法质量。为此，广州以习近平法治思想为引领，在法治政府建设领域聚力科学决策、严格执法、高效监督，努力将制度优势转换为治理效能，将法治政府建设打造为一张亮丽的城市名片。

（一）推进科学决策的广州实践

行政决策是行政机关履行职责实施行政管理的基本方式和关键环节，其涉及面广、影响深远，与人民群众利益密切相关。行政决策制度的科学化、民主化、法治化，是推行依法行政、建设法治政府、发展社会主义民主政治、维护社会和谐稳定的客观要求和重要保障。科学民主依法决策关系政府执政能力建设，关系依法治国事业的兴衰，关系广大人民群众的福祉。党的十九大以来，我国行政决策机制建设在行政决策主体教育培训、行政决策咨询、行政决策信息系统、行政决策程序等方面获得了显著进步。但在行政决策公开、行政决策评估、行政决策主体责任担当方面仍存在不足。[①]国家层面还没有有关行政决策的专门立法，只是在中共中央、国务院的文件中对行政决策具体程序提出了原则要求。

广州是改革开放的排头兵和先行者，经济社会发展迅速，具有政治民主发展的深厚土壤。随着依法治国和法治政府建设的不断推进，民众对科学、民主、依法决策的需求和呼声越来越高，广州市人民政府开始探索通过法治化手段推动科学民主决策。[②]近年来，广州着力推进行政决策科学化：

一是健全科学民主依法立法机制。健全民主立法机制，建设基层立法

① 魏礼群、王满传：《行政改革蓝皮书：中国行政体制改革报告（2018～2021）No.7》，社会科学文献出版社2021年版，第131-139页。

② 中国政法大学法治政府研究院：《中国法治政府奖集萃（第一至四届）》，社会科学文献出版社2018年版，第89页。

联系点，将公众参与作为提升行政立法质量的必经环节，选择部分社会关注度高、关系民生的立法项目开展立法听证，并注重借助现代信息技术提升立法听证质量。如在2018年8月，广州举行《广州市房屋使用安全管理规定》立法听证会，首次实现行政立法听证全程视频公开，并向社会公布听证笔录。[①]广州着力完善立法听证机制，修订《广州市行政立法听证会规则》。增设网络听证会内容，对网络听证会的概念、代表参与人数和程序性要求作了特别规定。进一步明确“涉及重大利益调整”“存在重大意见分歧”“对公民、法人或者其他组织的权利义务有较大影响”的具体内容。明确不同程序举行行政立法听证会的部门职责，规范向社会公开听证笔录的形式。[②]

二是完善行政决策的配套制度。近年来，广州着力构建系统完备、科学规范、运行有效的依法行政配套制度，以良法促善治：1.着力提升目标管理。评估修订《广州市重大行政决策目录管理试行办法》，落实逐年编制重大行政决策事项目录和听证目录制度。督促各区、市政府各部门落实重大行政决策程序规定。开展应急决策和保密决策程序研究，探索重大行政决策分类管理。修订公布《广州市重大行政决策听证办法》，评估修订《广州市重大行政决策专家论证办法》等重大行政决策制度。开展城市更新等重大行政决策前的调研、决策后的评估工作，制定实施《广州市基层行政决策公众参与工作指引》。[③] 2.着力提高立法质量。近年来，广州以促进经济高质量发展和科技创新、加大营商环境改革、保障和改善民生、维护社会和谐稳定等为立法重点，充分发挥地方立法制度优势，用实际行动

① 广州市司法局：《广州市人民政府关于我市2018年法治政府建设情况的报告》，广州市司法局网，2019年1月29日，http://sfj.gz.gov.cn/gkmlpt/content/3/3333/post_3333109.html#14270.

② 广州市司法局：《广州市人民政府关于我市2019年法治政府建设情况的报告》，广州市司法局网，2020年3月9日，http://sfj.gz.gov.cn/gkmlpt/content/5/5723/post_5723080.html#14270.

③ 广州市司法局：《广州市人民政府2020年法治政府建设年度报告》，广州市司法局网，2021年2月21日，http://sfj.gz.gov.cn/gkmlpt/content/7/7107/post_7107120.html#14270.

践行习近平法治思想，切实把习近平法治思想贯彻落实到“把方向、谋新局、听民意、促改革”等地方立法工作全过程各方面。[①] 3.强化规范性文件管理。广州市司法局出台《广州市行政规范性文件制定发布规则》，加强街镇规范性文件审核。2020年，对206份市级规范性文件开展合法性审查，其中41件市政府规范性文件向省政府、市人大常委会备案。开展民法典涉及法规的专项清理。清理70件地方性法规，拟修订16件，废止1件；清理111件地方政府规章，拟修订16件，部分修改3件，废止5件；清理1589件市级行政规范性文件，拟修订18件，部分修改9件，废止1件。

三是加强行政决策合法性审查。广州推动市政府及部门的重要决策、决定和行政行为以及所有政府合同均由市政府及其部门法制机构进行事前合法性审查。2018年，市政府法制机构审查政府及部门决策方案、工作方案、行政管理行为、民事行为，以及国企经营管理行为等，出具法律意见1500余份，参与多起政府投资、招商引资等重大项目谈判，审查以市政府名义签订的合同以及部门重大合同149份，合同涉及金额2158亿元，审查政府合同示范文本13份，有效防范政府合同的法律风险，确保政府行政决策和行政行为合法有效。2019年，共审查206份市政府合同，涉及金额2798亿元。对政府重大投资、招商引资等项目出具合法性审查意见共378份，涉及金额9069亿元。印发《关于推行法律顾问制度和公职律师公司律师制度的实施方案》，完善广州各级党政机关法律顾问和公职律师制度，推动国有企业全面推行法律顾问和公司律师制度，从制度层面构建具有广州特色的法律顾问、公职律师、公司律师制度体系和工作格局。

四是完善政府法律顾问管理机制。根据《广州市人民政府法律顾问室工作规则》，广州通过市政府兼职法律顾问绩效考核机制，提高法律顾问管理科学化、精细化水平。完善政府法律服务体系，通过建立政府法律咨询专家库、聘请兼职法律顾问、购买法律服务等方式，让社会法律人士有

① 魏丽娜：《立法回应人民关切 良法推动高质量发展》，《广州日报》2021年12月7日。

效参与，形成合力，共同推进广州政府法律顾问工作。

（二）落实严格执法的广州实践

全面推进依法治国，必须坚持严格执法。法律的生命力在于实施。如果有了法律而不实施，或者实施不力，以致有法不依、执法不严、违法不究，那制定再多法律也无济于事。推进严格执法，重点是解决执法不规范、不严格、不透明、不文明，以及不作为、乱作为等突出问题。[①]要以建设法治政府为目标，建立行政机关内部重大决策合法性审查机制，积极推行政府法律顾问制度，推进机构、职能、权限、程序、责任法定化，推进各级政府事权规范化、法律化。要全面推进政务公开，强化对行政权力的制约和监督，建立权责统一、权威高效的依法行政体制。要严格执法资质、完善执法程序，建立健全行政裁量权基准制度，确保法律公正、有效实施。为此，广州加大执法体制改革力度，坚持严格规范公正文明执法，提升执法公信力。

一是深入推进行政执法体制改革。按照机构改革统一部署，统筹配置行政处罚职能和执法资源，相对集中行政处罚权，优化行政执法队伍，推进区、镇（街）行政执法体制改革。推进省以下环保机构监测监察执法垂直管理制度改革和劳动监察综合行政执法体制改革。深化中国（广东）自由贸易试验区广州南沙新区片区（以下简称自贸区南沙片区）综合行政执法体制改革，建立“一支队伍管执法、一张清单明责任、一个平台办案件、一套机制管保障”的综合执法运作机制，将14类事权由区综合行政执法局集中实施，完善综合执法协作配合机制和争议解决机制，明确复议机关为自贸区南沙片区管委会。深入推进行政执法体制改革。按照机构改革统一部署，重点推进市场监管、生态环境保护、文化市场、交通运输、农

① 中共中央文献研究室：《习近平关于全面依法治国论述摘编》，中央文献出版社2015年版，第77页。

业等5个领域综合执法体制改革。市级综合执法体制改革已于2019年3月底全部完成。市本级共向区下放行政执法专项编制997名、事业编制19名，充实加强基层执法力量。基本完成市、区两级五大领域的综合执法体制改革，推进镇街综合行政执法改革，将4548名执法专项编制下放镇街，健全广州、区、镇街执法统筹协调机制。

二是健全严格规范公正文明执法制度。广州在总结行政执法三项制度试点经验基础上，制定实施《广州市行政执法公示办法》《广州市行政执法全过程记录办法》《广州市行政执法案卷标准指引》，修订实施《广州市行政执法数据公开办法》《广州市重大行政执法决定法制审核办法》，全面推行行政执法公示制度、执法全过程记录制度、重大行政执法决定法制审核制度。提高行政执法数据公开要求，实行“双轨并行制”。2018年3月，在广州统一公开行政执法数据的基础上，各部门自主公开行政执法数据，方便社会查询、评价。“行政执法数据公开”获广州市法治化营商环境建设十大案（事）例优秀奖，经验向全国推广。健全严格规范公正文明执法制度。进一步巩固行政执法“三项制度”（行政执法公示制度、执法全过程记录制度、重大执法决定法制审核制度）试点成果。截至2020年，广州各级行政执法主体统一通过“广东省行政执法信息公示平台”向社会公开各类行政执法信息超百万条，公开进度居于全省前列。编印《行政执法工作手册》，组织执法人员考试15批775人次。全年政府部门解决群众各类诉求170万件，市民满意率达80.83%，同比上升7%。

三是以信息化手段提升行政执法水平。广州21个市级部门实现行政处罚全过程电子记录，35个市级部门实现行政许可全过程电子记录，以音像方式记录易引发争议的执法过程和直接涉及人身自由等重大权益的现场执法活动。2018年9月，“广州市行政执法监督系统”建成并上线试运行，推动执法数据互联互通，实现市级行政执法单位行政处罚行为全过程监督、全过程电子记录和实时统计分析。强化行政执法规范化建设。严格落实行政执法自由裁量权基准制度，逐一审查相关执法部门的882项规范行政处罚自由裁量权标准。2019年，全年共计审核515个行政执法主体、6186名行政执法人员，组织1419人次参加行政执法综合法律知识考核。

四是完善行刑衔接制度，提高依法行政能力。为提高行政执法机关办案质量，解决行刑衔接面临的实体困境、证据困境和程序困境，在完成《广州市行政执法与刑事司法衔接临界点指引》《广州市行政执法与刑事司法衔接证据指引》的基础上，2018年广州市委政法委员会和广州市人民政府法制办公室联合出台《广州市行政执法与刑事司法衔接程序指引》，在全国率先构建行刑衔接重点问题指引体系，对可能构成犯罪的961项行政违法行为的处罚依据、可能构成犯罪的罪名、刑事立案追诉标准、证据标准、衔接程序等进行规范。

（三）强化高效监督的广州实践

纵观人类政治文明史，权力是一把双刃剑，在法治轨道上行使可以造福人民，在法律之外行使则必然祸害国家和人民。行政机关拥有资源配置和社会管理的广泛权力，是各种腐败现象的汇合点。任何国家机关及其工作人员的权力都要受到制约和监督。[①]因而，加强对行政权力的制约和监督，对法治政府建设至关重要。为此，广州坚持以规范行政权力运行为重点，建立规范高效的行政监督体制。

一是自觉接受人大监督和政协民主监督。广州贯彻落实市人大及其常委会各项决议，定期向市人大常委会、市政协报告、通报工作。出台《广州市人民政府办理人大代表建议和政协提案工作细则》，明确承办单位主要领导是建议、提案办理的第一责任人，要亲自部署交办工作、亲自领办1件以上代表建议和提案。落实“百分之百沟通、百分之百办理、百分之百答复、百分之百督查”的工作要求，通过调研、走访、座谈等方式精准把握核心诉求，切实保障建议、提案办理质量。2018年，广州市政府办理各

① 江必新、黄明慧：《习近平法治思想中的法治政府建设理论研究》，《行政法学研究》2021年第4期。

级人大代表建议415件，办理政协提案501件。以《广州市人民代表大会常务委员会监督地方性法规实施办法》颁布实施为契机，配套修订《广州市地方性法规规章实施准备工作规定》，界定配套制度的主要形式，细化责任主体，严格完成时限。严格执行政府领导牵头领办督办重点建议制度，推动广州各级政府领导牵头领办督办重点建议全覆盖。持续开展建议办理“回头看”工作，确保答复落到实处。2019年，广州市政府系统共承办人大代表建议420件、政协提案424件，均已答复完毕。依法依规向市人大及其常委会报告工作，及时反馈市人大常委会对依法行政工作情况报告审议意见的整改落实情况。2020年广州市政府系统共承办人大和政协的建议提案1207件，满意率为99.7%。广州市纪委监委机关通过“四风”问题云治理机制，加强对行政执法重点领域和关键环节、抗疫惠企措施落实情况的监督检查。①

二是主动接受司法监督。广州为贯彻落实《最高人民法院关于适用〈中华人民共和国行政诉讼法〉的解释》，印发《关于加强行政应诉工作的意见》，对二审答辩、行政机关负责人出庭应诉、规范出庭应诉等予以进一步规范。加强广州行政诉讼案件统计分析，组织召开广州行政诉讼败诉案件分析研究会和新行政诉讼法司法解释培训会，有针对性地加强风险防控。定期通报行政机关负责人出庭应诉情况，提高行政机关负责人出庭应诉质量。对14个败诉率较高、未完成负责人出庭应诉任务的行政区和单位予以通报并督促整改。2018年5月，市政府一位副秘书长和市政府法制机构主要负责人代表市政府出庭应诉一宗市政府信息公开行政案件，展示了法治政府良好形象。2019年，广州办理一审行政应诉案件5902件。持续推进和完善行政机关负责人出庭应诉制度，起草《广州市行政机关负责人出庭应诉规定》，印发《关于加强和改进行政机关负责人出庭应诉工作的指导意见》。2020年，广州建立市、区两级行政机关行政诉讼联络机制，加

① 广州市司法局：《广州市人民政府关于2020年度法治政府建设情况的报告》，2021年2月25日，https://www.gz.gov.cn/zwgk/fzzfjs/content/post_7749971.html.

强行政复议、非诉行政执行、信访处理等工作与行政审判衔接，开展“不答辩、不举证、不出庭”专项整治。[①]

三是强化审计监督。开展镇（街）主要领导干部经济责任异地同步审计，市政府专题听取工作开展情况。加强重大政策措施落实情况的跟踪审计，以季度报告的方式促进政策落实。加强重大公共投资项目审计，重点关注招标投标、工程变更、价款结算等工程建筑领域，开展建设项目前期程序审批情况专项审计调查，发挥审计清障作用。组织开展市直部门及镇（街）主要领导任期经济责任和自然资源资产同步审计，开展水环境治理专项审计调查。严格落实党中央和国务院“审计全覆盖”部署要求，制定专项审计全覆盖方案。按要求向市人大常委会报告审计工作情况，并及时向社会公布。

四是加大行政复议监督力度。广州推进“阳光复议”，实现行政复议申请网上受理、行政复议决定书网上公开。在建立广州行政复议案件受理中心的基础上，继续拓宽受理渠道，在全省率先开通“微信申请复议”功能。2018年，广州市政府网上公开行政复议决定书1252件，行政复议决定网上公开实现规范化、常态化。全面完成行政复议庭审数字化建设，实现市政府行政复议庭审过程的同步录音录像。所有公开庭审的案件均向社会公告，接受旁听申请，提高了复议庭审的公信力。探索推进集中复议体制改革。司法部肯定广州市行政复议为民工作，多个案例入选司法部《复议为民》宣传片。2019年，广州共受理行政复议申请8280件。制定出台《广州市行政复议调解工作暂行规定》，在全省率先成立行政复议调解中心。大力开展《中华人民共和国行政复议法》实施20周年系列宣传活动。选送的“方某不服《关于旧楼加装电梯提取住房公积金的复函》案”入选“推进中国法治进程十大行政复议案例”，被人民网、南方日报等广泛报道。2020年，广州出台实施《广州市行政复议体制改革实施方案》，实现

① 广州市司法局：《广州市人民政府关于2020年度法治政府建设情况的报告》，2021年2月25日，https://www.gz.gov.cn/zwgk/fzzfjs/content/post_7749971.html.

一级政府一个复议机关。党的十九大以来，广州在法治政府建设领域成效显著，在中国法治政府评估中稳居前列并两次获全国第一，在法治广东建设考评中连续获得优秀并蝉联全省第一，六次荣获中国法治政府奖或提名奖，获评法治政府建设典范城市、中国营商环境标杆城市、全国“七五”普法中期先进城市。①但法治政府建设仍任重道远，唯有持续推动完善全流程法治规范运行机制，坚持科学决策、严格执法，高效监管，下足“绣花”功夫，不断提高城市治理体系和治理能力现代化水平，方能使广州这座千年商都焕发新活力。

三、推动“智慧法治”平台建设

大数据是信息化发展的新阶段。随着信息技术和人类生产生活交汇融合，互联网快速普及，全球数据呈现爆发增长、海量集聚的特点，对经济发展、社会治理、国家管理、人民生活都产生了重大影响。习近平总书记强调：“要运用大数据提升国家治理现代化水平。要建立健全大数据辅助科学决策和社会治理的机制，推进政府管理和社会治理模式创新，实现政府决策科学化、社会治理精准化、公共服务高效化。”②在法治建设领域，加强科技和信息化保障是建设有力的法治保障体系，筑牢法治中国建设的坚实后盾。其中，“充分运用大数据、云计算、人工智能等现代科技手段，全面建设‘智慧法治’，推进法治中国建设的数据化、网络化、智能化”，是当前法治中国建设的枢纽工程。③“智慧法治”是现代信息科学

---

① 魏丽娜：《广州争创全国法治政府建设示范市 奋力打造法治城市标杆》，《广州日报》2021年11月15日。

② 习近平：《审时度势精心谋划超前布局力争主动 实施国家大数据战略加快建设数字中国》，《人民日报》2017年12月10日。

③ 《法治中国建设规划（2020—2025年）》，中华人民共和国中央人民政府网，2021年1月10日，http://www.gov.cn/zhengce/2021-01/10/content_5578659.htm.

技术与法治建设深度融合的产物，也是国家治理进入数字化时代的必然结果，是法治中国建设的一抹亮色，为新时代推进国家治理能力和治理体系现代化，开拓出科技赋能的法治路径。

“智慧法治”属于法治智能化范畴，意在运用互联网、大数据、云计算、人工智能、区块链等技术，感测、汇集、分析、整合、输出法治运行必要的关键信息，对包括立法、执法、司法、普法工作的各种需求做出智能响应，并运用到法治工作的装备、设施、程序、方式，法律供给、服务、救济的输出与接收的过程、环节，极大提高法治的效率、质量、效益，其实质是以现代信息技术和人工智能技术为辅助，实行智能化法治建设和运行。[①]中国特色社会主义智慧法治建设，就是要将信息化、数据化和智能化作为推动中国法治建设高速发展的手段，将法治信息的智能化集约、法治行为的智能化规范、法治关系的智能化协调、法治风险的智能化预判作为法治中国建设的技术要求。

党的十九大以来，作为聚力打造全球法治标杆城市的广州，坚持以习近平新时代中国特色社会主义思想为指导，深入学习贯彻习近平法治思想，紧紧围绕法治广州、平安广州建设，持续深入推进“智慧法治”建设。覆盖地方立法、行政执法、司法审判等职能的“大平台、大系统、大数据”基本形成，智慧法治建设取得显著成效。

（一）“智慧法治”的时代意涵

“智慧法治”在形态上是“充分运用互联网与人工智能技术的法治类型”，本质上是“运用现代科技和发挥人类思维智慧以实现法律正义的法治”。正如有学者提出，“智慧法治”就是数字时代，人类运用自身智慧解决法治理论和实践问题的最新实践。法治及其运行与现代信息科学技术的交融互动，使得“智慧法治”进一步展现出特定的具体形态，诸如立

① 雷磊：《中国特色社会主义智慧法治建设论纲》，《中共中央党校（国家行政学院）学报》2020年第1期。

法形态、执法形态、司法形态和法律服务形态等。这些法治运行环节的形态共同组成了“智慧法治”的逻辑框架。“智慧法治”使我国的立法、执法、司法和法律服务等法治具体形态更加具有科学性和智能性，也提高了我国法治治理和服务的质效性。[①]“智慧法治”是通过国家治理领域的这场广泛而深刻的法治变革，有效规范制约公权，充分尊重和保障人权，切实维护社会公平正义，全面实现人民福祉的重要依托；是切实解决“立案难、胜诉难、执行难”等老大难问题，充分实现司法公正，努力让人民群众在每一个司法案件中感受到公平正义的技术手段；是深入贯彻落实网络强国战略思想，提升全面推进依法治国的能力和水平，助推国家治理体系和治理能力现代化的基础条件。[②]

1. “智慧法治”是新时代法治中国建设的应有之义

当代信息革命把人类带进了网络化、数字化、智能化的全新时代，国家治理、社会治理和法治秩序都面临着前所未有的颠覆与重建的复杂境遇。如何适应这场深刻的信息革命，通过变革创新来推进社会治理的升级转型，重建社会秩序，就成为世界各国亟待解决的重大课题。党的十九大报告正式提出了“智慧社会”建设的全新理念，中国已经进入了智慧治理新时代。然而，智慧治理绝不仅仅是新兴技术的社会应用，而是一个应对信息革命、推动人类向智慧生活进行总体性转型升级的宏伟工程，其中一些突出的新型挑战，需要审慎对待和着力解决。[③]而“智慧法治”的理论丰富与实践展开正是法治中国建设中应对风险挑战不可或缺的一环，其有助于推进法律制度、法治体系的系统集成、协调发展，强化中国特色社会主义法治体系抵御风险、应对挑战的能力。互联网和人工智能进入法治领域引发的“法治革命”，不仅是头脑、观念、思维和理论层面的变革，而且全方位地反映在国家法治体系和法律制度规则的层面。当代中国法治建

① 罗洪洋、陈雷：《智慧法治的概念证成及形态定位》，《政法论丛》2019年第2期。

② 智慧法治课题组：《“智慧法治”制度建设的理论与实践问题》，光明网，2020年7月7日，https://m.gmw.cn/baijia/2020-07/07/33973217.html.

③ 苗梅华：《智慧治理的时代面向与挑战》，《国家检察官学院学报》2020年第1期。

设，既需要更加科学完备的法律制度和规则，更需要推进原有法治体系、制度体系和法律体系的系统集成和优化组合。深入研讨“智慧法治”与法治中国建设的问题，有助于运用网络信息等新技术新思维，解决长期以来制度建设中的瓶颈性、制约性、失范性难题，进一步完备制度体系，优化运行机制，使以法律制度为支柱的国家制度体系得以全面统筹、协调发展，形成更加优化的治理机能。进言之，“智慧法治”建设不仅有助于提升立法的科学性，保证行政执法的严格性，也有助于促成司法的公正性和法律监督的有效性，能够更好地满足人民群众的法治需求，提高人民群众的法治获得感。[①]

2. “智慧法治”是新时代法治政府建设的基础工程

工业革命以来，科学技术的变革与创新同政府治理能力的提升之间存在正相关关系。人类社会的每一次重大科技创新均会促成政府的治理理念、治理制度或者治理方式、手段的变革与创新。[②]“智慧法治”有助于深化行政执法体制改革，推进全面依法治国实践。从政府的信息整合来看，通过“智慧法治”，基层政府零散的被动信息供给向主动的信息整合转变，可以提高法治的信息整合效率。从政府的组织形式来看，通过“智慧法治”实现政府管理体制从科层制向神经网络制转变的技术基础，可以提高法治的组织动员效率。从政府的工作内容来看，通过“智慧法治”实现政府治理由官僚支配向算法支配转变的科技基础，可以提高法治的核心支配效率。从政府的工作方法来看，通过“智慧法治”不断提升政府的服务能力，可以提高法治的公共服务效率。[③]早在2017年，《新一代人工智能发展规划》就明确提出，要开发适于政府服务与决策的人工智能平台，研制面向开放环境的决策引擎，在复杂社会问题研判、政策评估、风险预警、应急处置等重大战略决策方面推广应用。加强政务信息资源整合和公共需求精准预测，畅通政府与公众的交互渠道。而《法治政府建设实施纲

① 李林：《“智慧司法”与“法治中国”》，《北京日报》2020年7月16日。

②③ 彭中礼：《智慧法治：国家治理能力现代化的时代宣言》，《法学论坛》2020年第3期。

要（2021—2025年）》更是明确要求，要坚持运用互联网、大数据、人工智能等技术手段促进依法行政，着力实现政府治理信息化与法治化深度融合，优化革新政府治理流程和方式，大力提升法治政府建设数字化水平，特别是加快推进信息化平台建设、加快推进政务数据有序共享、深入推进“互联网+”监管执法。

3. “智慧法治”是新时代司法体制改革的重要抓手

“智慧法治”有助于深化司法体制改革，推进全面依法治国实践。把中国特色社会主义法治体系的制度优势，转化为良法善治的治理效能，是国家治理现代化和全面依法治国的必然要求。“智慧法治”建设，将助推司法改革和公正司法，发挥司法大数据管理和服务平台作用，“智慧法治审判系统”“智慧法治量刑建议”等的应用，上线“类案智能推送”“法信智答版”等系统，建设智能语音云平台，可以为司法机关办案提供更高效的智能辅助；推进电子诉讼应用，逐步实现网上阅卷、证据交换、网上开庭和电子送达，使老百姓“打官司”更加方便、更有效率，早日把我国建设成为社会主义现代化的法治强国。“智慧法治”有助于促进网络信息技术与全面依法治国的深度融合，推动新时代的“法治革命”和“互联网规制”。法治和法学的创新发展，新时代“法治革命”的爆发，离不开网络信息新技术的全面支持、深度参与和不竭动能；而互联网、人工智能等新技术、新业态的健康发展，也迫切需要法律的规制、促进和保障。法治与互联网双轮驱动，两者相互依存、彼此促进、共同成长。把中国特色社会主义法治体系的制度优势，转化为良法善治的治理效能，是国家治理现代化和全面依法治国的必然要求。[①]

（二）智慧立法的广州实践

一是首开网络立法听证会先河。“法律是治国之重器，良法是善治之

① 智慧法治课题组：《“智慧法治”制度建设的理论与实践问题》，光明网，2020年7月7日，https://m.gmw.cn/baijia/2020-07/07/33973217.html.

前提。”自1986年具备地方立法权以来，广州地方立法无论在法规制度设计还是在立法工作机制建设上，始终坚持科学立法、民主立法，在立法上创设一系列首开先河的制度机制，打造了地方立法的广州品牌。2017年8月，《广州市停车场建设和管理规定》网上立法听证会举行，一连4天的听证会创新方式，将网络听证和现场辩论相结合并全程直播，同时搭建公众参与听证的“无障碍”通道。统计数据显示，听证会页面曝光量超过3.69亿次，点击量超过1508万人次，总投票数达212万次。作为网上立法听证会的创始地，广州市近年来已举办多场紧贴民生、社会密切关注的网上立法听证会。在立法时，广州市人大常委会千方百计了解民情、问需于民、问计于民、问效于民，得到人民群众的积极回应，确保每一件法规都能够较为客观、广泛地体现和反映民意。近年来，广州市现行有效的地方性法规基本覆盖了广州市经济社会生活的各个主要方面。其中，多件法规具有鲜明的先行性、先进性和地方特色。例如，《广州市依法行政条例》是全国第一部对依法行政进行全面规范的地方性法规；《广州市生活垃圾分类管理条例》被中央媒体作专题报道推介；《广州市募捐条例》《广州市公共图书馆条例》的不少制度为其他省市乃至全国的立法所借鉴。①

二是建成全国首个智慧立法管理系统。在坚持民主立法的同时，广州市全面推进科学立法，充分运用“互联网+”大数据，着力提升立法质量。全国首个智慧立法管理系统已在广州建成，该系统集立法全流程在线操作和监控、法律法规的智能搜索和文本比对、立法资讯的实时推送、广州市地方性法规的智能统计分析、公开征集意见等多种功能为一体。智慧立法管理系统通过大数据提升立法效率，实现了立法全流程的在线操作和监控，可自动生成电子档案，进行法规文本的在线编辑和智能搜索、对比分析，以及地方立法情况的智能分类统计和分析，还能够实时推送和更新立法资讯，为立法工作提供智能支撑。特别是代表履职服务系统完成了7个子

---

① 章程：《多项指标领跑全国，解码广州法治建设的高分秘诀》，《广州日报》2019年11月10日。

系统之间各种数据的互联互通和相互融合，使代表工作部门通过科学地统计分析运用各项数据，智能提供针对性的信息支撑，帮助代表提高履职效率。除了设有PC端系统外，还配有手机移动端App，实现了代表工作各项内容全覆盖、代表履职活动信息化、智能化、移动化，让代表工作可以不受空间、地点的约束，享受随时随地移动办公，代表履职真正迈入“掌上时代”。[①]

在制定与人民群众利益关系密切的法规时，广州市开启在国际互联网著名门户网站上进行立法民意调查之先河，至2019年已就十余件法规在大洋网、腾讯网、网易网上开展了立法民意调查。[②]在法规立项论证制度上，广州市率先制定了地方性法规立项办法，建立了可以立项、优先立项、不予立项和废止法规的具体标准和条件，增强了立法项目的针对性。此外，广州市还在全国率先开设立法官方微博、立法官方微信，提高公众参与地方立法的便利性和实效性。由于建立了一套严格、规范的科学立法制度，确保了每一件法规都能最大限度地落实科学性的要求，实现了立法“立得住、行得通、真管用”。[③]

（三）智慧执法的广州实践

加强数字政府建设是创新政府治理理念和方式的重要举措，对加快转变政府职能，建设法治政府、廉洁政府、服务型政府意义重大。党的十八大以来，党中央围绕实施网络强国战略、大数据战略等作出一系列重大部署，各方面工作取得新进展。要把坚持和加强党的全面领导贯穿数字政府建设各领域各环节，坚持正确政治方向。要把满足人民对美好生活的向往作为数字政府建设的出发点和落脚点，打造泛在可及、智慧便捷、公平普

① 《“广州人大i会议”：“智慧人大”引领办会新风尚》，广州人大网，2021年3月18日，https://www.rd.gz.cn/xwdt/content/post_213683.html.

②③ 章程：《多项指标领跑全国，解码广州法治建设的高分秘诀》，《广州日报》2019年11月10日。

惠的数字化服务体系，让百姓少跑腿、数据多跑路。要以数字化改革助力政府职能转变，统筹推进各行业各领域政务应用系统集约建设、互联互通、协同联动，发挥数字化在政府履行经济调节、市场监管、社会管理、公共服务、生态环境保护等方面职能的重要支撑作用，构建协同高效的政府数字化履职能力体系。要强化系统观念，健全科学规范的数字政府建设制度体系，依法依规促进数据高效共享和有序开发利用，统筹推进技术融合、业务融合、数据融合，提升跨层级、跨地域、跨系统、跨部门、跨业务的协同管理和服务水平。①

近年来，广州城管部门以世界先进城市为标杆，以建设“干净、整洁、平安、有序”城市环境和实现老城市新活力、“四个出新出彩”为目标，积极适应不断提高的城市管理要求，坚持创新引领，大力实施“智慧城管+”战略，充分运用人工智能、大数据等前沿技术，大力推进数字城管、智慧余泥、燃气安全、执法管理、违建治理、公厕管理、垃圾分类、视频智能分析等系统建设与应用，取得了丰硕成果，形成了“令行禁止，有呼必应”、快速处理、高效督办、精准管理、共治共享的技术支撑体系和管理创新格局，全面提升了广州城市管理精细化、品质化、信息化水平。②

一是搭建城市智慧化综合管理系统，打造城市执法智慧大脑。该系统主要包括建筑废弃物运输电子联单管理平台、建筑废弃物常态化巡查执法系统App、建筑废弃物运输智能监控平台三个子平台。利用系统，可以通过类ETC（电子不停车收费系统）技术记录建筑废弃物车辆装卸信息，实现对“建设工地—运输—消纳场”两点一线的全过程监控。同时执法人员可利用手机上的常态化巡查执法系统App随时上传违法行为现场照片并进行立案查处及查询，大大提高各级执法部门的行政执法效能。更“黑科技”的是，建筑废弃物运输智能监控平台对接公安交警部门卡口数据，实现

① 习近平：《加强数字政府建设 推进省以下财政体制改革》，《人民日报》2022年4月20日。

② 何道岚、练洪洋：《精细治理提升城市文明》，《广州日报》2020年11月13日。

余泥运输车辆卡口抓拍图片、轨迹监控，辅助发现余泥运输车辆超载、未密闭、撒漏以及非法余泥运输车辆等违法违规行为。“城市智慧化综合管理系统”助阵城市管理，是广州城市管理不断变“聪明”的亮点之一。当前，广州“智慧城管”已逐步实现从概念到应用的蝶变。广州城管部近年来建成了数字城管、燃气、执法、余泥、视频智能分析等一批管用好用实用的信息系统，用科技手段和看得见、可感知的智慧创新成果，提升了城市治理的智慧化水平。

二是绘制城市物联网，整合智慧执法数据集。“四标四实”工作是推进城市治理体系和治理能力现代化的一项基础性工程。其中，“四标”指标准作业图、标准地址库、标准建筑物编码、标准基础网格；“四实”指实有人口、实有房屋、实有单位、实有设施。广州城管部门深化“四标四实”成果应用，推进系统基于“四标四实”一张图开发、改造、应用与展示，取得了显著成效。已完成公厕、垃圾压缩站、燃气站点、井盖、垃圾终端处理设施等37类、199万个城管设施标注上图工作，并实现在线查询、更新和上报。通过系统，核查违规使用直排式燃气热水器1.7万宗、查处3700多宗。现正在推动“四标四实”网格管理平台与城市管理专业网格对接工作及“四标四实”成果在数字城管、执法、燃气、井盖、广告等管理领域的深化应用。①

持续推进城市管理智慧化工程，对城市家具、城市部件结合“四标四实”成果全面进行身份认证，做到感知、查询、问题上报、实时处理全过程系统管理。打造了“一键找公厕”平台，对全市10000多座公厕布点上图，形成了用厕、找厕、评厕、管厕一张网；利用气瓶二维码、压力流量计、车辆GPS（全球定位系统）等技术设备，对700多万个气瓶运输、供应、配送、使用、回收以及8000多千米燃气管线、900多台燃气运输车辆进行实时监控、自动预警；利用安装的300个电子联单终端设备、3000多张建

① 刘灏：《广州大力实施“智慧城管+”战略：城市更加“聪明”，治理更加智慧》，南方网，2020年4月22日，https://economy.southcn.com/node_37cc8d2742/cce70a19ba.shtml.

筑废弃物运输车辆IC（集成电路）卡以及整合接入的车辆GPS数据、卡口抓拍数据、ETC车辆装卸数据，对全市建筑工地以及码头、消纳场所、循环利用点，实现对“建设工地—运输—消纳场”两点一线的全过程监控；建立集视频监管、生产环保监管、垃圾计量监管、预警管理、垃圾车辆监管和综合监管业务六大功能于一体的垃圾终端处理运营情况动态监管平台，对烟气排放、污水处理等19个数据指标，定时采集、自动告知，24小时在线监管；整合共享公安、交警、住建、地铁等单位16万路视频资源，自建城市主次干道、压缩站、消纳场、燃气站、珠江水面、垃圾终端处理设施近1000路视频监控资源，实现城市管理多领域广覆盖；等等。通过搭建“物物相连、智慧感知”的城市管理物联网，全面提升城市管理运行智能化、信息化水平。

三是打破信息壁垒，畅通智慧执法神经元。为破解以往多系统建设重叠、数据分割不共享、工作推动有空集等问题，集中力量推动广州城管部门首个开放共享智慧城管基础支撑平台和数据中心建设，将已建好独立分散的应用系统及数据资源逐步集成到综合管理门户，形成统一技术应用框架支撑体系。该平台已完成数据目录、交换标准梳理制订工作，整合接入了燃气管理、余泥管理、公厕云平台、数字城管、12345政务热线系统、视频智能分析系统等多个系统数据并建立了数据可视化基本框架。市级指挥平台“城市管理数据展示模块”基本成型，初步构建了跨部门、跨系统、跨层级、跨业务的数据分享和交换机制，基本完成“多网融合、数据信息交互”总体工作，加快推动建立用数据说话、用数据管理、用数据决策、用数据创新的城市管理新机制，实现“数据辅政”目标。

以打破“信息孤岛”为突破口，推进首个基础支撑平台及数据中心建设，逐步实现系统数据一个平台汇聚、叠加、分析、展示和应用，推动以数据融合带动业务聚合、以业务聚合提升城市管理效能；以推进数据共享应用为目的，依托市电子政务云、“四标四实”“多规合一”等平台，推动数据共享与交换，同步优化系统建设改造，对外成功共享了一批审批、燃气、公厕、设施、视频监控等数据，对内成功共享接入了一批治安视频、12345热线投诉、不动产登记、车辆GPS、建筑工地等数据，建成或改造应用了一批公厕管理、建筑废弃物监管、垃圾处理环保监控等系统，初步实现城市管理多数据的整合、集成与应用；以视频资源大数据应用为核心，打造了一套全国领先的视频资源联网平台，充分发掘16万路视频资源价值并开展大数据应用，成功实现对流动摊贩、占道经营、乱扔乱倒、余泥渣土运输等9类城市管理场景自动抓拍、自动识别、自动告警，成为全国视频大数据应用的典范。

（四）智慧司法的广州实践

近年来，广州法院坚持创新驱动，将人工智能、5G、大数据、区块链等技术与司法工作深度融合，推进智慧法院建设，围绕“线上调解、自动立案、智慧快审、网上服务”构建全业务线上办理体系，审判辅助、智慧诉服水平显著增强，切实提高广州法院审判体系和审判能力现代化水平。广州智慧法院建设经验整体被纳入“法治国情国家智库报告”，建设成果列展“砥砺奋进的五年”大型成就展，广州市中级人民法院获评全国法院信息化工作先进集体。①

一是推动5G技术融入智慧司法，夯实智慧司法技术基础。近年来，市法院持续深化5G智慧法院建设，联合广州联通公司，建成全国首个5G智慧法院实验室，并推出5G智传笔、5G随身云盒、5G庭审本等一批首创成果，并不断推进5G+智慧庭审系统、5G+诉讼服务中心、5G+司法区块链、5G+智慧执行、5G+智慧移动办案、5G+智慧专网等建设，为全国5G智慧法院建设提供了可复制可借鉴的“广州法院经验”。②

二是专注庭审需求，打造智慧审判。广州法院突出重视对前沿技术的融合应用，高标准推进智慧法院体系建设。例如，广州法院以电子卷宗随

---

①② 吴笋林、赵青：《人工智能、大数据、区块链等新技术与法院业务深度融合为全国5G智慧法院建设提供“广州经验”》，《南方都市报》2022年1月26日。

案同步生成和深度应用为核心，推进智慧审判建设。以诉讼材料随案同步生成为基础建成“智卷”系统，实现左看右写、证据全文检索、调阅音视频证据、文书自动生成，提高办案效率；融合5G、语音转录等技术，打造微信开庭、网络开庭、远程庭审、智能快审为一体的智慧庭审系统；研发便民终端“E法亭”，集成5G通信、智能语音、智能门禁等系统，庭审效率大大提升；研发移动办案办公平台，法官实现随时随地办案办公；智慧合议庭系统集成人脸识别登陆、异地合议、语音调卷、智能批注、语音输入转写等功能，实现合议无纸化、智能化；广州智慧破产审理系统实现了法官、管理人线上办案，破产资金在线审批、流转留痕，可实现60万名债权人同时在线参加债权人会议及投票。融入区块链技术，实现投票过程可追溯、不可篡改；上线破产重整“智融”平台，打破信息不对称，提升破产资产处置效率和价值，增强破产重整融资支持力度。广州破产案件可实现全流程线上进行。

三是形成多方合力，提升智慧执行。广州法院以“送必达、执必果”试点为抓手，不断推进智慧执行建设。建成全流程网上执行系统。执行工作实现电子卷宗深度应用、无纸化办案、全流程网上操作，执行规范化水平持续提升。深化大数据监控、执行财物管理、流程节点预警、移动办案四大平台建设，执行质效管理进一步优化。执行全网通办案平台建设经验入选《法治蓝皮书·中国法院信息化发展报告NO.4（2020）》。数据共享实现“送必达”。建成智慧送达平台，对接广州市“四标四实”数据库，与通信运营商、邮政公司、淘宝、京东共享送达人活跃手机号码和有效地址信息，创新短信弹屏送达、公证语音存证送达。强化执行联动促进“执必果”。牵头建设大湾区内地法院执行查控系统，提升执行联动效能。与55家单位共建信用联合惩戒机制，将失信被执行人名单推送至广州市信息共享平台，实现“云惩戒”。

四是着力高效便民，优化智慧诉服。广州法院着重以智慧手段赋能诉讼服务，不断完善线上服务平台，提供全天候“不下线”诉讼服务，持续提升为群众办实事水平。完善12368诉讼服务系统，新增语音智能客服、智能应答功能，优化当事人咨询体验。上线裁判文书二维码验证功能。上线诉讼档案网上查阅、诉讼费线上退费、广州户籍人口信息查询等便民服务举措。优化广州法院在线多元纠纷化解（ODR）平台。平台提供智能评估、类案智能推送、法律法规查询、在线调解、自动转立案等13项解纷功能。224家调解组织入驻广州法院ODR多元解纷平台，线上成功调解案件15.1万件，单案平均用时20.8天。面对新冠肺炎疫情背景下的新形势新要求，广州法院建成200个互联网法庭，可全方位满足当事人远程开庭需求。推动区块链应用落地。上线“区块链电子质证系统”，当事人足不出户即可完成庭前质证；在全国率先开发“区块链律师调查令”线上服务功能，实现申请、审批、签发、使用及反馈的全流程在线办理。广州法院近四年共签发律师调查令超3万份。①

四、完善公共法律服务体系

法治建设需要全社会共同参与，只有全体人民信仰法治、厉行法治，国家和社会生活才能真正实现在法治轨道上运行。党的十八大以来，以习近平同志为核心的党中央高度重视公共法律服务体系建设。党的十八届四中全会提出要建设完备的法律服务体系、推进覆盖城乡居民的公共法律服务体系建设。党的十九大站在新时代新的历史方位上，及时回应人民群众美好生活需要，作出完善公共服务体系、加快推进基本公共服务均等化的决策部署。习近平总书记强调，要加大全民普法工作力度，弘扬社会主义法治精神，增强全民法治观念，完善公共法律服务体系，夯实依法治国社会基础。②要围绕更好满足人民群众日益增长的法律服务需求，健全公共

① 吴笋林、赵青：《人工智能、大数据、区块链等新技术与法院业务深度融合为全国5G智慧法院建设提供“广州经验”》，《南方都市报》2022年1月26日。

② 习近平：《推进全面依法治国，发挥法治在国家治理体系和治理能力现代化中的积极作用》，《求是》2020年第22期。

法律服务网络，拓展服务领域，创新服务方式方法，完善服务体制机制，提高服务质量，加快建设覆盖城乡、高效便捷、均等普惠的现代公共法律服务体系。[①]政法机关承担着大量公共服务职能，要努力提供普惠均等、便捷高效、智能精准的公共服务。要深化公共法律服务体系建设，加快整合律师、公证、司法鉴定、仲裁、司法所、人民调解等法律服务资源，尽快建成覆盖全业务、全时空的法律服务网络。[②]近年来，我国公共法律服务建设投入稳步增长，覆盖城乡的公共法律服务网络初步建立，公共法律服务供给能力和水平不断提高。截至2021年底，我国共建立省、市、县、乡、村五级公共法律服务实体平台57万个，公共法律服务实体、热线、网络三大平台融合发展成效显著，每年提供法律咨询、法律援助等各类服务1800多万件次。[③]我国公共法律服务体系建设取得积极成效。

公共法律服务是政府公共职能的重要组成部分，是保障和改善民生的重要举措，是全面依法治国的基础性、服务性和保障性工作。推进公共法律服务体系建设，对于更好满足广大人民群众日益增长的美好生活需要，提高国家治理体系和治理能力现代化水平具有重要意义。我国正迈入全面建设社会主义现代化国家新征程，推进全面依法治国，建设法治国家、法治政府、法治社会，在法治轨道上推进国家治理体系和治理能力现代化，贯彻新发展理念、推动高质量发展，运用法治思维和法治方式应对风险挑战，对公共法律服务工作提出新的更高要求。新时代新阶段，人民群众对美好生活的向往更多向民主、法治、公平、正义、安全、环境等方面延展，持续优化营商环境，依法防控疫情，加强和创新社会治理，人民群众依法办事、依法解决矛盾纠纷，要求公共法律服务供给更加充分、优质、便捷。2019年，中共中

① 习近平：《把稳方向突出实效全力攻坚 坚定不移推动落实重大改革举措》，《人民日报》2019年3月20日。

② 习近平：《全面深入做好新时代政法各项工作 促进社会公平正义保障人民安居乐业》，《人民日报》2019年1月17日。

③ 魏哲哲：《我国建成五级公共法律服务实体平台57万个》，《人民日报》2021年12月28日。

央办公厅、国务院办公厅出台《关于加快推进公共法律服务体系建设的意见》，提出“到2022年，基本形成覆盖城乡、便捷高效、均等普惠的现代公共法律服务体系”。2021年，《中华人民共和国国民经济和社会发展第十四个五年规划和2035年远景目标纲要》更是明确将“完善公共法律服务体系”作为法治远景目标之一。《全国公共法律服务体系建设规划（2021—2025年）》，明确“十四五”时期，我国将推进公共法律服务实体平台有效覆盖，建成覆盖全业务、全时空的法律服务网络。

近年来，广州以打造全国公共法律服务最便捷城市为目标，出台《广州市公共法律服务促进办法》《关于加快推进公共法律服务体系建设的实施细则》，争取将公共法律服务体系建设经费纳入同级财政预算。加强350个基层示范性公共法律服务平台建设，大力推进公共法律服务平台建设，实现了全市四级公共法律服务实体平台全覆盖，构建了覆盖全业务、线上线下全时空的法律服务体系，成立市公共法律服务教育培训学院，推动公共法律服务继续向智能化、精准化迈进。①

（一）守正创新：以法治思维筑牢公共法律服务制度基础

为更好满足人民群众日益增长的法律需求，2022年1月，广州市出台了《广州市公共法律服务促进办法》（以下简称《办法》），这一地方政府规章是在国家、广东省对于公共法律服务体系建设尚未专门立法背景下制定的市域层面公共法律服务的总体框架与规范指引，系统集成了广州近年来公共法律服务的有益实践，旨在更好动员社会力量积极参与公共法律服务。该办法是广州坚持守正创新在法治轨道上推进公共法律服务体系建设的重要实践。②

---

① 廖荣辉：《以有力法治保障推进城市治理现代化的广州实践》，《中国司法》2020年第6期。

② 广州市司法局：《关于〈广州市公共法律服务促进办法〉的解读》，广州市人民政府网，2022年4月12日，http://www.gz.gov.cn/zwgk/zcjd/zcjd/content/post_8178896.html.

其一，明确公共法律服务概念和实体平台的设置，提升人民群众对公共法律服务实体平台的知晓率。公共法律服务既是法律服务也是公共服务，是要保障各类主体能够切实通过法律维护自身权利。公共法律服务平台是推进公共法律服务工作体系建设的一项基础性工作，是集成司法行政各类法律服务项目、提供多种公共法律服务产品的有效载体，是司法行政机关直接面向人民群众提供服务的窗口。《办法》将公共法律服务定义为由政府主导、社会参与，为满足各类主体日益增长的法律服务需求而提供的法律服务设施、服务产品、服务活动以及其他相关法律服务。《办法》规定公共法律服务实体平台包括市司法行政部门设置的市公共法律服务中心，区司法行政部门设置的区公共法律服务中心，镇（街）公共法律服务工作站和村（社区）公共法律服务工作室等。同时厘清市、区、镇（街）、村（社区）四级公共法律服务实体平台服务要素，为进一步规范各层级公共法律实体平台服务内容、服务标准提供重要依据。

其二，加强公共法律服务资源统筹协调，使公共法律服务向重点对象和资源相对短缺地区倾斜。在我国现有的公共法律服务供给中，法律服务资源总量有限，资源配置不均衡是一个突出的问题。这一问题的存在使得建立均等普惠的公共法律服务目标难以实现。《办法》一是鼓励将低收入群体、残疾人、农民工、老年人、未成年人、单亲困难家庭等特殊群体和军人军属、退役军人及其他优抚对象作为重点服务对象，开通优先办理“绿色通道”，减收、免收服务费用。二是规定公证机构、司法鉴定机构应当对法律援助受援人减收或者免收公证费、鉴定费。因为鼓励相关单位和个人优惠收费不属于义务性规定，有必要补充《中华人民共和国法律援助法》的义务性规定。三是规定鼓励提供公共法律服务的单位和个人到公共法律服务资源相对短缺地区开展公益性法律服务，促进公共法律服务均衡发展。

其三，突出公共法律服务的重点领域即公益性法律服务，体现公益性法律服务发展成果。一是规定推进公共法律服务实体平台与公共法律服务网络平台、热线平台以及其他相关政务服务平台融合发展与信息化建设，将律师、公证、司法鉴定、法律援助、人民调解等服务事项集约化纳入公共法律服务平台。二是要求行政执法单位制定本单位的普法责任清单，提供法治宣传教育服务，同时建立健全以案释法工作制度，发挥典型案例的引导、规范、预防和教育功能。三是鼓励参与公共法律志愿服务，优待公共法律志愿服务提供者，明确对公共法律志愿服务的激励及优待方式，多样化提供高质量公益性法律服务。四是服务企业，为有需求的企业和个体工商户提供法治宣传教育、法律咨询等服务，推进“一专业市场（园区）一法律顾问”、民营企业或者中小企业“法律讲堂”“法治体检”等工作，帮助企业完善治理结构、健全管理制度、防范法律风险。

其四，明确公共法律服务拓展方向，全力打造全国公共法律服务最便捷城市。一是继续推进公证参与司法辅助事务以及办理赋予债权文书强制执行效力公证。二是推行电子法律文书制度，建立统一的公证、司法鉴定等电子法律文书示证平台，完善信息化公共法律服务产品的开发和融合应用。三是鼓励和支持司法行政部门与相关单位合作，促进和完善大数据、云计算、人工智能等技术在公共法律服务领域的研发和应用。四是建立重大经贸活动聘请律师制度，探索在银行、证券、保险、生态环境、投融资、知识产权等领域，逐步把律师专业意见作为特定市场经济活动必备法律文书。同时，组织法律服务人才资源，为推动营商环境优化、重大风险预防化解等提供专项法律服务。

其五，发扬改革开放排头兵和律师业发达的优势，助力广州建设国际民商事法律及争议解决服务之都。一是着力打造粤港澳公共法律服务集聚区，推动在广州开展香港法律执业者和澳门执业律师取得内地执业资质和从事律师职业试点工作，探索港澳律师在内地购买律师执业保险制度。二是探索建立域外法律查明机制，鼓励通过建立域外法律查明服务机构、国别法律信息数据库、案例库、专家库等形式提供域外法律查明服务。三是促进涉外法律服务合作与发展，推动本市律师事务所与全球知名律师事务所建立联合经营和业务联盟关系。

其六，明确公共法律服务信息公开制度，保障人民群众知情权、监督权。公开透明是法治政府的基本特征，一是规定建立健全公共法律服务信息公开制度，及时向社会公布公共法律服务机构及其执业人员、服务平台、服务内容、服务时间、服务机构考核评价结果、基本公共法律服务相关财政资金项目支出包括政府采购情况等信息，自觉接受社会监督；二是明确公共法律服务群众监督机制，规定自然人、法人和其他组织依法享有对公共法律服务进行监督、评价和提出意见建议的权利。上述规定对于建设法治政府、服务型政府，增强政府公信力、执行力，推进社会治理现代化具有重要意义。

（二）高效便民：以群众本位畅通公共法律服务运行机制

1. 一站式服务全覆盖

截至2019年2月，广州市司法局以“建设标准规范化、人员配备专业化、功能服务综合化”为要求，建成了市和区公共法律服务中心12个、镇（街）公共法律服务站171个、村（社区）公共法律服务联络点2714个，实现了一站式、综合性、服务型窗口全覆盖，让人民群众办事“只进一扇门”。早在2018年底，位于广州市越秀区连新路31号的广州市公共法律服务中心就已正式启用。该中心总建筑面积为780平方米，一层设24小时智能化自助服务区；二层是办事大厅，集成线上与线下无感对接技术、智能一体机自助服务、机器人智能咨询、应急指挥功能等四大“黑科技”于一体。市级公共法律服务中心的启用进一步便利了公共法律服务的推广，增进了群众的获得感。

2. 智能化服务解难题

近年来，广州已形成“政府+市场+公益”多方参与、“智慧司法”下沉法律服务的创新供给机制，健全以人民群众知晓率、首选率、满意率为核心的评价监督机制，打造以“数字法治·智慧司法”信息化建设为动力的高效发展机制。[①]2017年初，广州市司法局拟定“智慧司法”建设三年

① 广州市司法局：《〈广州市公共法律服务白皮书（2020）〉出炉》，广州市人民政府网，2021年3月4日，http://www.gz.gov.cn/xw/zwlb/bmdt/ssfj/content/post_7122522.html.

规划，涵盖司法行政九大业务领域。2017年2月，智能法律服务平台“问律师”“法宝宝”正式上线。2018年3月，广州市司法局与腾讯公司联手开发广州“智慧司法”，已上线“智慧公证”“智慧调解”“智慧矫正”等微信平台。“问律师”平台已聚合1300多名律师提供在线服务，月咨询量逾4000人次；“法宝宝”集成海量数据库，对复杂案情和法律问题模拟人工分析，推演大概率判决结果，提供相关法律条文及案例；“智慧公证”平台，不仅实现了市民足不出户办公证，还实现了全流程线上办理和综合智能服务，摘得多个全国第一；在“智慧调解”平台，市民手指轻点即可定位周边调解委员会、线上提交调解需求，快速找到专业“和事佬”，实现远程在线调解；“智慧矫正”系统则通过人工智能模型、大数据和可视化技术，对社区服刑人员进行广覆盖、全方位、多维度、实时性的综合监管矫治，有效提升对特殊人群的管控和预警能力。[①]

广州市司法行政机关已建成四级公共法律服务实体平台2942个，推进“智慧司法”升级，成立“广州普法”融媒体平台、“云普法”团队，上线“广州公共法律服务地图”“羊城慧调解”“手机秒办公证”等特色法律服务，形成了“线上30秒、线下半小时”公共法律服务生态圈。[②]

3. 全方位服务暖民心

广州市司法局主动整合拓展有效法律服务资源，紧抓“实体+网络”双轮创新驱动。在实体平台上，主动扩展“3+*X*”建设模式中的“*X*”职能，将律师服务、公证服务、司法鉴定、专业调解、法治宣传、仲裁、行政复议、社区矫正、监所远程视频会见等涉及司法行政的所有职能纳入实体平台内容；在网络平台上，充分利用微信公众号推出“微+”公共法律服务，让人民群众充分享受覆盖全业务的公共法律服务。在援助困难群众上，广州推出聘请“小语种”翻译员陪同律师会见外籍受援人等走在全国前列的法律援助创新措施。2018年，全市共承办法援案件24185件，挽回经济损

① 章宁旦：《广州：全时空服务让办事群众“只进一扇门”》，《法制日报》2019年2月19日。

② 魏丽娜：《广州建成公共法律服务平台2942个》，《广州日报》2022年4月21日。

失近13亿元。在打造法律援助工作“广州品牌”的同时，广州还积极打造“阳光复议”，2018年共受理行政复议案9455件，占全省收案总数近三成，创新性启用全国首个行政复议形象标志，在全省率先实现市司法局官方微信申请复议功能。在律师服务上，率先在全国实现“一村（社区）一法律顾问”线上线下全覆盖，律师服务数量、财政投入均居全省之首。在公证服务领域，全市11家公证机构积极参与公共法律服务平台建设，在省公共法律服务中心设办证点。全市各公证处已在18个街（镇）设立办证服务窗口，推出公证减证便民十大举措，推行公证“最多跑一次”公证事项清单。2018年全市办理公证43.49万件，办理量居全国副省级城市首位。法治宣传方面，各级部门建立普法责任清单，推动形成“大普法”格局，开通宪法宣传地铁专列、公交专车和法治宣传“大篷车”。“广州普法”微信公众号年度总阅读量过千万，在全国司法行政机关微信影响力排名中居于前列。[①]

（三）精准施策：以担当作为服务营商环境暖企惠企

1. 率先建立中小投资者权益保护基金

保护中小投资者合法权益，是维护市场公开、公平、公正原则的重要体现，是市场健康稳定发展的基础，关系着广大人民群众切身利益。做好中小投资者合法权益保护工作，有利于促进公司持续健康发展、企业履行社会责任、提升营商环境氛围。而良好的营商环境是吸引国内和国外商人的一块磁铁石，能够提高整个地区的信誉度和影响力。为中小投资者营造有信心、可放心的营商环境，因而具有重要意义。

广州作为率先加大营商环境改革力度的四个特大城市之一，必将更加注重推进新时代以法治为核心的城市软实力建设，营造稳定公平透明可预

① 章宁旦：《广州：全时空服务让办事群众“只进一扇门”》，《法制日报》2019年2月19日。

期的营商环境。为配合广州全面优化法治营商环境的工作大局，广州市法律援助基金会于2020年9月专门设立“法护公平·中小投资者权益保护项目”。这是广州市优化营商环境、保护中小投资者的制度创新，填补中小投资者保护的公益空白，提升中小投资者维护合法权益的便利度，使更多的中小投资者在股东代表诉讼中获得专业的法律服务，进一步做好广州法治营商环境建设。

2021年4月7日，广州市法律援助基金会举行了中小投资者权益保护项目捐赠仪式。基金会与捐赠方签订捐赠协议，并向捐赠方颁发了“卓越公益律师事务所”牌匾及聘书，并承诺将按照《中华人民共和国慈善法》的相关规定，充分尊重捐款人意愿，合理、合规的用好该笔善款，接受社会的监督，全面推进中小投资者权益保护等各公益项目的实施。此次捐赠行为，为“中小投资者权益保护项目”的实施提供充分保障，体现广州律师的大局意识和高度的社会责任感、使命感，为助力改善广州市营商环境，保护弱势群体合法权益集聚慈善力量。[①]

2. 首创司法服务“公法链”

“广州公法链”电子司法鉴定意见书制度，是为深入贯彻国家区块链战略部署，积极探索司法业务区块链场景应用，充分发挥新技术参与社会治理的作用，为中小投资者提供便捷高效公共法律服务，规范和监督司法鉴定执业活动，打击、预防司法鉴定意见书被篡改使用和便捷查验，解放办案机关警力，以及更好适应新形势下电子证据出具和使用的规则要求。

根据中央办公厅、国务院办公厅《关于健全统一司法鉴定管理体制的实施意见》，广州市司法局联合市法院、市检察院、市公安局建成了全国首个“公法链”，全面实行电子司法鉴定意见书的服务和管理新模式。通过鉴定管理系统进行身份认证、受理案件、材料流转，全面实行鉴定人手机刷脸签发即时生成电子司法鉴定意见书、委托人凭校验码直接登录广

① 广州市司法局：《保护中小投资者案例汇编之五——公共法律服务篇》，广州市人民政府网，2021年10月20日，http://www.gz.gov.cn/ysgz/aljd/content/post_7850635.html.

州公法链示证平台提取电子司法鉴定意见书。电子司法鉴定意见书与纸质司法鉴定意见书同等效力，全面停止传统手写签名和盖章的纸质鉴定意见书，实现电子送达。广州公法链实行区块链加密分布式存储等技术应用，全流程记录电子鉴定书的上传、签章、生成步骤，保障电子鉴定意见书的原始性、可溯源性。电子鉴定意见书必须由鉴定人通过人脸识别技术授权签发，且具有防伪水印和CA机构颁发的唯一性数字证书，可查询、可下载，不可篡改，鉴定意见的真实性、安全性更有保障。

全面实行电子司法鉴定意见书对外存、取证服务和管理新模式，有效解决了困扰司法机关和社会的司法鉴定管理“老大难”问题。随着区块链技术兴起，管理部门可利用“广州公法链”电子司法鉴定意见书制度规范化管理司法鉴定行业。全市所有司法鉴定机构已接入“广州公法链”，各司法鉴定机构、600多名鉴定人、每年约10万件司法鉴定检案均已使用“广州公法链示证平台”提供存、取证服务。司法鉴定意见书全部电子化，鉴定机构不再发送手写签名和手动盖章的纸质鉴定意见书，而是直接打印已生成的电子鉴定意见书，确保电子与纸质鉴定意见书格式相同、排版一致、要素齐全。在新冠肺炎疫情期间，鉴定机构借助“公法链”，保证了服务不掉线，没有“暂停键”。截至2021年6月，行政执法机关追查野生动物非法交易等各类司法鉴定案件10.7万多件，大大减少了人与人的密切接触。节约了办案人力和路途往返时间，降低了病毒传染概率。电子司法鉴定意见书不仅在防控新冠肺炎疫情期间发挥了极为特殊的作用，还较好地破解了司法鉴定管理难的困境。

“广州公法链”电子司法鉴定意见书制度，一是创新使用区块链技术将鉴定各环节固定到“链上”，全程记录不可更改，签发司法鉴定意见书实行“一案一刷脸”制度，添加电子签名和人脸识别技术，杜绝了代签、冒用签名章等现象，进一步规范了司法鉴定操作流程。二是创新监督管理模式，使鉴定委托人随时可登录广州司法鉴定网或广州司法鉴定微信公众号上的“广州公法链示证平台”查询、下载司法鉴定意见书，无法查询或查询内容不一致的，为虚假鉴定意见书，办案机关不予采信，为司法鉴定出现争议调查溯源提供可靠证据。三是提升办理流程的便捷高效性，电子司法鉴定意见书的投入使用极大解放人力和降低成本，正逐步实现办案证据在公、检、法、司等部门之间的无缝、可靠、机制化流转。四是促进政府依法全面履行职能，政务公开透明。坚持“以公开为常态、不公开为例外”的原则，“公法链”和电子司法鉴定意见书的推出，使各相关利益方的行为被置于社会公众的广泛监督之下，通过公开透明赢得人民群众的理解和信任。五是模式具有可复制性且便于大范围推广应用的特性，司法部在央广网发布典型案例，介绍广州市司法局公法链，入选司法部发布的第二批疫情防控和企业复工复产公共法律服务典型案例，具有极大宣传性和全国影响力。①

3. 上线全国首个5G公共法律服务中心

公共法律服务是加强中小投资者合法权益保护的重要举措之一。广州市司法局以习近平新时代中国特色社会主义思想为指导，依托大数据、云计算和人工智能等高新技术，大力推进“智慧司法”平台建设，助力广州打造全国公共法律服务最便捷城市。广州市司法局主动和高等院校、科研机构和科技企业合作，充分利用5G技术，推出了一系列智能高效的公共法律服务线上产品。2020年4月19日，全国首个5G网络覆盖的公共法律服务中心正式上线，让数据多跑路，让群众少跑腿，进一步提高司法行政业务信息化、智能化水平，广大市民对公共法律服务的获得感和满意度显著提升。为助力“智慧司法”建设再上新台阶，广州市司法局还先后开展了5G智慧监狱、5G应急指挥、5G+AR（增强现实）法律宣传、5G远程探视、5G+VR（虚拟现实）禁毒教育馆、5G+VR超清直播等6个项目，推动5G技术与智慧公证、智慧调解、智慧法援、智慧法宣的深度融合。②

①② 广州市司法局：《保护中小投资者案例汇编之五——公共法律服务篇》，广州市人民政府网，2021年10月20日，http://www.gz.gov.cn/ysgz/aljd/content/post_7850635.html.

第三章

提升基层人大工作效能

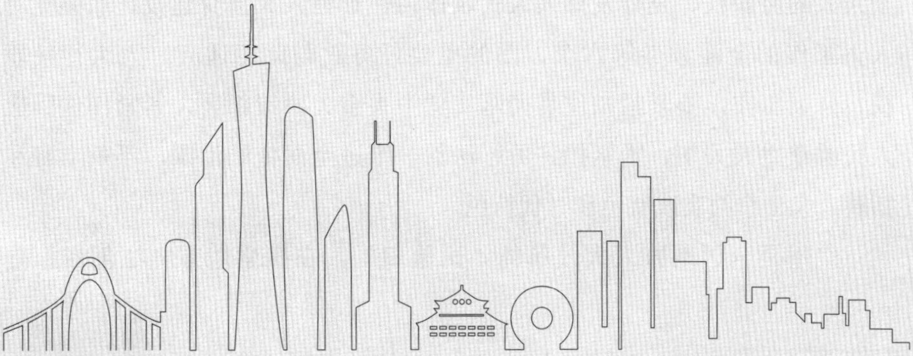

人民代表大会制度是我国的根本政治制度，是中国特色社会主义民主政治长久健康发展的基石，也是实现我国全过程人民民主的重要制度载体。我国人大制度的基本运行规则是：第一，各级人大都由民主选举产生，对人民负责，受人民监督；第二，人大及其常委会集体行使国家权力，集体决定问题，严格按照民主集中制的原则办事；第三，在此基础上，行政机关、监察机关、审判机关、检察机关等都由人大产生，对它负责，向它报告工作，受它监督；第四，全国人大和地方各级人大各自按照法律规定的职权，分别审议决定全国的和地方的大政方针，全国人大对地方人大不是领导关系，而是法律监督关系、选举指导关系和工作联系关系。[①]通过上述制度安排，确保国家一切权力属于人民，最大限度保障人民当家作主，把党的领导、人民当家作主、依法治国有机结合起来，保证国家治理高效、稳定和可持续。70多年特别是改革开放40多年以来，人民代表大会制度为党领导人民创造经济快速发展奇迹和社会长期稳定奇迹提供了重要制度保障，其价值已经得到实践的充分证明。

党的十八大以来，以习近平同志为核心的党中央高度重视、全面加强对人大制度建设和人大工作的领导，形成了习近平总书记关于坚持和完善人民代表大会制度的重要思想。党的十九大和十九届四中全会明确提出，健全人大组织制度、工作制度和议事规则。2021年中央人大工作会议提出了全面贯彻实施宪法、加快完善中国特色社会主义法律体系、用好宪法赋予人大的监督权、充分发挥人大代表作用、加强人大自身建设、加强党对人大工作的全面领导等六个方面的重要任务。与此相适应，人大行使职权、开展工作，要紧紧扣住贯彻落实党中央重大决策部署，紧紧扣住回应人民群众重大关切，紧紧扣住厉行法治、推进全面依法治国，不断丰富和拓展人大工作的实践特色和时代特色。

广州是全国地方人大改革的“试验田”，在探索地方立法创新、提

① 《什么是人民代表大会制度》，中国人大网，2000年12月17日，http://www.npc.gov.cn/npc/c12674/200012/f15b9c0271cc448fa87ef1146a51e226.shtml.

升人大代表履职能力、加强对“一府一委两院”监督等工作领域都曾开全国之先河，是当之无愧的地方人大实践标杆。党的十八大以来，广州人大及其常委会按照“奋力推动新时代广州人大工作高质量发展、走在全国前列”的工作目标，积极依法履职，锐意改革创新，奋力创优争先，为广州加快实现老城市新活力、“四个出新出彩”，在全省实现总定位总目标中勇当排头兵做出了新的贡献。

一、健全科学民主依法立法机制

人大主导立法，是我国人民代表大会制度与社会主义立法体制的根本要求，也是更好推进科学立法、民主立法、依法立法的有效途径。2014年，习近平总书记在《关于〈中共中央关于全面推进依法治国若干重大问题的决定〉的说明》中指出：“推进科学立法、民主立法，是提高立法质量的根本途径。科学立法的核心在于尊重和体现客观规律，民主立法的核心在于为了人民、依靠人民。要完善科学立法、民主立法机制，创新公众参与立法方式，广泛听取各方面意见和建议。”发挥地方人大及其常委会在立法工作中的主导作用，是人民代表大会制度的题中应有之义，是加强和改进新时代地方立法工作、提高地方立法质量和效益的必然要求。在地方立法实际工作中，如何把握主导权，最大限度发挥其主导作用，从而用好、用足、用实地方人大立法权，是必须加以研究的重要课题。

1986年，《中华人民共和国地方各级人民代表大会和地方各级人民政府组织法》进行了修订，省、自治区的人民政府所在地的市和经国务院批准的较大的市的人大及其常委会可以制定地方性法规。以此为契机，1987年1月17日，广州市八届人大常委会表决通过了本市制定的第一部地方性法规——《广州市饮用水污染防治条例》。30多年来，广州地方立法围绕全市中心工作统筹谋划立法工作，抓紧制定和修订经济体制、环境保护、城市安全、民生保障等方面的法规，坚持科学立法、民主立法，更好体现民情、汇聚民意、集中民智，不断提高人大立法质量，推动城市治理能力和治理体系现代化。无论在法规制度设计还是在立法工作机制建设上，立法始终着眼于广州经济社会发展的实际，坚持“不抵触、可操作、有特色”的原则，取得了丰硕成果，各项工作始终走在全省甚至是全国的前列，打造了地方立法的广州品牌。[①]

（一）网上立法听证广集民意

在我国的立法实践中特别强调走群众路线，并把这作为一项重要的立法指导思想。在我国，公民参与立法的形式多种多样，主要有：公开征集立法项目建议或法律法规草案稿、立法调研、书面征求意见、座谈会、公布法律草案征求意见、论证会、列席和旁听，以及立法听证等形式。其中，法律草案公开征集意见，被视为是最彻底、参与最广泛的民主立法机制，因其使得人人享有直接参与立法的权利，故被形象地称为“全民立法”。从全国层面看，2000年出台的《中华人民共和国立法法》，正式将“重要的法律案可以公布草案征求意见”确认为法定机制，由此开启了依法公开、逐步规范的新阶段。此后数年，先后有5部关涉国计民生的重要法律草案进入“全民立法”的序列。其中2001年的新婚姻法草案、2005年的物权法草案和2006年的劳动合同法草案征集意见，更是引发了全社会大讨论，成为全民立法的历史性事件。伴随着立法草案公开的推广，立法技术也走向成熟定型。具有标志性的事件是，2005年7月的物权法草案在中国人大网公布，成为借助网络采集民意的试水者，最终约有79%的立法意见来自网络渠道。自此，高效率、低成本的网络民主技术，开始成为征求公众立法建议的主流工具，为日后“全民立法”的常态化，奠定了坚实的基础。

---

① 张西陆：《广州市人大立法30年共制定地方性法规148件》，《南方日报》2016年11月23日。

与此同时，物权法、劳动合同法等在公布法律草案的同时，还公开了草案说明、参阅资料等，为公众有效参与立法提供了更为丰富的信息资源。而由此拓宽的立法公开疆界，也逐渐成长为启动“全民立法”时的标配。①

为进一步扩大立法征集言路、确保市民的真实声音得到重视，广州市人大借助网络问政之风潮，开创性地将立法听证会与互联网传播工具结合，举办全国首个网络立法听证会。2012年，备受市民瞩目的《广州市社会医疗保险条例》在市人大常委会进行了第一次审议，该条例拟将广州职工医保缴费年限从原来的10年延长至15年，并拟规定本市各类学校全日制就读的在校学生（含非本市户籍在校学生）以及具有本市户籍的其他人员应当参加本市城乡居民社保等，较原条例有较大变动。由于法规涉及人民群众的切身利益，同时关系着社会医疗保险制度能否健康、可持续发展等重大问题，经市人大常委会主任会议同意，市人大法制委员会和常委会法制工作委员会决定，举行该条例的网上立法听证会，进一步提高社会公众参与立法的广度和深度。这也是广州市人大对民主立法、科学立法的创新实践。2012年11月28日至12月4日，由市人大常委会主办的《广州市社会医疗保险条例》立法听证会正式启动，议程共7天，在大洋网上进行。按照议程，听证会将主要围绕三个议题展开：第一，具有本市户籍的城乡居民是否都应当强制参加社会医疗保险？如果部分人拒绝参加社会医疗保险应当如何处理？第二，职工缴纳社会医疗保险费的最低缴费年限应规定为多少年较为合理？第三，如何加强对社会医疗保险违法行为的监督管理？听证会由16名陈述人陈述观点、听证人提问、陈述人辩论、主办方小结等环节组成，每个环节都将在网上进行同步直播，广大网民可随时在网上浏览听证情况，对陈述人的观点表示赞成或反对，并发表意见。其中，负责陈述观点的代表，由大洋网、广州人大信息网和广州市人大常委会立法官方微博上发布公告的方式公开征集，并根据《广州市人大常委会立法听证办法》的规定遴选确定，公民、法人或者其他组织均可以报名作为听证陈

① 阿计：《起底：民主立法的前世今生》，《民主与法制》2019年第36期。

述人。据统计，该次立法听证会吸引了众多网友参与，进行投票和发表评论的网友累计6170人次，立法听证会点击量累计1135.39万人次。[①]市人大常委会法制工作委员随后对听证会进行了总结，形成了听证报告书，印发市人大常委会会议和法制委会议作为立法决策的重要依据，并在最终制定条例时，由市人大常委会法制工作委员会逐条研究陈述人发表的观点以及网友提出的意见，并将法规采纳情况向社会公布。在听证会结束后，若网友对听证事项和法规案的内容还有其他意见的，可以以信件、邮件或者在常委会立法官方微博上留言等方式提交给广州市人大常委会法制工作委员会。

有了首次立法听证会的实践后，2014年9月，为期8天的《广州市公园条例》网上立法听证会再次成为广州市人大全民立法的经典案例。9月1日至9月10日，广州市人大法制委员会和常委会法制工作委员会通过广州日报、南方都市报等平面媒体和大洋网、市人大信息网、“广州人大立法”官方微博等网络媒体发布公告向社会公开征集听证陈述人，共有78位市民积极踊跃报名。法工委按照代表性和报名先后顺序等原则，在报名人员中确定了20人作为听证陈述人，其中有市民代表、市人大代表、市政协委员、专家学者、市林业和园林局的代表和公园管理机构的代表。在听证会举行的8天时间里，20位听证陈述人积极履行职责，围绕听证事项认真进行陈述、回答听证人提问和参与辩论、与网友进行互动，观点鲜明，论据翔实，全面深入地表达了各自的观点。立法听证人由市人大常委会全体组成人员、市人大常委会党组副书记、市人大法制委员会委员、常委会法工委负责人、城建工委负责人组成，共55人，他们也是公园条例各项制度和法律规范的决策者。听证人通过网络媒介充分了解了陈述人对听证事项、辩论议题的陈述和辩论意见，以及网友发表的意见和评论，其中有10位听证人在分析研究陈述人和网友的意见后，对陈述人提出了能否规定公园噪音

① 杨辉、黄丽娜：《广州举行全国首次立法网络听证会》，《羊城晚报》2012年12月3日。

不能超出背景声音10分贝、如何保持条例与《广州市养犬管理条例》规定的一致性、公园设置噪音监测设施的可行性、如何对公园进行功能分区等23个问题，听证陈述人逐一做了回答。立法听证会点击量累计为1326.18万人次，参与听证会投票的网友共计689903人次，网友共发表评论792条，网友对听证事项、法规草案和听证方式等提出了很好的意见和建议。[①]中央国际广播电台、大洋网、广东电视台、广东电台、南方电视台、广州市广播电视台（电视新闻）、广州市广播电视台（广播新闻）、南方日报、南方都市报、羊城晚报、新快报、信息时报、广州日报等各大媒体对本次听证会做了广泛的宣传和报道，广州日报、大洋网等还对听证会全程做了跟踪报道。听证会结束后，人大法工委根据《广州市人大常委会立法听证办法》提出本次立法听证会的听证报告书，印发市人大常委会会议和法制委会议作为立法决策的重要依据。

此后，广州市人大又陆续对《广州市停车条例》《广州市养犬管理条例》《广州市物业管理条例》等多部涉及重大民生事项的地方立法进行了网络听证。与传统模式的听证会相比，广州市人大试行的网上立法听证会全程在互联网上进行，打破了传统模式听证会的时间和空间局限，大大拓展了公众参与的广度、深度和所提意见的真实度。

（二）公众参与立法常态化

党的十八大报告中指出，加快推进社会主义民主政治制度化、规范化、程序化，从各层次各领域扩大公民有序政治参与，实现国家各项工作法制化。在扩大公民政治参与的过程中，“有序”的制度化参与才是“有效”的参与。在任何一个国家，失去了维持社会运转的基本秩序，都是难以想象的灾难。正因如此，合理引导公民政治参与有序扩大、依法保证全

① 广州市人大常委会：《〈广州市公园条例〉网上立法听证会小结》，腾讯网，https://gd.qq.com/zt2017/2017ol/index5.htm.

体社会成员平等参与的权利，是发展社会主义民主政治的一项重要内容，也是实现社会主义现代化强国的奋斗目标之一。

公民参与政治的形式和内容是多种多样的，最为重要的则是参与立法，表达或者体现自己的利益诉求。在我国，法律是人民根本利益和共同意志的集中体现，是对社会主义民主的确认和保障。所以，在制定法律时，如何充分发扬民主，如何实现立法的民主化，怎样扩大公民广泛的、积极的、有序的参与，既是一个理论问题，也是一个现实问题。只有很好地解决这些问题，才能使所制定的法律充分集中民智和反映民情民意，更好地体现人民的根本利益和统筹兼顾好各方面群众的具体利益，切实发挥好法律在表达、平衡、调整社会利益和构建社会主义和谐社会方面的作用。

对于地方性法规来说，其编订是一项技术性与程序性要求均十分高的事务。因其与普通公众生活高度关联，又体现出了极强的通俗性。广州是一座市民社会发育程度较高的现代城市，一方面广州市民主动参政议政特别是参与地方立法工作的积极性很高，另一方面在参与能力、专业知识储备、信息获得渠道等方面又较为欠缺。此外对于如何引导公众有序参与地方立法问题，现行法律规章也没有明确的要求。这就导致公众虽然想参与地方立法活动，但不知道如何参与。

为进一步提高公众参与广州市地方立法的积极性、参与率和实效性，广州市人大常委会法制工作委员会于2013年制定并发布了《广州市公众参与地方立法指南》（以下简称《指南》），在全国地方人大系统开创了向社会发布立法参与指南的先河，为公众参与立法提供详细的“路线指引”。《指南》中指出，征求公众意见的方式包括：在媒体发布立法信息；在网络进行问卷调查；现场开展立法问卷调查；召开立法座谈会听取意见；召开立法顾问、立法咨询专家论证会听取意见；召开立法听证会（包括网络立法听证）听取意见；通过市人大常委会立法官方微博进行立法讨论。《指南》采用问答式体例，对六个方面立法活动的公众参与程序和要求做了规定，指引细致、全面、直观，文字表述简单明了、通俗易懂，便于公众理解和掌握。

为进一步规范公众参与包括立法在内的重大决策的过程，更好地问需于民、问计于民、问政于民，提高决策科学化、民主化、法治化水平，广州于2013年4月出台《广州市重大民生决策公众意见征询委员会制度（试行）》，试行两年后修订为《广州市重大民生决策公众咨询监督委员会工作规定》（以下简称《工作规定》）。《工作规定》以《国务院关于加强法治政府建设的意见》，中共广东省委、广东省人民政府办公厅《关于开展为民办事征询民意工作的指导意见》及《广州市重大行政决策程序规定》为主要依据，契合党的十九大报告中关于“加强协商民主制度建设，形成完整的制度程序和参与实践，保证人民在日常政治生活中有广泛持续深入参与的权利”的相关精神，提出政府决策过程必须经过问需于民、问计于民、问政于民的环节，充分尊重并保障公民的知情权、参与权、表达权、监督权。其中，“重大民生决策事项”具体包括：政府提供基本公共服务保障措施的制定与调整；政府保障重要民生事项的财政资金安排及社会筹集资金使用方案；涉及群众利益的重要区域（专项）规划和重大城乡基础设施建设；涉及群众切身利益的土地利用、征地拆迁、环境保护、劳动就业、社会保障、人口计生、文化教育、医疗卫生、食品安全、住房保障、交通运输、城市管理、社会治安等方面的政策制定与调整；其他与人民群众利益密切相关、社会涉及面广的民生事项；市民提议设立征询委员会且经政府主办部门同意的其他事项。《工作规定》旨在进一步强化重大民生决策过程中咨询民意的环节，全文共18条，涵盖了适用范围、委员会功能、组建及运作方式、成员产生方式和权利义务等内容。《工作规定》的核心内容是：重大民生决策之前，可根据需要成立公众意见咨询委员会（以下简称公咨委），吸纳专业人士、市民代表等人员（包括有利益关系的市民或团体代表）参与对拟议决策事项的讨论，其讨论意见作为政府决策的重要参考。公咨委由专业人士、利益相关方代表、市民代表、人大代表和政协委员组成，遵循“一事一会”的原则，在决策事项拟议阶段成立，到决策完成时终止。成员一般不少于15人，对相应决策事项享有知情、参与和独立自主地表达意见等权利。政府主办部门充分尊重公咨委的意见和建议，对委员会提出的意见建议无论采纳与否均应及时反馈、说明理由。决策草案提交给专家论证、政府法制机构进行合法性审查、领导集体讨论时，应同时以书面形式提交公咨委的意见、建议详情及其采纳情况。

2018年，根据国家、省、市进一步做好“放管服”改革涉及规章和规范性文件清理工作等要求，广州市对《广州市重大民生决策公众咨询监督委员会工作规定》进行了修订。新修订的目的主要是结合公咨委运作经验及广州工作实际，对公咨委名称、终止程序等做了修改和完善，使之更为科学、规范、有效。主要内容有：第一，将“重大民生决策公众咨询监督委员会”改为“重大民生决策公众意见咨询委员会”。公咨委制度是政府重大民生决策咨询民意制度的实现形式，使咨询民意的时机由决策意见草案公示阶段前移至决策动议阶段，是广州市在民主法治建设方面取得的重要创新和突破。公咨委应回归“咨询”本位，聚焦政策或方案确定前公众意见的表达、收集和反馈，政策实施过程中的监督以既有的人大监督、政协监督、政府政务公开等形式开展。第二，将第三条第一款由原“关系市民切身利益且涉及面广的重大民生决策事项，均应成立公众咨询监督委员会，先征询民意后作决策”改为“关系市民切身利益且涉及面广的重大民生决策事项，可成立公众意见咨询委员会，先征询民意后作决策”。即具体决策事项是否需要发起成立公咨委，由政府主办部门根据实际情况而定，必要时由政府法制机构确定。第三，在第五条增加第三款，内容是“当决策事项完成时，由发起成立公众意见咨询委员会的政府部门宣布该委员会终止”。即完善公咨委的终止程序，并明确该环节的主办单位，使“一事一会”的制度理念得到切实执行。第四，将第十八条由原“本制度自发布之日起施行，有效期5年，施行期间，本市其他行政规范性文件与本制度不一致的，按本制度执行”，改为“本规定自印发之日起施行，有效期3年。现有公众意见咨询平台一律纳入本规定管理，本市之前行政规范性文件与本规定不一致的，按本规定执行”。[①]

（三）立法顾问制度定型

广州市立法顾问论证制度建立于1999年，是全国率先建立立法顾问与立法咨询专家论证制度的地方。最初是将本地区各高等院校、科研机构推荐的数百位各个领域、学科的专家学者纳入数据库，平均2至3年更新一次。通过召开立法顾问论证会和立法咨询专家论证会，对重大疑难、争议较大或者专业性较强的问题进行论证。这一举措成为广州地方立法的必经程序。从效果来看，历届立法顾问为市人大常委会完善立法决策提供了有力的智力支持，为提高立法质量发挥了重要的作用。

为了保障和推进科学立法、民主立法，发挥专家对城市地方立法工作的智力支持作用，提高立法质量，2016年广州通过《广州市人大常委会立法顾问工作规定》（以下简称《规定》），市人大常委会建立立法顾问制度，选聘立法顾问对法规案内容进行全面论证。《规定》提出，市人大常委会相关工作机构组织开展论证、咨询的，应当认真研究立法顾问提出的论证、咨询意见，并及时将意见的采纳情况向立法顾问反馈；市人大常委会相关工作机构组织开展论证、咨询的，应当对立法顾问提出的论证、咨询意见进行归纳、整理，形成意见综合。论证、咨询的事项属于常委会会议议题的，应当将意见综合印发常委会会议。《规定》要求，担任立法顾问的专家除在身体上满足日常工作要求外，还应当具有较高的法律专业水平，在相关专业领域具有较高的知名度和影响力，或者具有较高的法律工作水平和较丰富的法律工作经验。具体来说，即具有正高级专业技术职称，或者具有十年以上的律师执业经验，或者在实际工作部门担任市副局级以上职务。立法顾问一届一聘，每届不少于十二人，聘期与当届市人大常委会任期相同，可以续聘。市人大常委会法制工作机构负责立法顾问的

① 罗仕：《广州：重大民生决策事项可成立公咨委》，《羊城晚报》2018年4月17日。

遴选工作，提出建议名单，报市人大常委会主任会议决定。立法顾问名单经市人大常委会主任会议决定后，由市人大常委会向立法顾问颁发聘书。

广州市人大立法顾问的职责包括：（一）立法规划草案、立法计划草案编制过程中的立项论证；（二）法规草案文本起草；（三）法规案综合论证与专题论证、争议较大的重要立法事项的第三方评估、涉及重大利益调整的论证咨询；（四）立法调研；（五）法规案表决前评估；（六）立法后评估；（七）法规清理论证；（八）立法等相关理论课题研究；（九）市人大常委会工作机构组织开展的其他论证、咨询等活动。为确保立法过程顺利进行，《规定》对立法顾问的行为进行了规范，如要求顾问应当应邀参加有关论证、咨询等活动，发表论证、咨询意见；参加会议前认真研究法规草案文本和有关资料，围绕论证提纲对法规案内容的合法性、合理性、操作性、有效管用性、协调性和规范性系统提出书面论证意见，并在会后提交市人大常委会工作机构；按时参加论证、咨询等活动，无特殊情况不提前退场；未经市人大常委会工作机构同意，不披露立法工作中尚未确定和公开的信息；等等。此外，依据工作规定，市人大常委会有责任向当届立法顾问提供必要的支持，包括撰写论证提纲、调研提纲，明确论证、调研的内容和重点；提前十日以上将书面邀请函和法规草案文本、论证提纲、调研提纲等资料印发立法顾问，并根据立法顾问的需要，及时补充相关资料；通过手机短信、立法官方微信等平台及时向立法顾问推送立法动态、会议通知等信息；为立法顾问履行职责提供服务的其他工作。

（四）立法后量化评估探索

立法评估，是按照一定的标准和方法，由特定的评估主体，对立法活动实现其宗旨、目标的一种评价分析。立法评估按照立法进程，可以分为立法前评估、立法中评估和立法后评估。立法后评估，一般是指在法律、法规颁布实施一段时间后，结合法律、法规的实施情况，包括取得的成效、存在的问题，对特定的法律、法规所进行的评价，目的在于更好的实施、修改完善被评估的法律、法规，并从中总结经验，为开展相关立法提供借鉴和指导。[①]

立法后评估是地方立法工作的重要内容，可以检验法规各项制度的合理性、可行性和实施效果，从而为地方性法规的立、改、废提供依据，并总结立法经验，进一步加强和改进立法工作，提高立法质量。广州市是全国最先开展此项工作的城市之一。早在1997年，广州市人大常委会就在总结立法工作经验的基础上，率先对当时广州市已经颁布实施的64部地方性法规进行了全面评估，并通过走访、调研等形式，获取广州市居民、企业的意见和建议。2003年后，广州市人大常委会又进一步完善了评估制度，先后对《广州市公共汽车电车客运管理条例》《广州市生猪屠宰和生猪产品流通管理条例》等法规进行了评估。由于没有建立量化评估指标体系，当时的评估都是概括性评价，没有进行量化评估。为探索和积累量化评估的经验，广州市人大常委会在2011年首次采用量化评估标准体系对《广州市城镇房地产登记办法》进行了立法后评估，根据该法规的内容设计了合法性、合理性、可操作性和实施效果4个一级评估指标和50个二级量化评估指标，按百分制评定了量化分值，量化评估取得了较好效果。

为进一步规范立法后评估工作，广州市人大常委会于2012年9月制定了《广州市人大常委会立法后评估办法》（以下简称《评估办法》），对评估组织、程序、方式和量化评估指标体系等内容作了全面、具体的规定。《评估办法》规定，市人大常委会法制工委为组织实施立法后评估的综合工作部门，负责立法后评估的组织实施工作，包括编制年度评估计划、制定评估指标、组织开展评估等。地方性法规施行五年以内应当进行一次评估，有关单位和市人大代表、市政协委员、社会公众提出较多意见的法规，应当优先安排评估。对于已评估的地方性法规是否需要再次评估，可

① 许安标：《立法后评估初探》，中国人大网，2009年9月17日，http://www.npc.gov.cn/zgrdw/npc/xinwen/rdlt/fzjs/2009-09/17/content_1519367.htm.

视实际情况确定，而地方性法规已列入年度立法计划准备重新制定或者修改、废止的，不进行评估。对一件法规可以进行全面评估，也可以对其中的部分制度或者部分内容进行评估，包括只对法规设定的行政许可、行政强制或者行政处罚进行单项评估。

为强化立法后评估的民主参与和公正公开，《评估办法》第十条明确："开展立法后评估应当成立评估组和专家组。评估组由部分市人大常委会组成人员、市人大代表和市人大常委会相关工作机构的部分工作人员组成，必要时可以邀请市政协委员、公众代表、专家学者等参加；专家组由部分市人大常委会立法顾问和立法咨询专家组成，必要时可以邀请其他专家学者、法律实务工作者参加。评估组和专家组成员人数为各十人左右。评估组、专家组成员应当逐条研究被评估法规的内容，收集相关的资料，积极参加各种评估活动，广泛听取和收集各个方面对法规立法质量和实施效果的意见，根据评估原则和评估指标公正客观地提出评价意见、进行量化评分。法制工委应当做好评估组、专家组成员的服务保障工作，在评估工作开始十天前将评估工作方案、被评估法规文本和相关参考资料印送评估组、专家组成员。"另外，法制工委在评估中要通过实地调研、召开座谈会和专家论证会、书面发函等方式，征集市人大常委会相关工作机构、法规的组织实施部门、其他相关政府部门和相关单位、区（县级市）人大常委会和政府、社会组织、市人大常委会组成人员、市人大代表、行政相对人、专家学者和公众的意见，并通过网站、立法官方微博或者报纸公开征集公众意见，必要时法制工委可以委托社会组织对法规的立法质量和实施效果进行民意调查。

在评估量化上，广州率先提出法规量化评估指标体系，由合法性、合理性、操作性、实效性、协调性和规范性六个部分的一级评估指标构成，评估指标按百分制量化，各部分的权重为：合法性15%、合理性25%、操作性25%、实效性25%、协调性5%、规范性5%，满分为100分，再根据法规内容从这六个方面确定非常细化的二级评估指标，并按百分制量化各个指标的权重分值。人大法工委收集评估组、专家组成员和法规的组织实施部门的评分表后，统计出评估组和专家组的平均分，并按照总分计算公式计算出评估总分，总分计算公式为：评估总分=（评估组平均分×0.5）+（专家组平均分×0.3）+（法规的组织实施部门评分×0.2）。在评估过程中，人大法工委应当将公民、法人和其他组织所反映的行政管理方面的具体问题整理汇总，及时移送法规的组织实施部门。评估报告建议法规的组织实施部门建立配套制度或者改进行政执法工作的，人大法工委应当及时书面告知市人大常委会相关工委和法规的组织实施部门。

2013年以来，对法规进行量化评估已成为广州市人大常委会的常态化工作，每年委托广州大学等第三方机构对3至5件法规进行评估。已完成《广州市城市供水用水条例》《广州市城市轨道交通管理条例》《广州市市容环境卫生管理规定》《广州市妇女权益保障规定》《广州市全民健身条例》《广州市志愿服务条例》等多部地方性法规的立法后评估及评估反馈工作。2021年，广州市人大开展《广州市历史文化名城保护条例》立法后评估调研，评估组对泮塘五约和永庆坊二期实地调研了历史文化街区老旧房屋微改造和历史建筑活化利用的情况，会议听取了市规划和自然资源局负责同志对法规实施情况的介绍，并听取市住房城乡建设局、市商务局、市文化广电旅游局、市城市管理综合执法局和越秀区、荔湾区、海珠区、番禺区规划分局等相关政府部门，以及荔湾区恩宁路、聚龙村和花都区港头村等历史文化街区、传统村落管理人员对法规提出的意见建议。

二、完善基层人大代表选举制度

我国的人大代表选举制度是指选举产生全国人民代表大会以及地方各级人民代表大会代表的基本原则和具体方法，是各种有关人大代表选举的法律、法规的总称。其具体内容包括：设立选举组织机构、划分选区、选民登记、分配代表名额、提出代表候选人、制定选举程序、对代表的监督和罢免、制裁破坏选举的行为等。我国人民选举人大代表主要有两种方式，一种是直接选举产生，在县、乡人大代表选举中，广大选民直接选举出县、乡的人大代表，组成县、乡两级人大；另一种是间接选举产生，地市级、省级、全国的人大代表是由下一级人民代表大会选举产生，分别组成县级以上地方各级人大和全国人大。这种选举制度的好处是保证了每一位公民都能在平等的基础上参加选举，使得任何人都不能在选举上享有特权；保证各个民族、各行各业、各个阶层都有自己的代表当选；选举不受金钱操纵，选民自由讨论、协商，推举出他们信任的候选人，充分体现了平等民主的优越性。在人民群众的充分参与下，人民代表大会这种组织形式能够把人民内部不同阶层的共同利益集中起来，能够反映和协调各方面的特殊利益，从而把全国各族人民的力量凝聚起来，紧密团结在党中央周围，共同完成建设中国特色社会主义的伟大事业。

我国的基层人大代表选举制度是在中国共产党的领导下，确保人民群众享有普遍和广泛的选举权和被选举权的民主政治制度。基层人大的各项决策对广大人民群众的切身利益和日常生活产生直接影响，基层人大所做的各项决策能否真正从群众的切身利益出发，真正体现群众的意志，直接关系到我国基层的稳定大局，关系到党执政的根基是否稳固。基层人大代表选举制度不仅是社会主义民主政治的基础，也直接关系到每一个公民权利的实现。规定基层人大代表选举的基本法律是1979年7月4日颁布的《中华人民共和国全国人民代表大会和地方各级人民代表大会选举法》，选举法随后经过1982年、1986年、1995年、2004年、2010年、2015年、2020年7次修改。其中第七次修改的主要内容：一是在法律中更好体现坚持党对选举工作的领导；二是适当增加县乡两级人大代表数量，解决在部分地方因为撤销乡镇而导致的基层人大代表数量下降、人大代表的地区性不足等问题。

（一）换届选举工作保障

广州有11个市辖区、35个镇，在基层人大换届选举年，大约有6000名基层人大代表需要换选，占广州市全部人大代表的90%以上。[①]为确保选举合法有序高效推进，广州市人大常委会选举联络人事任免工作委员会（以下简称选联工委）与市委组织部联合召开换届选举工作会议，对相关工作单位和人员进行集中培训，就换届选举工作的时间、步骤、代表名额、结构和素质要求、选区划分和选民登记、选举程序、选举办法等相关知识进行了深入细致的业务培训，确保换届工作人员熟悉业务，依法开展换届选举工作。特别是对代表候选人进行严格考察审查，对代表候选人的政治素质、思想品德、廉洁自律、履职能力、履职意识、群众基础、遵纪守法、社会形象等方面情况进行综合考察，确保当选代表政治过硬。投票选举前，选联工委还会加大人大换届选举工作的宣传力度，通过辖区报纸、电视、新媒体等平台全方位宣传相关法律法规、政策和程序，使选举工作家喻户晓，营造良好的舆论氛围。部分选区还结合实际情况设置流动票箱，工作人员走村串户、深入田间地头介绍代表候选人情况和投票须知事项，并组织选民投票，保证每一位选民能够依法行使选举权。在投票过程中，广州特别注意投票时间的设置问题，尽可能照顾不同人群的工作和生活需要。例如，对于从化、花都等区域广阔、农村人口较多的地区，考虑到很多农民投完票后还要下田，投票时间定为从早上6时开始，且更多运用流动投票箱的方式进行。而对于海珠区等出租车企业较多的地方，为便于司机交班时间能够亲自投票，特意将该选区投票时间确定为6时至22时。投票结束后，各选区在区、县级市和镇选举委员会的组织领导下进行公开的唱票、计票工作，确保选举结果公开、公平、公正。

---

① 卢文洁：《广州市区、镇人大代表换届选举工作依法有序推进》，《广州日报》2016年9月27日。

（二）依法调整人大代表数量

2011年，广东省人大常委会通过《关于个别市县区人大代表名额的决定（草案）》（以下简称草案）。根据草案，广州市以及广州天河区、海珠区、萝岗区等人大代表总名额均有所提高，广州市人大代表总名额由过去的506名增加至582名。人大代表名额的变动，主要是遵照2010年修改的《中华人民共和国全国人民代表大会和地方各级人民代表大会选举法》（以下简称《选举法》）要求，实行城乡按相同人口比例选举人大代表，并体现人人平等、地区平等和民族平等。而当年全国人大常委会办公厅下发了《关于做好地方各级人大代表名额分配工作的指导意见》，指出市、区、县的人大代表总名额，原则上不再重新确定，但为了保证城乡按相同人口比例选举人大代表平稳顺利实施，对于个别人口变动大，代表名额分配矛盾突出的地方，可由省级人大常委会按照《选举法》的规定，重新确定其代表总名额，并报全国人大常委会备案。据此，广东省人大常委会党组研究，提出了关于重新确定广州等28个市县区（占全省142个市、区、县的19.7%）人大代表总名额的请示，并报全国人大常委会办公厅和省委同意。具体考虑是对2010年末户籍人口数与1996年末相比，增幅超过50%的地级市和增幅超过30%的县（市、区）的人大代表总名额重新确定。其中广州市天河区等县（市、区）增幅均超过30%。而对2010年末非户籍人口数与1996年末相比，增幅则超过16%。如广州市及其海珠区、萝岗区等市、区、县，2010年末非户籍常住人口数超过户籍人口数50%，其人大代表总名额需要重新确定。为落实关于保障流动人口选举权利的精神，对上述市、区、县的人大代表总名额重新确定。

为落实中央关于基层人大代表“两升一降一保证”（即一线工人、农民、专业技术人员的比例要比上一届有所上升，妇女代表的比例要比上一届有所上升，党政干部担任人大代表的比例要比上一届有所降低，少数民族、归侨代表要按照法律规定予以保证）的精神，广州市人大常委会颁布《广州市人民代表大会常务委员会关于广州市第十四届人民代表大会代表名额分配和选举问题的决定》（以下简称《决定》）。《决定》指出，广州市第十四届人民代表大会代表名额为582名。按照《选举法》第十四条关于“按照每一代表所代表的城乡人口数相同的原则，以及保证各地区、各民族、各方面都有适当数量代表的要求进行分配”的规定和全国人大常委会《关于做好地方各级人大代表名额分配工作的指导意见》的精神，合理分配代表名额。各区、县级市人民代表大会应选市第十四届人民代表大会代表名额为：越秀区74名，海珠区64名，荔湾区50名，天河区54名，白云区56名，黄埔区24名，花都区45名，番禺区64名，南沙区22名，萝岗区22名，从化市（现称从化区）41名，增城市（现称增城区）56名。此外，《决定》对市第十四届人民代表大会的代表构成也进行了具体的规定，明确指出人大代表中一线工人、农民、专业技术人员的比例要比上一届有所上升，妇女代表比例要比上一届有所上升，党员干部担任代表的比例要比上一届有所下降；知识分子、民主党派和无党派人士、少数民族、归侨侨眷应占有适当的比例，由有关选举单位选出。在广州市第十四届人民代表大会代表中，妇女代表的比例不低于25%，中共党员不超过65%。根据工作需要，在市第十四届人民代表大会代表名额中，预留5名机动名额，由市人民代表大会常务委员会在届中调整时直接分配给有关选举单位进行选举。

2016年，广州市人民代表大会常务委员会发布关于广州市第十五届人民代表大会代表名额分配和选举问题的决定，根据2015年修订的《选举法》第十三条关于“地方各级人民代表大会的代表总名额经确定后，不再变动”的规定，市第十五届人民代表大会代表名额仍为582名。按照《选举法》第十四条关于“地方各级人民代表大会代表名额，由本级人民代表大会常务委员会或者本级选举委员会根据本行政区域所辖的下一级各行政区域或者各选区的人口数，按照每一代表所代表的城乡人口数相同的原则，以及保证各地区、各民族、各方面都有适当数量代表的要求进行分配”的规定和全国人大常委会关于做好地方各级人大代表名额分配工作的相关意见精神，合理分配代表名额。具体来说，各区人民代表大会应选市第十五届人民代表大会代表名额为：越秀区75名，海珠区65名，荔湾区48名，天河区56名，白云区60名，黄埔区33名，花都区47名，番禺区57名，南沙区29名，从化区42名，增城区58名。妇女代表的比例不低于30%，中共党员不超过65%。此外，根据工作需要，在市第十五届人民代表大会代表名额中，预留5名机动名额，由市人民代表大会常务委员会在届中调整时直接分配给有关选举单位进行选举。在第十五届人民代表大会代表构成中，除延续往届“两升一降一保证”的要求之外，又新增一条，对企业负责人担任人大代表，要统筹兼顾，注重质量，防止比例过高。从实际选举结果来看，就比例分配而言，专业技术人员约占30.6%，比上一届提高2.9%；党政领导干部约占22.5%，比上一届降低0.3%；企业单位负责人约占21.3%，比上一届降低2.9%。①

（三）落实基层代表“两升一降一保证”

党的十八以来，为提高基层人大代表的代表性，党中央及全国人大提出基层人大代表结构“两升一降一保证”，把更多的发言权留给基层的工人、农民和专业技术人员，使人大会议议题更关注基层；政策方针将更有利于基层、有利于操作；更加及时解决基层的问题和矛盾。

为落实中央关于基层人大代表“两升一降一保证”的精神，2021年，广州市第十五届人民代表大会常务委员会对广州市第十六届人民代表大会代表名额分配和选举问题做出新的决定：（一）广州市人民代表大会代表名额为582名。按照2020年修订的《选举法》第十五条关于“地方各级人民代表大会代表名额，由本级人民代表大会常务委员会或者本级选举委员会根据本行政区域所辖的下一级各行政区域或者各选区的人口数，按照每一代表所代表的城乡人口数相同的原则，以及保证各地区、各民族、各方面都有适当数量代表的要求进行分配”的规定和全国人大常委会关于做好

① 徐艳：《广州市人大代表换届，名额定了：582名》，《南方都市报》2016年8月25日。

地方各级人大代表名额分配工作的相关意见精神，合理分配代表名额。（二）各区人民代表大会应选广州市第十六届人民代表大会代表名额为：越秀区65名，海珠区60名，荔湾区46名，天河区57名，白云区62名，黄埔区39名，花都区50名，番禺区60名，南沙区34名，从化区41名，增城区58名。（三）驻在广州市的中国人民解放军和人民武装警察部队各单位应选广州市第十六届人民代表大会代表名额为7名。（四）广州市第十六届人民代表大会代表构成中，工人、农民、专业技术人员等一线基层代表的比例适当提高；妇女的比例高于上一届；中共党员代表不超过65%；继续从严掌握党政干部担任代表的比例；少数民族代表和归侨、侨眷代表按照法律规定予以保证；对企业负责人担任代表要统筹兼顾，防止比例过高；新的社会阶层代表人士适度增加。（五）根据工作需要，在广州市第十六届人民代表大会代表名额中，预留3名机动名额，由广州市人民代表大会常务委员会在届中调整时直接分配给有关选举单位进行选举。

广州是一座人口流入城市，庞大的外地人口长期在广州工作和生活，一些镇、街的外来人口大量聚集，人数甚至超过户籍人口数倍，形成了人口管理“倒挂”现象。对这部分地区的人大代表选举问题，是广州市人大基层选举工作的关注重点。一方面要加强社会管理改革与创新，另一方面要探索外地人与本地人共管的新模式，让新广州人融入广州。2011年，广州市基层人大代表选举有了新的突破，首次产生了外来工人大代表。其中，增城市（现为增城区）人民代表大会换届中专门分配了2名外来务工人员代表名额给新塘镇和1名外来务工人员代表给中新镇，他们分别是来自湖北孝昌的姜秀云、广东云浮的胡斌和福建南安的戴益军。尤其是新塘镇新塘外来人口达50多万，远多于22万的户籍人口数，对外来人口专门设置人大代表席位，有助于提升该地区人大代表的真实性和有效性。3名外来工人大代表候选人成功当选为市第十四届人大代表，他们的成功当选，结束了广州市没有外来工人大代表的历史，意味着广州基层人大代表选举向更接近群众、更能反映人民呼声的目标迈进了一大步。此外，在白云区三元里街道第一选区，来自湖北洪湖、担任“荆楚印刷工”流动党支部书记的陈志也是首批外来工人大代表之一。白云区是广州市人口第一大区，更是典型的外来人口聚居区，辖区内220多万常住人口中外来人口已达140多万。三元里街松柏岗社区是一处典型的城乡接合部，光来自湖北省洪湖市螺山镇的外来人口就有1万多人，占该镇总人口的1/3，他们大多从事印刷行业。在三元里街道办和洪湖市螺山镇两地的党组织支持下，建立起“荆楚印刷工”流动党支部，在广州打拼了十余年、从事印刷行业、原籍湖北洪湖的陈志成为党支部书记，其工作也得到了当地居民和外人人员的广泛认可，并最终高票当选为白云区人大代表。

（四）举办代表候选人见面会

长期以来，基层人大代表候选人并不为普通群众所熟悉，选民对于候选人的认知仅停留在书面介绍中。在实际选举中，对代表候选人情况的介绍过于简单化、模式化，往往只限于个人简历、政治面貌、学历等，选民缺乏对候选人的了解，影响投票积极性。对此，2010年修改的《中华人民共和国全国人民代表大会和地方各级人民代表大会选举法》增加了“选举委员会根据选民的要求，应当组织代表候选人与选民见面”的规定，目的是加大组织代表候选人与选民见面的力度，增强社会公众对候选人的了解。

为改进基层人大代表候选人的信息不对称问题，广州市于2011年出台《广州市区、县级市和镇选举委员会关于组织代表候选人与选民见面会的规定》（以下简称《规定》），规定广州市区、县级市和镇选举委员会将按选区组织代表候选人与选民见面会，而每个选区至少应组织一次。在见面会召开前，选区选举工作小组应事先公告见面会的时间、地点、议程及注意事项等，并明确选民报名参加见面会的具体程序。每一位代表候选人都必须按照选区选举工作小组的安排，按时参加见面会，如确因工作需要或有特殊原因（如生病、外出）不能参加见面会的，须及时告知选区选举工作小组，经同意，方可不参加。按照《规定》，见面会的规模原则上在60人左右，包括正式代表候选人，各选区的选民小组组长和部分选民代表，以及参加见面会的其他选民。参加见面会的选民由选区选举工作小组确定，本选区的其他选民如果提出参加见面会要求的，应当允许其参加。选民可致电选区选举工作小组，登记预约参加见面会，如人数过多，以报名先后顺序确定。《规定》还进一步对见面会的流程进行了详细安排，在见面会上，主持人会介绍本选区提名推荐、酝酿协调确定的代表候选人，每位代表候选人按公告顺序，依次自我介绍和陈述当选后计划。每位代表候选人发言应在规定时间内，原则上不超过8分钟，若超时，主持人可中断其发言。代表候选人不得有违反宪法、法律、法规和政策等内容的言辞，也不得对其他代表候选人进行评论。代表候选人接受选民提问的时间，不得少于代表候选人做自我介绍和当选后计划的陈述发言时间。代表候选人发言、接受选民提问，可以逐人进行。此外，在征得会议主持人的同意后，选民向代表候选人提问，时间不得超过2分钟。提问内容应当是代表候选人当选代表后如何履行代表职务、发挥代表作用的问题。与此无关的问题，代表候选人可以不作回答。

2011年，因为首次举行区人大代表候选人与选民见面，选民们对此不熟悉，一些基层见面会实际到会选民并不多。例如白云区新市街，小区到处贴满宣传资料，街道直接打电话给选民，来电预约的选民只有6人，当天见面会实际到场人数为19人，远低于60人的会场规模预期。在选民提问环节，主持人多次重复提醒，但现场依然沉默，但不久后，出席的选民很快提出了自己的问题，主要是基于身边事务的投诉反映，如“学校的侧面烟囱正对学校，晚上各个教学楼都是烟”“我们5号就开学了，对面的溜冰场真的很吵，从下午3点到凌晨2点，我们无法工作”[①]……实际上，根据《选举法》相关规定，见面会提问内容主要是候选人当选代表后如何履职、发挥代表作用。经过十年的探索，基层人大代表与选民见面会成为广州市基层人大代表换届选举中的必经程序，也逐渐为选民所认可。2016年，广州

① 李华：《广州首开候选人与选民“见面会”》，《民主与法制时报》2011年9月12日。

市天河区冼村街第五选区举行区人大代表候选人与选民见面会，三位区人大代表候选人——广东广悦鸿鼎律师事务所主任、党支部书记黄山，广州市冼村街新庆村居委会专干梁晓雯，珠光控股集团有限公司总裁廖腾佳，与选民进行了面对面互动交流。见面会与5年前举办的代表候选人见面会相比，有明显的变化，参与的选民人数更多了，选民年龄层次更加年轻化，选民现场提出的问题也更直接。会上，三位区人大代表候选人分别做了自我介绍，对如果当选后如何履行代表义务做了陈述，并回答了选民的提问。参加现场见面会的部分选民表示，这次见面会他们体会到了人大代表选举的庄严和神圣。通过面对面的交流增进了选民对人大代表候选人的了解，选民还建议，候选人可以在陈述中更加详细地介绍自己当选后的履职方式。[①]

三、人大代表进基层常态化

人大代表来自人民，由人民选举产生，代表人民的利益和意志行使国家权力，同人民群众保持密切联系，是人大代表的天然优势。密切同人民群众的联系，更好地发挥人大代表接地气、察民情、聚民意，用法治保障人民权益，增进民生福祉，是新时代对人大代表的必然要求。我国五级人大代表工作和生活在人民群众之中，熟悉和了解基层的实际情况、群众所思所想所盼，这是我国的制度优势。对人大代表而言，密切联系人民群众是宪法赋予的重要职责，是依法履职的重要基础。

党的十八大以来，我国人民代表大会制度与时俱进、完善发展，成就斐然。其中代表工作得到不断加强和改进，活力十足。最为明显的特征，

① 李士燕、任宣：《本网直击广州天河区人大代表候选人与选民见面会》，人民网，2016年9月22日，http://m.people.cn/n4/2016/0922/c1815-7618860.html.

就是各级人大机关通过加强代表之家、代表联络站建设，把触角延伸到街道和乡村，使得各级人大代表同广大人民群众联系越来越紧密。党中央对代表联系群众的制度和形式、方式等提出明确要求，对密切代表同群众联系、加强代表联络机构建设做出了部署安排。经过多年实践探索，各级人大普遍建立起代表联系群众的制度机制。截至2020年底，全国各地共设有代表之家、代表联络站等23万个，平均每个省（市、区）7400多个。代表之家、代表联络站已成为各级人大代表执行职务、开展活动、联系群众的重要平台和依托。[①]

（一）健全代表联系群众机制

2019年7月，广东省人大常委会办公厅印发《关于加强新时代全省人大代表联络站工作的指导意见》（下称《意见》）。《意见》要求，广东争取用两到三年时间，形成以乡镇（街道）人大代表中心联络站为主，以村（居）人大代表联络站为辅的代表联系群众阵地建设网格化体系。截至2019年9月底，广州市已提前两年完成了省人大常委会确定的建设目标。

事实上，广州是全国较早开展人大代表联系群众制度的地方。早在1999年，荔湾区就率先试点成立街道人大工作室，并2000年在全区铺开。这一创新举措受到各级人大的广泛关注和充分肯定。2006年起，荔湾区22条行政街道全部设立人大工作室，为基层代表发挥作用搭建了履职平台，使代表“议政有舞台”，进行走访街坊、专题调研、问卷调查等“人大代表动作”。彼时的荔湾区街道人大代表已经有一套初步的制度设计，即街道书记一般兼任联组组长，街道工作室的职责和制度向代表和街坊公示，所有的街道人大代表联组都建立了人大代表接访日制度。2011年后，广州市131个街道全部设置人大代表工作机构，不断推动人大代表加强与街坊

① 李小健：《“人大代表要更加密切联系群众”——栗战书与列席十三届全国人大常委会第二十二次会议的全国人大代表座谈侧记》，中国人大网，2020年10月22日，http://www.npc.gov.cn/npc/c30834/202010/80697749d6b7424ba067bfacb5a846e1.shtml.

联系，了解社会热点问题，倾听街坊呼声，积极主动地在公共事务中发挥作用。2013年，广州市第十四届人大常委会通过《人大代表进社区工作办法》，明确市、区（县级市）人大代表应当参加代表进社区活动。各区人大常委会及其街道工作委员会应根据人大代表在社区的分布状况设立若干人大代表社区联络站，作为人大代表密切联系群众的场所，也可以根据实际需要设立人大代表社区流动联络站。联络站设站长、副站长，参加进社区活动的人大代表，其姓名、照片、工作单位、职务、联系电话和年度接待安排都应该张贴公布。默认情况下，社区联络站在每月的15日安排接待选民和群众活动，并提前3天在社区张贴公告，公告接待时间、地点和代表姓名。选民和群众可以向人大代表反映对市、区人民代表大会及其常务委员会、人民政府及其部门和派出机构、人民法院、人民检察院的意见、建议。联络站不受理应当通过诉讼、行政复议、仲裁解决的事项，以及其他应当依照有关法律和规定办理的事项。联络站工作经费列入人大街道工委年度预算。

自2013年设立广州市首个人大代表社区（村）联络站以来，广州市已设立人大代表社区联络站共计868个。广州市人大常委会将人大代表联络站建设作为一项系统工程，既有站点建设等“硬件”支撑，也有规章制度等“软件”支持。广州市辖区全国、省、市、区、镇五级人大代表按自愿和有利于开展工作的原则安排到各联络站中，每一年度参加联系选民群众活动不少于2次，确保代表经常深入社区了解社情民意，倾听群众呼声，还记录汇总代表履职情况，以制度体系和刚性规则来保证联络站的良性运作。

2019年7月，广州市人大常委会协调各区人大常委会组织全市各级人大代表开展了“我为民、我履职、我行动”代表主题活动，全市4766名代表参加了活动。这些举措均推动解决了基层代表和群众关注的一批难点问题，如白云区江高镇许多地方无手机信号、增城区城区交通管理差等问题，均是通过参加这次主题活动的代表提出的建议促成解决的。为方便选民联系代表，市人大还突破了代表联络站在空间和时间上的限制，积极打造24小时不打烊的网上“代表联络站”。由此，人大代表联系群众“最后一公里”被打通，代表们不仅增进了对社情民意的了解，对于自己酝酿提出高质量代表建议、提高履职能力也有很大帮助。

（二）落实代表“双联系”工作

“双联系”，即人大常委会联系代表，代表联系选民。人大常委会委员联系代表能更好地将人大常委会通过的决议决定传递给代表，代表同时也能将人大常委会的重点监督内容、重大事项的决议决定传递给选民，争取选民支持；反之，通过联系沟通，也能将选民的意愿、诉求、意见建议反映给代表、反馈给人大常委会，以便人大常委会监督工作的顺利开展，提质增效。在实践中，人大常委会委员应将党委、政府想让基层代表、群众要做的事传递下去，倾听代表、选民的想法、看法，获取第一手素材，便于人大常委会掌握监督的重点；同时，也应当将选民的思想反映给代表，代表提炼加工概括地反馈给人大常委会。

党的十八大以来，广州市人大常委会持续推动“双联系”向常态化迈进，不断创新探索。2017年，广州市人大常委会专门成立了重点课题调研组，并对《关于加强广州市人民代表大会代表与人民群众联系的若干意见（试行）》进行了修订。广州市人大在全国率先实现人大常委会组成人员联系代表全覆盖。广州市第十五届人大常委会38名组成人员，分头固定联系570名市人大代表，通过座谈会、约见、网上交流等方式，收集代表对常委会工作的意见和建议，提高代表对常委会工作参与的针对性和实效性。

广州人大还坚持常委会主任会议组成人员接待代表日制度，加强人大常委会组成人员与人大代表联系。在活动举行之前，广州市人大常委会先搜集代表或群众拟反映的问题，约请行政部门相关负责人到场听取意见和解释回应，同时邀请挂点该联络站的区、镇人大代表甚至是全国、省人大代表参加，由此搭建了市、区、社区、代表和群众五级联系的平台。这种扁平化活动方式，大大压缩沟通成本，使得热点难点问题能得以快速解决。同时，创新接待日活动形式，采取线上座谈方式进行，“云接待”四级人大代表，在新冠肺炎疫情防控时期加强市人大常委会和人大代表之间的联系。

（三）修订各级人大代表进社区工作办法

2018年，广州市第十五届人民代表大会常务委员会通过《广州市各级人大代表进社区工作办法》（以下简称《工作办法》），取代原有的《人大代表进社区工作办法》。新的《工作办法》对人大代表进社区活动进行了更精细的规定。例如规定广州市各区人大常委会负责人大代表进社区的组织工作，具体工作由镇人大、人大街道工作委员会负责实施；人大代表应当参加人大代表进社区活动，每年不少于2次，而根据工作需要，全国人大广州小组代表、广州市选出的省人大代表可以参加进社区活动；除原有的社区联络站和流动联络站外，还可以根据实际需要设立网上联络站。对于如何回应选民和群众的意见和建议，新的工作办法也列出了具体实施办法：第一，能够即时回答的问题，在接待时可以当场回答；第二，属于镇（街）职责范围的事项，由镇人大、人大街道工作委员会主要负责人批示后交本级行政职能部门处理；第三，属于信访事项，可以交本级人大常委会信访部门按照有关规定处理，并将办理情况向代表反馈；第四，具有一定普遍性的意见建议，超出镇（街）职责范围的，可以由联络站交镇人大、人大街道工作委员会，转区有关国家机关、组织处理，或者由人大代表向本级人民代表大会或人大常委会提出代表议案或建议、批评和意见。此外，《工作办法》还明确规定，联络站应当建立工作、活动台账，制定相关制度，登记选民和群众来访、人大代表进社区活动等情况，并将其作为代表履职情况汇总上报，网上联络站的相关工作和活动纳入联络站工作考核、代表履职登记范围。在制度保障和监督方面，《工作办法》也进行了细化，规定市、区人大常委会代表工作部门每年对辖区内的联络站、网上联络站的工作情况进行检查、督导，确保各级代表进社区工作取得实效，相关活动经费列入镇人大、人大街道工作委员会年度预算。

四、强化人大监督能力

监督权是宪法和法律赋予各级人大及其常委会的一项重要职权。党的十八大以来，以习近平同志为核心的党中央高度重视人大监督工作，对加强和改进人大监督工作，作出一系列重要论述和重大决策部署。党的十八届三中、四中全会决定提出专项要求，加强人大预算决算审查监督、国有资产监督职能；加强备案审查制度和能力建设，把所有规范性文件纳入备案审查范围。党的十九大报告指出，加强人民当家作主制度保障，支持和保证人大依法行使立法权、监督权、决定权、任免权。党的十九届四中全会决定强调，健全人大对“一府一委两院”监督制度。人大监督的对象和范围决定了监督的内容是全局性、长远性和倾向性的重大问题。在权力监督体系中，人大监督有不同于其他监督形式的功能作用，并且能解决其他监督形式解决不了的问题。人大进行监督，作出决议决定，行政、监察、司法机关应当执行；提出的意见建议，应当认真研究处理；必要时，还可以行使罢免权或撤职权。因此，人大监督产生严格约束力，是具有法律效力的监督。

（一）坚持正确监督、有效监督、依法监督

坚持正确监督、有效监督、依法监督，是习近平总书记关于坚持和完善人民代表大会制度重要思想的要求。履行人大监督职责，做好人大常委会监督工作，要深入贯彻落实这一要求。实行正确监督，就是要坚持党的领导，自觉地在党的领导下依法履行监督职责；要正确处理好人大监督与支持“一府一委两院”依法行使职权的关系，把监督与支持结合起来。实行有效监督，就是要紧紧围绕党和国家工作大局，强化问题导向，完善监督机制，推动解决问题。实行依法监督，就是要严格依照法定权限和程序进行监督。也就是要坚持党的领导、人民当家作主、依法治国有机统一。

党的十八大以来，广州市人大常委会坚持正确监督、有效监督，不断探索创新人大监督方式方法，着力增强监督刚性和实效，有效推动全市行政、司法机关依法行政、公正司法。一直以来，广州市人大常委会把关系全市改革发展稳定大局和群众切身利益、社会普遍关注的重大问题作为监督的重点，科学合理确定监督的议题、对象和内容，使监督工作更加“有的放矢”。广州人大每年通过媒体向社会公开征集监督议题建议，在每年9月的《广州日报》以及广州人大网等网站发布议题征集公告，市民群众对此反响积极。市民通过来信、来访、电子邮件和网上留言等形式提出议题建议，其中关于优先发展公交、解决居民出行难问题的监督议题就直接来源于市民建议。在我国内地举办长达26年的第一个大型政论性电视论坛——《羊城论坛》上，一些市民也经常提出关于监督议题的建议。2019年，经广泛征求意见，关于发挥广州在粤港澳大湾区核心引擎作用的专题调研被列入监督工作计划。市人大常委会副主任李小勉亲自带队开展调研，力求做到建设粤港澳大湾区与支持深圳建设中国特色社会主义先行示范区相结合、境内与境外调研相结合、市内与市外调研相结合。调研组详细梳理了广东省及9市、广州市及11区推进粤港澳大湾区建设的工作，最终形成调研报告，督促政府深化与港澳协同发展，强化广深双核驱动，引领构建“一核一带一区”发展新格局。

《中华人民共和国各级人民代表大会常务委员会监督法》赋予人大的监督方式主要有7种，既有听取和审议专项工作报告、开展执法检查、开展规范性文件备案审查，也有询问和质询、特定问题调查、撤职案的审议和决定等。广州市人大常委会结合实际，积极在法律框架内探索创新监督工作的方式方法。自2011年起，采用专题询问、工作评议和满意度测评、专题调研监督、委托监督等形式开展工作，增强了监督的刚性和实效，成为人大监督的重要途径和方法。经过十年探索，广州逐步形成了听取审议专项报告、执法检查、专题调研、明察暗访、专题询问、工作评议和满意度测评、线上监督和线下监督等多种形式交叉组合、接力推进的综合监督模式，力求监督实效。比如，2014年针对公安交通管理这一项工作，组织开展常委会全体组成人员视察、听取和审议专项工作报告、专题询问、满意度测评、督办代表重点建议、举办《羊城论坛》等6项具体工作，监督效应叠加，引起社会广泛关注。

采取部门联动、上下联动、区域联动等方法开展监督工作，也是广州市人大常委会监督工作的一大特点，借此充分发挥人大监督、监察监督、审计监督、舆论监督、社会监督等方面的优势，延伸监督的广度和深度。比如，2015年按照广东省人大常委会的部署，建立与佛山市人大常委会的联动机制，协同督促政府大力推进广佛跨界区域16条河流水环境综合整治，同时和白云区、从化区人大常委会协同建立了四级人大代表联动监督治水机制，推动治水工作取得进展。

广州市人大坚持攻坚克难，抓住被征地农村集体留用地落实、生态公益林经济补偿、违法建设查处、消防站建设、养老事业发展等一批重点难点工作进行持续监督、跟踪问效，取得重大进展。其中，农村留用地问题的解决就是一个很好的见证。随着广州城市发展步伐加快，土地征收成为一项经常性的重要工作。如何妥善安置农村被征地农民，维护被征地农民合法权益，成为一块长期难啃的“硬骨头”。广州市人大代表多次提出建议，要求尽快解决留用地欠账、完善留用地管理政策。市人大常委会把解决农民留用地问题列为重点监督议题，通过持续8年跟踪监督，督促政府落实被征地农村集体留用地政策，同时确保除省以上重点线性交通基础设施以外的新增储备用地项目同步落实留用地，防止出现新的欠账。经过长期不懈地努力，广州市辖区历史留用地欠账基本兑现。

（二）深化预算监督改革

政府的钱花在哪里、怎么花费，必须要有一本“明白账”，而看紧政府的“钱袋子”，是人大监督工作的重要内容。广州市人大常委会创新预算监督方式方法，在全国率先建设“广州智慧人大”系统，借助“元数据”“互联网+”等技术，让政府财政每笔支出都清清楚楚地展现在市人大及其常委会面前。系统设置了预警功能，各部门如存在“突击花钱”“执行率低”等问题便会触发系统警报，提醒人大重点关注。2018年，某单位因部门预算执行不理想收到红色预警，预算工作委员会对其进行了询问监督，及时纠正了问题。这套系统还极大提高了市人大代表履职的积极性。以前，市人大代表只能在每年人代会召开前夕拿到预算草案，闭会期间只能以听取政府部门报告的形式了解预算执行情况，难以在大量数据中发现问题。而如今可以随时登录系统查看，根据预算联网监督系统自动生成的技术分析结果，及时发现问题并进行监督，解决了履职过程中信息不对称和发现问题难等“老大难”问题。预算联网监督成就了预算监督的“火眼金睛”，实现了预算监督质量和效率的重大提升。高度重视财政信息公开的广州市“阳光财政”建设受到全国人大、财政部的高度肯定。清华大学发布的全国地方政府财政透明度评价排行榜上，广州市2015—2019年在全国近300个地级及以上城市中一直处于前两名。

广州市人大常委会还积极探索对政府全口径预决算的审查监督，形成全口径、全覆盖、全方位的预算监督体系。2014年起，广州市人民代表大会安排每个代表团专题审查1个部门预算和1个政府投资重点项目，并实现政府一般公共预算、政府性基金预算、国有资本经营预算、社会保险基金预算和财政专户管理资金预算等5本账全部提交人代会审查批准。2017年，广州市人大常委会首次将上年度市人代会专题审查的11个部门的决算纳入审查重点，实现了从预算到决算全过程的闭环监督。2018年，广州建立了市、区两级政府向本级人大常委会报告国有资产管理情况制度，将监督扩展到国有资产领域，有利于防范和堵塞国有资产管理的风险与漏洞。2019年1月，广州市人大修订并颁布了《广州市人民代表大会及其常务委员会审查批准监督预算办法》（以下简称《办法》），进一步加强预决算审查监督，提升人大依法审查、依法监督的水平，为创新开展年度预算“三审”等工作指明新方向。根据《办法》规定，2019年7月至9月，在广州市人大常委会各部门密切支持配合下，参照预算“三审”模式，首次对2018年市本级总决算和纳入2018年度预算“三审”的11个部门的决算实施“三审”，形成从预算编制、执行、调整到决算的全过程全方位闭环监督。2019年6月，全国人大常委会预算工作委员会来穗调研时，对广州市人大预算审查监督工作给予了充分肯定。

（三）落实司法监督

监督司法是人大监督工作的重要组成部分。2012年6月19日，广州市第十四届人民代表大会常务委员会第三次会议表决通过了《广州市人民代表大会常务委员会监督司法工作规定》（以下简称《规定》），并自通过之日起实施。该规定的起草前后历时一年时间，经过深入调研，反复论证，并充分征求司法机关等有关单位意见，数易其稿。《规定》共34条，主要规定了以下内容：一是明确了制定规定的依据、目的以及监督对象；二是规定了监督司法工作的原则；三是规定了监督司法工作的议题来源、监督方式和具体程序；四是规定了获取司法工作信息的途径；五是规定了支持司法机关依法履职的措施；六是规定了对监督司法工作的保障措施以及不接受监督的处理措施。根据《规定》，常务委员会对市中级人民法院、市人民检察院、广州海事法院、广州知识产权法院等司法机关的工作予以监督，常务委员会监督司法机关依法行使职权，督促司法机关完善和落实内部监督制约机制，督促人民检察院履行法律监督职责。市人民代表大会内务司法委员会应当设立监督司法专家组，协助开展调查研究、案件评查、专业咨询等工作。常务委员会在听取和审议司法机关专项工作报告前，常务委员会内务司法工作委员会应当组织常务委员会组成人员、市人民代表大会代表开展视察或者调研，并向常务委员会汇报视察或者调研情况。常务委员会结合听取和审议专项工作报告、执法检查等，可以对司法机关的工作进行满意度测评，满意度测评结果作为常务委员会审议报告的参考依据。此外，常务委员会对社会影响大、群众反映强烈的问题，可以要求相关司法机关报告工作进展，进行专题询问。专题询问时，司法机关负责人应当到场回答询问。司法机关及其工作人员对常务委员会的决议、决定、审议意见不予办理、故意拖延或者有其他阻挠、妨碍、抵制监督等行为的，常务委员会可以视情节轻重分别进行相应处理。

广州市人大常委会制定监督司法工作规定，组建监督司法专家组，组织进行类案评查，每年开展涉及市法院、市检察院、广州海事法院、广州知识产权法院的监督议题。2016年广州市全部行政案件改由铁路两级法院集中管辖，促进了司法审判工作的专业化。但同时也带来新的问题，即铁路法院归属省管理，其在审判中发现的广州市各级政府依法行政中的问题得不到及时反馈和处理。为此，市人大常委会多次到铁路法院调研，推动建立了广州铁路运输中级法院向市人大常委会通报全市行政案件审判工作情况制度。2017年底，广州市人大常委会首次听取广州铁路运输中级法院关于广州市依法行政工作情况的通报，并要求市政府高度重视情况通报中指出的问题、深化行政执法体制改革、不断提高依法行政水平，有力促进了依法行政。

此外，广州市人大监察和司法委员会已连续多年开展对市政府依法行政、法治政府建设工作的监督。2017年以来，在全国首创听取广州铁路运输中级人民法院行政案件审判工作通报制度，将听取铁路法院通报和听取市政府法治政府建设报告结合起来，通过人大监督和司法监督合力，支持行政审判机关依法履职，督促市政府及相关部门整改依法行政问题和短板，不断加强和改进法治政府建设。通过努力，广州市法治政府建设工作连续多年在全省、全国保持领先地位——在全省法治政府建设考评中，2018年获第二名，2019年获第一名。

以监督促进司法公平正义，广州市人大再次走在全国前列。在全国首创听取和审议市法院、市检察院、广州海事法院、广州知识产权法院等“四院”半年工作报告制度，找准群众和社会广泛关注的司法工作热点、难点问题，监督督促市法院民商事审判工作、市法院基本解决“执行难”工作、市检察院公益诉讼工作、司法机关“扫黑除恶”专项斗争等在法治轨道内有序推进，助力将广州打造成为全国最安全稳定、最公平公正、法治环境最好的地区之一。

（四）跟踪人大建议办理工作进度

在加强人民当家作主制度建设中，如何有机地将人民在国家生活中的主体地位，以及人大代表在人大工作中的主体地位结合起来，对发挥人大代表作用极为重要。其中，人大代表对某事项的建议采纳与落实，是人大代表履行法定职责的重要体现。过去，有的承办单位存在“重答复轻办理”的现象，致使有些建议代表连续提了几年都得不到解决，被代表戏称为“开了朵大花，结了个小果”。针对这种现象，2009年广州开始试点代表建议办理工作奖惩制度，部分承办单位办理代表建议工作的情况被列入政府年终绩效考核系统。广州市人大常委会将遴选重点代表建议，经主任会议审议通过后，交市政府重点办理，并由常委会相关部门跟踪督办。同年，广州市人大颁布《广州市人民代表大会代表重点建议办理试行办法》，明确重点代表建议是指在人大会上代表所提出的建议中经研究筛选出来的，既是人民群众所关心的热点问题，也是市人大常委会所关注的问题。根据规定，各承办单位主要领导要知道承办重点建议及其要求，并参与到办理工作中，同时要求答复重点代表建议要有针对性，特别是要根据代表提出的建议内容有针对性地进行答复。

2018年以来，在广州市人大常委会的积极推动下，建议办理工作被纳入全市绩效考核体系，明确了各承办单位办理时限、办理责任、答复质量相关考核标准。实施当年，即实现对承办建议的82个单位进行工作评价，开展四大部分18项细分指标考核，并将52个已纳入绩效考核的办理单位考核数据和成绩提交市绩效考核委员会。例如，根据评价体系，主要领导亲自部署，将办理工作列入本单位年度重点任务，领办1件以上建议，亲自审定建议答复稿及办理情况工作总结，每缺1小项扣1分，扣完为止；未按规定时间完成办理答复工作，或未在规定时间内按市府办公厅要求报送有关文件，每件每延迟1个工作日扣0.5分。广州市黄埔区还重点推动办理工作由“重答复”向“重落实”转变，由“一次性办理”向“持续跟踪办理”转变，进一步形成办理闭环。通过制定《黄埔区议案建议办理评分标准》，黄埔区推动代表议案建议办理效果纳入区委绩效考核评分体系，重点建议满意率为100%。开展“人大代表议案建议全面落实年”行动，对议案建议办理情况进行集中督办，促进解决议案建议办理“满意率高，落实率低”问题。

2019年，广州市人大通过《广州市人民代表大会代表重点建议处理办法》（以下简称《办法》），明确重点建议是指市人大常委会各工作委员会围绕本市中心工作，以及市人大代表反应比较集中、涉及人民群众切身利益、社会普遍关注的重大问题，在征求各有关方面意见的基础上，向市人大常委会主任会议提出拟重点处理的，并经主任会议讨论同意后，交有关机关、组织重点研究办理，由市人大常委会有关工作委员会重点督办的代表建议。《办法》要求，主办单位接到重点建议办理通知后，应当全面部署重点建议办理工作，组织协办单位于一个月内制定重点建议办理工作方案，包括对建议的情况分析、办理要求、办理措施、办理进度安排等，报市人大常委会相关督办单位。重点建议承办单位的主要负责人应当亲自负责研究办理，加强组织协调，提高办理实效。政府各部门承办的重点建议，应当根据重点建议所涉及的主要事项，由市政府领导牵头研究办理。市人大常委会领导按工作分工牵头重点督办工作，具体督办工作由常委会有关工作委员会承担。督办单位应当按照督办计划组织调研、视察，加强对重点建议办理工作的统筹协调，可以通过开展专题调研、召开专门会议、听取汇报等形式，听取承办单位关于办理情况的汇报和代表对办理工作的意见，必要时可将督办工作与常委会会议相关议程的审议、执法检查等工作相结合，加大督办力度。督办单位收到承办单位办理情况书面报告后，应当及时向主任会议报告督办情况，并将主任会议审议意见以常委会办公厅名义印送重点建议主办单位。此外，主办单位应当在接到重点建议办理通知后半年内，向市人大常委会主任会议首次报告重点建议相关情况，并在首次报告三个月后，由主办单位主要负责人向主任会议再次报告重点建议情况以及主任会议审议意见落实情况。办理单位提交报告时，督办单位同时报告督办情况。协办单位视情况补充报告。领衔提出重点建议的代表可以列席主任会议。市人民政府、市中级人民法院、市人民检察院在向市人大常委会报告当年建议办理情况时，应当全面报告重点建议的办理情况。

（五）广州智慧人大建设

党的十九大提出建设科技强国、网络强国、数字中国、智慧社会等发展目标，做出推动互联网、大数据、人工智能和实体经济深度融合等战略部署。把大数据运用于人大监督工作，是顺应大数据、自媒体时代发展潮流，实现“用数据说话、用数据分析、用数据决策”，提高人大监督工作的针对性、准确性、实效性和权威性的重要途径。

2018年7月2日，广州市人大常委会举行“广州智慧人大”上线仪式。该信息系统利用“互联网+”和大数据技术，实现了联网数据采集、在线实时监督、多指标预警督办等功能。其中，联网监督是“广州智慧人大”的主干，共有12个应用系统，包括智慧立法管理系统、司法工作联网监督系统（二期）、预算联网监督系统（三期，含移动端）、经济运行联网监督系统、城乡建设环境与资源保护联网监督系统、农村农业联网监督系统、教育科学文化卫生联网监督系统、涉外管理联网监督系统、代表履职服务系统（含移动端）、代表大会议案办理监督系统（1号议案、2号议案办理系统）、机关综合业务系统、门户网站提升版。系统范围覆盖了市人大主要业务领域，用户范围涵盖市、区、镇（街）各级人大机关、人大代表和政府工作部门、司法机关等单位。“广州智慧人大”系统建设主体项目包括联网监督平台、监督决策支持系统、代表履职服务平台、基础支撑平台、数据中心等应用系统开发。广州智慧人大通过联网在线监督，依法要求各政府部门和司法机关按时、主动上传数据信息，连接了人大机关与政府、司法机关间的信息通道，较好解决了监督工作人力不足、信息零散、实时性差等问题。该信息系统利用大数据分析理论和方法，实现了自主分析、预警追踪，使人大监督从事后监督转向过程监督，从定性判断转向科学的量化评价，从而可以大幅提升监督实效。[①]

除联网监督的主干功能外，“广州智慧人大”也进一步提高了市人大的工作效率。智慧立法管理系统通过大数据提升立法效率，实现了立法全流程的在线操作和监控，可自动生成电子档案，进行法规文本的在线编辑和智能搜索、对比分析，以及地方立法情况的智能分类统计和分析，还能够实时推送和更新立法资讯，为立法工作提供智能支撑。而代表履职服务系统则完成了所有子系统之间各种数据的互联互通和相互融合，使代表工作部门通过科学地统计分析运用各项数据，智能提供针对性的信息支撑，帮助代表提高履职效率。除了设有PC端系统外，还配有手机移动端App，实现了代表工作各项内容全覆盖、代表履职活动信息化、智能化、移动化，让代表工作可以不受空间、地点的约束，享受随时随地移动办公，代表履职真正迈入“掌上时代”。

① 罗仕：《广州人大“尝鲜”大数据 全面开展联网监督》，金羊网，2018年7月2日，https://news.ycwb.com/2018-07/02/content_30039315.htm.

第四章

创新政协协商民主实践

中国共产党在长期执政的过程中，逐渐走出了一条崭新的民主文明之路，即以投票选举为法定程序的票决民主和就共同性问题取得一致意见的协商民主，两种民主形式同等重要、互为补充、相得益彰。而协商民主又是这条文明之路的独特优势。在协商民主本土化道路上，中国的实践经验并不少：在国家层面，有多党合作制和政治协商制度；在地方政府层面，有各类民生听证会、城市论坛等；在基层层面，有民主恳谈、农村一事一议、城市社区议事厅等。

党的十八大以来，伴随着协商民主的各地实践探索的不断丰富，对协商民主与治理的理论研究也大幅增多，协商民主为既发挥国家的主导作用，又实现多元主体有序政治参与提供了可行的进路。面对城市化进程中出现的种种社会矛盾，“协商对话式”相较于“权威裁决式”具有更好的运行机制和治理成效。[①]发挥协商民主在利益协调、信息整合、社会稳定等方面的功能，成为基层官员化解社会矛盾的一种新思路，对预防和化解社会转型期群体事件意义重大。而随着协商民主的实践推广，程序规范化和制度常态化将成为地方治理建设的发展方向。

广州处于改革开放的前沿，经济社会变革和利益格局调整的程度深、覆盖面广，社会结构日趋开放、多元，各种利益诉求表达更趋多样化、复杂化和迫切化，人民群众在社会治理中表达意愿、参与意愿更加强烈。为破解“有效克服人民群众在国家政治生活和社会治理中无法表达、难以参与的弊端”的难题，推动协商民主广泛、多层、制度化发展，广州市政协坚持党委领导、政府支持、政协组织、媒体搭台、党派聚力、群众参与，以制度建设贯穿其中，将城市基层社区治理与民主协商进行制度融合，在协商制度化、成熟化和定型化上迈出了有价值的一步。

① 顾盼、韩志明：《基层协商民主的比较优势及其发展路径》，《行政论坛》2016年第3期。

一、率先在全国出台政治协商规程

2009年9月3日，中共广州市委出台《中共广州市委政治协商规程（试行）》（以下简称《规程》）。《规程》首次明确，广州市有关城乡建设的总体规划和行政区划的重大调整、广州市重大建设项目、关系民生和事关全局的重大问题、应对重大危机的预案和实施方案，都必须事先经过政治协商。《规程》对广州市政治协商的主要内容、主要形式和主要程序进行了规范，明确了广州市政治协商的两种基本方式，并把两种政治协商的主要内容分别细化规范为十项。

《规程》由广州市政协党组代拟，集思广益，十易其稿，该《规程》的制定过程有两大突出特点：

第一，突出党委领导，党政协同。在修订《规程》的过程中，市委主要负责人直接参与并审阅了市政协党组呈报的《规程》（代拟稿），提出了相关修改意见。市政协主席组织、参加了整个代拟工作，与代表一起学习、调研，讨论、确定代拟《规程》的原则和思路，听取各方意见，并先后三次对“征求意见稿”“代拟稿”“代拟送审稿”做了全面、认真的修改。第二，充分发扬民主，广泛听取和吸收各方意见。为了充分发扬民主，增强科学性，避免片面性，不仅扩大了征求意见的范围，而且还采取多种形式反复征求有关各方的意见。先后两次把第三稿的“征求意见稿”和第六稿的“代拟修改稿”以书面形式征求广州市各民主党派，市直有关单位，各区、县级市政协和市政协主席会议成员、秘书长会议成员、专门委员会主任的意见；先后召开了市各民主党派座谈会、部分区和县级市政协座谈会、市直有关单位座谈会、各区和县级市政协主席座谈会、部分政协委员座谈会听取意见；先后走访了广州市各民主党派和市工商联、市台联会，听取意见；还以书面形式征求了全国政协有关部门的领导和专家的意见。[1]

---

① 黄蓉芳、刘旦：《广州率先在全国出台政治协商规程》，《广州日报》2009年9月7日。

《规程》的主要“亮点”在于重点规范、完善了政治协商的主要内容、主要形式和主要程序，又有所突破和创新。主要体现在：

肯定了推进政治协商制度化、规范化、程序化“三个有利于”的作用，即：有利于广开言路、集思广益，促进决策的科学化、民主化；有利于增进理解、扩大共识，形成团结民主、活跃和谐的政治局面；有利于加强和改善中国共产党的领导，巩固中国共产党的执政地位。提出了政治协商的三项原则，即：把政治协商纳入决策程序，就重大问题在决策之前和决策过程中进行协商的原则；党总揽全局、协调各方的原则；民主协商、平等议事、求同存异、增进共识的原则。规定了广州市政治协商的两种基本方式：一种是市委同市各民主党派的政治协商；一种是市委在市政协同市各民主党派和各界代表人士的政治协商。“有关城乡建设的总体规划和行政区划的重大调整”“本市的重大建设项目”和“应对重大危机的预案和实施方案”等首次列为政治协商内容。细化了两种政治协商基本方式的十项主要内容。第五条“市委同市各民主党派政治协商的主要内容”中，“一、中国共产党广州市代表大会和委员会的重要文件”“四、本市经济社会发展的中长期规划”“六、本市有关城乡建设的总体规划和行政区划的重大调整”，是根据需要首次提出来的。其中，中共广州市委同市各民主党派政治协商的主要形式有五种；市委在市政协同市各民主党派和各界代表人士政治协商的主要形式有九种。同时，还明确了每一种形式的协商内容、参加协商的范围、协商意见和建议的表现形式、协商工作分工等。规范了中共广州市委同市各民主党派政治协商的参加人员。为了突出多党合作和政治协商的特色，根据无党派人士和工商联的性质，进一步明确了市委同市各民主党派的政治协商，包括市各民主党派、无党派人士和工商联，工、青、妇等人民团体不再参加市委同市各民主党派的政治协商，但参加市委在市政协同市各民主党派和各界代表人士的政治协商。统一了政治协商的主要程序，即：制定协商计划、做好协商准备、开展政治协商、汇总协商成果、协商成果办理与反馈等五个程序。其中，首次明确市委每年1月底前要制定协商计划，同时还进一步明确了每个程序的责任部门和责任人的职责，明确了每个程序与环节的工作、分工和时限等要求。完善了协商成果的办理和反馈。具体体现在市委同市各民主党派协商的民主协商会纪要等两种、市委在市政协同市各民主党派和各界代表人士协商的政协全体会议纪要、政协全体会议建议案等十二种协商成果办理和反馈的制度以及具体的措施。明确了需要协商的内容提交决策的先决条件，即："需要进行协商的内容，未经协商的，原则上不提交市委决策、市人大常委会表决通过、市政府实施"。提出了建立政治协商督办落实机制。由市委办公厅牵头，建立政治协商督办落实联席会议制度，召集市政府办公厅、市政协办公厅、市委统战部、市委政研室等部门定期召开会议，就政治协商的组织实施、跟进落实、督办反馈等工作进行沟通、协调和研究。并由市委办公厅牵头，每年组织上述部门对政治协商的落实情况进行检查。强调把是否重视政治协商作为考核领导班子和领导干部的重要内容。即：市委、市政府把是否重视政治协商、能否发挥好政治协商的作用作为检验领导水平和执政能力的一项重要内容，纳入领导班子和领导干部考察考核的重要内容。要求市委办公厅负责政治协商的协调、督办和落实。①

广州市政协近年来认真履行政治协商、民主监督和参政议政的政协职能，在《规程》引领下，围绕广州发展的中心工作以及事关民生和经济社会发展全局的重大课题开展调研，为党决策贡献政协人才库的聪明才智。该《规程》的实施进一步拓宽广州市各级政协组织开展政治协商、民主监督和参政议政的空间，为政协开展工作营造了良好氛围。

二、创新提案工作全过程协商方式方法

党的十八大以来，中共中央对深入开展提案办理协商、发展社会主义

① 黄蓉芳、刘旦：《广州率先在全国出台政治协商规程》，《广州日报》2009年9月7日。

协商民主作出了一系列重要论述和决策部署，广州市人民政协的提案工作迎来了创新发展的春天。人民政协把组织开展提案办理协商作为推动提案工作新发展、展现提案工作新作为的主抓手，为提高政协履职成效，发展社会主义协商民主做出新贡献。

（一）将协商民主贯穿到提案工作的全过程

为体现政协组织作为专门协商机构和重要协商渠道，广州探索将协商民主贯穿到提案工作的全过程。

一是选题协商。市政协各参加单位、各专委会和部分委员与有关职能部门协商选题。比如2022年的协商选题就通过很多渠道向全市征集："有事好商量"民生实事协商平台从2021年12月12日起至2021年12月17日面向社会公开征集2022年协商选题，共同为促进广州高质量发展建言献策。范围包括：广州市"十四五"规划和年度经济社会发展主要目标落实、重要政策执行、中心工作推进、重大项目建设的重点、热点问题，群众生产、生活的痛点、难点问题，城市治理的焦点、堵点问题。二是立案协商。坚持立案标准，改变"凡提必立"的做法，组织市政府办公厅、主要职能部门和各民主党派开展全会提案预审协商工作，大大减少简单重复提案。三是交办协商。提案委员会与市委办公厅、市政府办公厅充分沟通、加强协调，使提案交办工作分发准确、接办及时。四是办理协商。提案委员会协同市政府办公厅督促承办单位以电话、电子邮件、上门走访、实地考察、召开座谈会等方式与提案者协商沟通，充分保障政协委员的知情权、参与权和表达权。珠江红船、粤剧博物馆、红线女故居等振兴粤剧的举措已经落地，取得了阶段性的成果。五是协商在落实之中。提案委员会会同市政府办公厅牵头组织"提案办理工作回头看"督查活动已形成制度。六是协商在答复之后。提案委员会联合市政府办公厅，及时了解提案者对提案办理答复的意见，特别是做好委员反馈不满意提案的二次办理，促进提办双方充分协商、增进共识。

（二）形成提案办理协商的多层次格局

贯彻中共广州市委《关于加强人民政协工作的决定》，认真做好每年重点提案的遴选和督办落实工作。一是把市政协重点提案的督办领导从市党政主要领导扩大到市党政班子领导，范围更大，涉及的提案数量更多，督办效果进一步增强。以审核方案、视察调研、座谈协商等形式进行督办，办理工作取得明显成效。其中，2016年广州市委书记亲自督办了“着力打造国际科技创新枢纽”和“关于建设社区服务综合体”两件重点提案，市长督办了“聚集琶洲全产业链资源、打造新动力源”重点提案，体现了对市政协工作特别是提案工作的高度重视和大力支持，形成了市领导高层次督办提案的办理新格局。二是推进各党政部门确定一件本单位重点提案、主要领导领办一件重点提案工作，扩展了协商渠道，增加了协商密度。

（三）努力构建协商民主的履职平台

创新提案服务工作，讲求履职实效。一是充分发挥政协的组织化平台作用。突出委员的界别优势，使委员提出提案由自发性的个人行为向有组织的高水平培育转变；使委员个别的、分散性的意见，汇聚为系统、综合的集体智慧，形成政协委员、政协各参加单位和专门委员会与党政部门联合履职的协商。二是创新知情明政形式。坚持每年举办两次“市政府工作部门为政协委员提供协商咨询服务活动”，发动全体委员积极参与，形成了广泛多层的协商局面。同时，通过提前征询委员重点咨询的题目和单位、提前将重点咨询题目提供有关职能部门研究准备、提前落实接受咨询的职能部门领导和业务处室、提前筛选热点咨询题目给新闻媒体宣传报道，实现咨询者与相关职能部门、咨询内容与相关政策法规、反映问题与职能部门的答疑解惑紧密对接，力求精准议政并现场解决问题，减少了提案数量。三是建成了提案大数据库并充分发挥作用，引导市政协委员和各参加单位撰写提案时，先检索查阅从1998年以来提案工作大数据库的相关提案及复文、法律法规文件资料库，以减少简单、低水平和重复提案，提高提案的针对性和可操作性。

（四）加强提案工作的规范化、制度化

根据提案工作的发展，结合实际制定出台了《政协广州市委员会提案审查工作细则》，为提高提案审查立案质量提供了制度保障。制定了《政协广州市委员会提案质量评价办法》，为客观分析评价提案质量和遴选重点提案、评选优秀提案提供了量化标准。修订了《政协广州市委员会重点提案遴选和督办办法》，明确了市党政领导督办重点提案范围、开展重点提案培育等工作内容，并且对重点提案遴选程序、实施主体、督办方式等进行了明确规范。精心选取本届政协部分提案和办理成效，编辑出版了《广州政协提案成果选编》，为今后的提案工作提供借鉴。

2011年9月15日，政协第十一届广州市委员会常务委员会第二十八次会议，对始于1991年的《中国人民政治协商会议广州市委员会提案工作条例》进行了修订。新条例对提案委员会的成立、提案的提出、提案的审查和处理、提案的办理与督办、提案工作的表彰等进行了细化。其中，提案委员会全体会议规定每季度举行一次，必要时可以临时召集，提案委员会主任会议根据工作需要举行，提案委员会负有起草常务委员会关于提案工作情况的报告，向市政协全体会议报告提案审查情况，向常务委员会会议、主席会议报告工作等十四项职责。明确提案的提出包括三种途径，一是市政协委员，可以个人名义、联名或者界别名义提出提案；市政协全体会议期间，还可以小组或者联组名义提出提案；二是参加市政协的各党派、人民团体，可以本党派、人民团体名义或者联名提出提案，也可与市政协各专门委员会联名提出提案；三是市政协各专门委员会，可以本专门委员会名义或者联名提出提案，也可与参加市政协的各党派、人民团体联名提出提案。在提案的落实上，新规定明确，承办单位签收提案后，应当

根据国家法律、法规、政策和有关规定，本着纳言资政、改进工作、解决问题的原则办理提案，并对提案者做出书面答复。承办单位认为答复的内容不宜向社会公开的，可以在答复的首页右上角标注“不公开”字样，但对未标注“不公开”字样的答复，有关单位可以通过网站和新闻媒体等途径公开其内容。在重点提案的督导上，也规定督办重点提案，可以邀请提案者、市政协委员、非政协委员的民主党派和有关人民团体成员、专家学者、市民代表、新闻媒体等参加，采取专题调研、协商座谈、实地考察、上门走访等方式进行，以推动办理工作，保证办理质量。对提案中当年不能解决的重要问题，应跟踪督办，促进落实。

2017年8月11日，政协第十三届广州市委员会第六次主席会议通过《中国人民政治协商会议广州市委员会提案工作评选表彰办法》（以下简称《办法》），对优秀提案的表彰准则和程序进行了规范。《办法》规定，符合提名条件的提案，应围绕市党政中心工作和人民群众普遍关心的热点、难点问题，以及有关爱国统一战线工作等方面的重要事务，对本市经济社会发展和深化改革发挥了积极作用。其中包括：建议被党政部门采纳，产生了明显的经济和社会效益；或者具有前瞻性，对长远发展具有重要参考价值；或者在促进党政部门转变作风、改进工作、提高效率方面，有效发挥了政协民主监督作用。对于优秀提案单位和优秀提案个人，也相应进行了规定。表彰决定、表彰名单以市政协文件形式印发全体委员、参加市政协的各民主党派、人民团体和市政协各专门委员会、提案承办单位及个人，并通过新闻媒体进行宣传报道。

2018年9月25日，政协第十三届广州市委员会第十八次主席会议通过《中国人民政治协商会议广州市委员会提案审查工作细则》，明确规定依提交时间分为大会提案和平时提案，且大会提案、平时提案审查处理标准等同。提出了符合规定的提案流程和标准，以及不予立案的情况。大会提案的审查工作分为初分、初审、复审、终审四个环节。大会秘书处提案组进行初分、初审，提案审查委员会或提案委员会进行复审、终审。平时提案的审查工作分为初分、初审、终审三个环节。提案委员会办公室进行初分、初审，提案委员会主任会议进行终审。对于经审查立案的大会提案，根据提案的内容和有关单位的职责，按照归口办理的原则，由市政协提案委员会通过市政协提案管理系统，分别向市委办公厅、市人大常委会办公厅、市政府办公厅、市政协办公厅、市法院、市检察院和有关人民团体等交办。此外，依据工作流程，对于暂时不符合要求的提案，应视实情分别处理，对非属地管理的提案内容，通过市政协联络委提供给住穗全国政协或省政协委员参考，而对具有一定参考价值的，则可考虑转送有关部门参考。

三、打造“有事好商量”民生实事协商平台

党的十九大报告指出，“有事好商量，众人的事情由众人商量，是人民民主的真谛”。协商民主成为城市社区治理中建言资政、凝聚共识的双向过程。将协商民主下沉至社区层面、解决现代社区治理面临的复杂挑战，是广受关注的话题。总的来说，当前我国协商民主研究已经将从“政治协商”延伸到了“社会协商”“基层协商”，并越来越关注协商的制度建设问题，包括寻找社区协商的生成机制、提炼影响社区协商成效的因子、从单个案例观察中概括社区协商制度的个别经验、揭示社区协商的微观运作过程等。广州处于改革开放的前沿，经济社会变革和利益格局调整的程度深、覆盖面广，社会结构日趋开放、多元，各种利益诉求表达更趋多样化、复杂化和迫切化，人民群众在社会治理中表达意愿、参与意愿更加强烈。为破解“有效克服人民群众在国家政治生活和社会治理中无法表达、难以参与的弊端”的难题，推动协商民主广泛、多层、制度化发展，广州市由政协牵头，打造“有事好商量”民生实事协商平台。平台坚持党委领导、政府支持、政协组织、媒体搭台、党派聚力、群众参与，以制度建设贯穿其中，将城市基层社区治理与民主协商进行制度融合，在协商制

度化、成熟化和定型化上迈出了有价值的一步，开创全国先河。

（一）“有事好商量”新型协商的发展历程

党的十八大后，广州市坚持以习近平新时代中国特色社会主义思想统领协商民主建设，先后印发《关于加强社会主义协商民主建设的实施意见》《关于加强人民政协协商民主建设的实施意见》《关于加强和改进人民政协民主监督工作的实施意见》和《关于加强政党协商的实施意见》等，对协商民主的发展方向和实施细则进行了完善。改革开放四十周年之际，习近平总书记到广东视察，指出改革开放是党和人民大踏步赶上时代的重要法宝，是决定当代中国命运的关键一招，要求广东以更加坚定的信心、更有力的措施把改革开放推向深入。随后，广州市启动“有事好商量——广州市政协民生实事三年协商行动”，打造“有事好商量——广州市政协民生实事协商平台”。市委常委会召开专题会议研究通过《市政协“有事好商量”民生实事三年协商行动计划》。市政府把支持政协开展协商、监督作为改进政府工作的着力点，由时任市长协调政府各相关部门与市政协合作，在原有的“年度十大民生实事”意见征集基础上，联系城市民生实际，聚焦长期性、紧迫性的治理难题，决定自2018年起，每年选定9到10个重点协商议题，形成长期协商、广泛协商、有效协商的工作机制。2019年，广州颁布实施《广州市开展“有事好商量”民生实事协商办法（试行）》（以下简称《办法》），在全国首次以法律形式明确地方民主协商制度及具体程序。

截至2021年底，“有事好商量”平台议题累计超过40个，主要围绕幼有所育、学有所教、劳有所得、病有所医、老有所养、住有所居、弱有所扶等市民群众生活息息相关的实际问题进行。在协商内容上，突出问题导向，做到“什么问题群众反映最强烈就协商什么问题”，在决策前就将城市民生工程的优先顺序与市民心中的紧迫民生困难进行对接。在协商过程上，以市政协为牵头人，一方面搭建政协与政府之间、政协委员与政府部门之间的协商渠道；另一方面沟通政府与群众代表、专家学者与群众代表、群众之间的协商渠道，形成宽领域、全过程的协商流程。在协商主体上，坚持协商主体的多元化，通过多利益主体间的平衡，尽可能让不同群体发声，避免少数人协商、少数人获益的情况。从历年协商行动的实践来看，主要是由广州市政协副主席领衔、各专门委员会牵头，组织相关参加单位和委员、政协跑线记者、政府有关部门，对已经确定的协商议题开展专题调研、专题咨询，在广泛征求意见的基础上形成初步的对策方案，再在专门座谈过程中确定解决措施。同时组织参加过议题协商的政府部门负责人、政协委员和媒体记者，以及邀请被访谈调查的社区工作者、社会组织、单位企业、群众代表参加制作电视专题节目，并定期在报刊专栏上刊登协商进度和成果。通过“台下协商+台上展示”的方式，扩大议题影响力，形成全市热门话题，推动协商成果尽快落地。

（二）“有事好商量”制度化建设

广州市“有事好商量”协商平台的建立，是全面贯彻落实全国政协关于“懂政协，会协商，善议政”和“有事多商量，有事好商量，有事会商量，通过协商凝聚共识、凝聚智慧、凝聚力量”的要求，推进人民政协协商民主广泛、深入、有效发展的举措。目的是通过促成市政协年度政治协商、民主监督议题与市政府年度工作同频同声，使市政协工作与市委、市政府中心工作步调一致；通过促成市政协年度政治协商、民主监督工作与市政府相关部门同台同步进行，共同听取各方意见、共同提出协商意见、共同办理协商意见，实现市政协的协商成果与市政府的办理“无缝”对接；通过促成市政协年度政治协商与民主监督一体化，融协商于监督之中，融监督于协商之中，融协商、监督于舆论之中，彰显协商式监督和真诚协商、务实协商、有效协商的特色优势，发挥让人民群众感到政协委员就在身边、人民政协离自己很近的作用与优势。

广州市“有事好商量”协商制度有以下鲜明特点：一是体现党对社

会主义协商民主建设的领导。“有事好商量”以党的领导作为根本和前提，一方面，将政协计划提交市委常委会会议审议，纳入市委工作范围；另一方面，将议题实施方案与市政府沟通，正确将协商工作与市政府年度工作安排无缝衔接。市政协党组主要承担组织领导，确保每期议题都由党组成员全程带队组织专题调研、座谈协商，对协商过程给予统筹和保障，督促协商成果落地见效。二是体现人民政协作为协商民主重要渠道和专门协商机构的作用。“有事好商量”旨在发挥政协代表性强、联系面广、包容性大的优势，构建起党委领导、政府主导、政协统筹、群众参与、媒体配合、社会联动的民生实事协商机制，畅通全过程、多角度的协商，体现政协协商的专业性，增强政协机构的纽带功能。三是体现协商民主制度化和程序化的特点。协商的目标是探索更完备的专门机制，覆盖议题设立、议题沟通、议题落地和议题监督全流程。在议题设立上，将党委政府中心工作与群众反映强烈的问题对接，形成常态化议题协商机制；在议题沟通上，建立联合调研机制，确保相关部门、企业、社会组织和相关群众代表均能参与调研过程，并充分熟悉协商流程；在议题落地上，建立督办落实制度，建立融媒体传播机制，在扩大社会关注度的同时，主动接受社会各方面监督，推动协商结果按时按质完成。

1. 聚合多方参与，构建多主体联动协商机制。民生实事协商要求联合多方力量参与，发挥各领域、各利益群体的智慧与担当。广州市“有事好商量”自举办之日起，就提出发挥政协的组织协调力，搭建政府、市场、社会三位一体的协商联动框架，目标是在协商中体现“党委高度重视、政府大力支持、政协精心组织、群众深度参与”的特点，既确保协商平台建设的正确方向，又形成政协“想为且能为”的局面。为此，“有事好商量”行动部署做出以下创新安排：第一，确保党委领导。《办法》提出，党委要总揽全局，协调各方，确保协商依法开展，有序进行，协商活动始终得到市委的重视和支持，协商议题报市委确定，协商过程中的重大事项及时向市委请示汇报，协商办理结果要报告市委并通过一定形式公布。协商平台自创办以来，得到时任市委书记、市长和相关部门主要负责人的大力支持，其中市委书记定期参与年度民生实事座谈会的选题审议会，并审阅实施细则方案。第二，争取政府支持，年度协商议题均与市政府反复协商、共同确定。依照《办法》规定，政府应大力推动有关职能部门积极参与协商活动，及时回应协商建议和意见，抓好协商成果办理，每个议题协商须有关职能部门负责人参加，确保协商工作与党委、政府工作步调一致，协商过程中遇到需要现场协商的情况，要求政府部门领导到协商现场，直接听取委员和群众代表意见建议，现场研究制定具体工作方案和工作举措。第三，以政协组织为基础，由市政协主席担任组长，市政协主席会议成员、市政府办公厅领导和主要媒体负责人参加的领导小组，确立了市政协办公厅牵头统筹、专委会具体协商、各区政协支持配合、电视台策划录播、记者全程跟踪报道的工作机制，规定每期协商都由1～2名市政协副主席负责主抓，由相关政协专委会负责制发协商方案、协调协商主体、细化协商流程、组织协商活动、跟进成果办理等具体协商工作，确保协商过程有序推进。第四，鼓励各界别委员和群众融合参与，邀请有关界别政协委员和民生议题利益攸关的群众代表全程参与协商，会同有关政府职能部门负责人、党派团体代表、专家学者组成联合调研组，共同开展调研视察、讨论协商。

2．精选基层民生议题，建立应商尽商机制。如何在纷繁复杂的民生事项中甄选出可协商、能奏效的题目，破解过去在协商中屡屡出现的面面俱到、蜻蜓点水式协商问题，是新时代下推动新型协商发展要解决的难题。“有事好商量”民生实事协商平台坚持“应为且须为”的问题导向，以集中有限资源、重点突破、立足基层社区为原则，开展“焦点式协商”，实现“有所为、有所获”的目标。在议题征集阶段，尽可能广开言路，以建设宜居宜业城市社区为主线，在两个年度内完成教育、医疗、食品卫生、养老、交通、社区环境等重大问题的协商。为此，平台建立了协商议题的初审流程，优先考虑从政府工作报告、年度“十件民生实事”征集、政协协商座谈会、专题调研、政协提案、社情民意信息等渠道范围进行收集，同时也补充市委或其他职能部门的建议。从最终议题来看，诸如“推动老旧房屋加装电梯”“加强社区养老服务设施建设”“推进家政服务培训和规范管理”“加强业委会建设”“探索建立社区0～3岁婴幼儿保育指导中心”等议题，都突出体现了“应为且须为”“面向基层群众”的要求。[①]在议题决策上，除市委指定议题外，由市政协办公厅主动与市政府办公厅、相关职能部门对接，选择已经纳入政府工作安排的大事、社会普遍关注的实事和应办而暂时未办或者办不了的难事，统筹确定9～10个议题并报市委备案，把市委、市政府改善民生工作与政协民生协商工作对接为一体。在实施过程上，结合政协各专委会职能统筹安排，每个专委会牵头负责1～2个议题协商组织实施，个别议题由2～3个专委会联合承办实施，每个议题制定协商工作方案和流程，明确时间表，画好路线图，为协商工作顺利推进提供遵循。

3．以事实为依据，建立调研常态化机制。能不能提出科学的、专业的、可操作的意见建议，取决于对事情民情的掌握是否充分。“有事好商量”民生实事协商平台将常态化调研作为谋事之基，突出现场调研、比较调研、政策调研、座谈会调研，尽可能将职能部门、咨询专家、相关群众代表、社会组织等列入调研名单中，以“可为又善为”作为调研的目标。一是成立联合调研组，邀请相关界别政协委员、政府职能部门负责人、专家学者、群众代表、媒体工作者等加入，要求每一个议题都必须下沉一线开展调查研究，并以充分获取历史经验、国内外城市举措等相关资料作为基础。二是确保调研过程的无障碍沟通，充分使用书面协商、对口协商、会议协商、线上协商等形式，在政协专委会与政府职能部门之间，由各专委会主任牵头负责，局以上政府部门领导干部参与，确保沟通“不断链”；在政协委员与人民群众之间，组织政协委员走进街道社区、走进百姓家中，传达“上情”，了解“下情”，全程体现政协委员就在身边；在群众与群众之间，引导大家参与议事、当面协商、寻求共识，营造“一家

① 韩莹莹、李宁宁：《搭建“有事好商量”民生实事协商平台，推动广州社会治理创新》，《中国行政管理》2021年第3期。

人”“一家亲”的和谐氛围。三是基于科学调研和专业能力提出对策建议，主要是依托政协的人才队伍优势和组织网络资源优势，邀请相关民生问题领域的专家学者指导协商、参与协商，以“聚人”“聚心”来“聚智”“聚力”，以“金点子”“巧法子”提出“好建议”“好措施”，保证协商成果经得起事实检验、经得起社会审视、经得起群众评判。

4. 运用全媒体展示协商过程，建立协商全过程发声机制。由市政协牵头，围绕开展民生实事协商，创办“有事好商量”民生实事协商电视电台节目、报刊网络专栏、微信公众号，形成融媒体传播平台，把录制协商节目、展示协商过程、宣传协商成效作为重要环节，使协商活动面向社会开放、协商成果面向社会公布。在电视平台，广州全国首创了协商电视节目模式，由市政协负责组织市委、市政府、群众代表、企业、社会组织等参与节目制作，在协商平台上公开展示调研成果、议事过程和决策结果，创造性提出“有问必答”环节，提升现场互动效果。节目每月由广州电视台在主要频道黄金时段播出，广州广播电台同步播发音频节目。在平面媒体方面，依托人民政协报、南方日报、南方都市报、广州日报等媒体对协商前、中、后全过程进行跟踪报道，多角度采写评论和专栏文章。在网络媒体上，由广州市政协设置“有事好商量”网络专栏，创办“有事好商量”微信公众号。在全媒体覆盖的基础上，“有事好商量”建立了报纸、广播、电视、网络、移动在线多平台联动推广机制，每年在全国性媒体如中央电视台、新华社、人民日报、光明日报、全国政协网等上发表广州协商平台动态与成果数十篇，扩大了广州协商活动在全国的知名度。协商平台还专门谱写了《有事好商量》主题曲，用歌声唱响“有事好商量，众人的事情由众人商量”主旋律，发出新时代协商民主的好声音。此外，为了及时迅速回应社会群众的疑问和意见，协商平台建立了网络答复页面和服务热线，一方面向社会介绍民生实事办理情况，另一方面是公开回应群众期盼和社会期待。例如在2019年议题“解决社区养老配餐”议题上，当时的广州市市长就在平台上回应了政协委员的建议和群众代表的诉求，强调要积极担当作为，推动社区竞争网格化管理，多措并举改善养老配餐条件，提升市民的获得感、幸福感。

5. 确保协商成效，建立协商落地跟踪保障机制。协商结果的落实成效，不仅是对协商质量的体现，还影响了下一次协商的可信度和参与积极度。为此，“有事好商量”协商平台在协商成果的执行、跟踪与反馈上进行了制度安排，通过建立政府与政协联合督办工作机制，实现市政协的协商成果与市政府的办理“无缝”对接，及时向参与协商的各方代表和社会公布办理情况。在协商落地后，平台还有专门的跟踪队伍和评估机制，以问卷调查、第三方评估、群众代表回访等方式加强对协商成效的掌握，对尚存遗漏或落地不到位的情况，平台将移交相关部门督促整改，或者开展二次协商、再次办理。自“有事好商量”协商平台搭建以来，通过数次的成果落地，让政府部门和群众都看到了协商的实效，改变了过去双方对协商的认知。前者找到了推进民生难事的抓手，后者则看到了解决民生问题的可能，逐渐从以往对协商民主的回避、无用变为主动参与、积极建言献策。协商平台所遴选的三十多个项目大部分取得了显著成效，解决了困扰政府、基层、群众多年的难题。例如在“提高老楼房供水质量”议题上，经过深入调查和协商座谈，专门委员会与联合调查组摸清楚了广州中心城区中存在二次供水质量问题的老旧社区数量，并找到了当中无物业、无管理、无资金的关键问题，最终推动了广州市出台《广州市供水用水条例》。采纳协商成果提出的“费用入水价，服务到终端”对策，明确用户共用用水设施交由供水企业负责维护，打通了二次供水“最后一公里”的老问题。①

6. 规范协商流程，以地方法规形式定型协商全过程。要将数次协商的经验转化为成熟、定型的协商规范，最终出台可供遵循的规章制度，为可持续协商提供法规保障。“有事好商量”协商平台由广州市政协提议，经市委审批同意，将协商民主纳入重大民生事项的“制度链条”，先后出台

① 广州市政协：《广州市政协协商平台热议老楼房供水难题》，人民政协网，2018年7月18日，http://www.rmzxb.com.cn/c/2018-07-18/2114294.shtml.

《“有事好商量”民生实事协商三年行动计划》《创建“有事好商量”民生实事协商平台工作方案》，对协商的内容、形式、机制和组织实施程序进行了规范。在总结协商平台运作经验的基础上，由市委召集、市政协协助制定印发《广州市开展“有事好商量”民生实事协商办法（试行）》，对协商平台建设的指导思想、基本原则、主要内容、协商形式、协商程序、保障机制做出了制度性安排，使协商程序有章可循、有序可遵。在参与协商主体上，试行办法规定了协商范围，纳入应当协商的主体包括职能部门、政协委员、党派团体、基层组织、群众代表、专家学者、社会组织等，平台依法保障上述参与主体的知情权、参与权、表达权和监督权。在协商方式上，试行办法提出在传统的会议协商、调研协商、对口协商基础上，新增融媒体协商、网络协商，明确市、区两级政协牵头搭建协商融合平台。在协商结果公开方面，提出建立政府与政协联合督办工作机制，组织检查，跟进落实协商成果，协商办理结果要报告市委并通过一定形式予以公布，并不定期组织回访，采取第三方抽查评估方式对协商成效进行评估。在制度保障方面，试行办法提出党委总览全局、协调各方的定位，确保协商依法开展，有序进行，而政府应大力推动有关职能部门积极参与协商活动，及时回应协商建议和意见，抓好协商成果办理，确保每个议题协商须有关职能部门负责人参加等。以《“有事好商量”民生实事协商办法（试行）》为标志，广州市协商平台作为广州全面深化改革的一项重要创新成果获得中共中央组织部肯定，在全国范围内加以推广，成为广州在新时期改革攻坚克难的典型案例。

（三）“有事好商量”协商平台的实践案例

1. *案例一：老楼加装电梯*

“老楼房的电梯梦”是“有事好商量”协商平台的第一个议题，以广州市政协社会法制民族宗教委员会的提案“关于加大力度推进老旧住宅加装电梯，解决老人下楼难问题”为基础扩展而成。议题确定后，以政协委员、街道工作者、电梯公司、物业公司、市场监督局技术部门、居民代表等组成的联合调查组对广州市现有老旧楼房进行了摸底调研，发现广州市在七至十层住宅楼房中多数没有按照国家《住宅建筑设计规范》要求设置电梯，数量大约有4万栋。虽然广州市每年批准加装电梯的审批量位居全国之首，但仍无法满足群众的实际需求。2017年10月至12月，联合调查组与相关部门进行了讨论，对呼声较大、矛盾较为集中的广医社区、广氮社区、同德围社区进行现场咨询，与居民和基层部门进行了面对面沟通，其中时任广州市政协主席还多次参与了现场调研。最终，课题组指出广州市加装电梯存在的主要问题：高低层住户矛盾的协调措施乏力、各区政策不统一、部门间协调统筹不力、建设资金筹集困难、政府部门审批条件不清晰和审批流程过于繁琐复杂、建成后后续维护管理难等六大问题。

据此，调查组提出对策建议，要求发挥各级政府在组织引导加装电梯上的统筹作用，在市一级成立由分管副市长牵头、相关职能部门一把手参加的加装电梯工作领导小组；切实简化办事流程，加快审批速度；提供财政资金补贴；为底层住户利益补偿制定参考标准；加强业主之间沟通，成立业主委员会，实现电梯后续维护的良性自治；加强宣传发动与服务指导力度。由于发动了全市主要媒体参与，该议题在启动之日就受到了广泛关注，市政协与市国规委、市质监局、荔湾区委、天河区委等开展对口协商，形成了具体的办理意见。经过酝酿，在随后广州电视台播出的“有事好商量”民生实事协商平台节目中，广州市政府相关部门的负责人在现场介绍了加装电梯的政策与流程，并回应各方提出的问题，展示了解决加装电梯问题的决心。

据统计，自“老楼房的电梯梦”协商议题推进后，仅半年时间，广州市已经完成加装电梯审批567宗，相当于过去三年的审批工作量，荔湾、海珠、天河、越秀、黄埔、花都等区相继发布加装电梯工作方案，出台财政补助政策，成立区委领导负责的加装电梯工作领导小组，组建了加装电梯服务中心，设置加装电梯咨询窗口，为群众提供“一站式”服务。其中，荔湾区、海珠区、越秀区、天河区等老旧楼房较多的地区明确对符合条件的加装项目给予每台电梯10万元财政补助的规定（黄埔区和花都区按照每台15万元标准补助）。另外，对民政部门认定的低保、低收入等困难家庭，越秀区额外给予最高5万元的补助，黄埔区全额补贴该家庭因增设电梯而需要承担的费用。在落实电梯加装过程中，“有事好商量”平台还成立了后续监督评估小组，重点关注电梯后续的管理问题，并督促各区政府出台补充办法。随后，番禺区提出“电梯事务社区治理模式”，在社区议事中增加电梯管理项目，解决保养维修纠纷。越秀区试点“电梯托管管家”，统一公布电梯托管服务内容、收费标准、服务响应规范，并在全区推广专业化托管管理。据市政府政务热线统计，随着“有事好商量”对该议题的持续推进，市民对加装电梯的咨询热度明显提升，群众对于成功实现加装电梯的信心明显增强。此外，由于加装电梯工作获得了媒体高度关注，形成了政府、社会、居民共同监督的良好氛围。

2. 案例二：养老助餐配餐服务

截至2020年底，广州市60周岁以上户籍人口接近180万人，占全部户籍人口数约18%，超过全国平均水平。在老人自身年纪增长不适宜做饭、子女长期工作在外无法照顾的情况下，如何解决老人一日三餐问题，是一项实实在在的民生工程，也是提升城市宜居水平的重要内容。在2018年广州市政府征集的“十大民生实事”中，实施养老助餐配餐服务工程成为最受市民关注的项目。市委主要领导多次对推动长者食堂作出指示批示，分管市领导主持召开各区、部分重点街镇座谈会和市养老“大配餐”服务提升工程现场会议。为了推动项目落地，市政府委托市政协对此进行专题协商。在协商调研之前，市政协社法委与市民政局对调研方式进行了交流，在民政局的引导下拟定职能部门，从全市现有助餐配餐点当中选取了4个区共计8个街道开展调研，此外还收集了国外一些先进城市开展养老餐饮公共服务的资料。调研初期，市政协根据个人特长、工作经历、履职表现等选取了部分委员作为专题协商的主要人选，并在镇街、社会组织、企业代表、居民代表中选择合适人选加入协商调查组。在为期两个月的调研行程中，调查组到各社区配餐点实地考察老人用餐情况，通过与老人就养老助餐配餐工作直接交流和征求意见，发现了老人就餐刷卡系统漏洞、申请流程不统一、个别街区补贴落实不到位、配送方式不科学、食堂相关信息获取程序不清晰等关键细节问题，提出了相应的优化建议。

在协商议题的推动下，广州市人民政府在年中追加项目经费800余万元，用于就餐和送餐补贴，部分人群集中度较高的社区还增加了周末和节假日的供应。并在第二年将项目支出费用列入统筹推进中央财政支持的居家和社区养老服务改革试点和广州市“3+*X*”创新试点名单中，每年安排3000万经费用于推进社区护理与长者食堂关联服务，引导社会力量增强社区居家养老服务综合平台建设。2018年3月，广州市民政局和广州市食品药品监督管理局出台了《关于印发优化城乡养老助餐配餐服务网络提升助餐配餐服务水平工作方案的通知》《关于迅速落实市领导批示精神优化提升养老助餐配餐服务的通知》《关于进一步明确市本级助餐配餐服务补贴资金使用有关事宜的通知》以及《关于“长者食堂”经营许可及监管工作指引的通知》等主要文件，完善该项目的配套体系。在提升就餐信息上，全市统一印发《长者助餐配餐服务指引》，加强入户宣传和社区宣传，并采纳了协商调研组提出的全市统一就餐信息数据、完善长者就餐数据实时更新数据库等建议，将全区各自的信息资源进行合并，重新设计刷卡就餐流程，开发上线助餐配餐信息平台和App，实现网上申请、刷卡结算、实时查账等关键功能。此外，利用数据分析结果，合理优化资源投入分配，对日均就餐人数较少、供餐能力不足、选址明显不合理的饭堂及早进行调整；对老人居住密度较高、服务需求集中的区域，增加设点密度，使供应能力与实际需求更匹配。在协商议题完成后，广州市养老助餐配餐服务质量有了明显提升，全市新增长者饭堂1002个，初步形成了社会化集中配送、社区门店+助餐点助餐、养老机构辐射服务、委托运营助餐机构等四种各具特点的服务模式，基本形成了市中心城区10～15分钟内、外围城区20～25分钟的全覆盖服务网络。

四、推动政协协商向基层延伸

政协协商向基层延伸，是协商民主制度建设的重要举措。基层协商是社会主义协商民主的重要渠道，是“多层”协商民主的基础和根基。人民政协的性质、地位和职能界定，决定其是实现和推进协商民主的重要平台和载体。作为专门协商机构，人民政协具有覆盖全面的组织架构、积淀深厚的协商经验、规范成熟的制度体系和平等友善的协商氛围等优势，可以为基层协商工作提供组织保障、实践支持、制度基础、渠道支持和精神引领，为政协协商与基层协商有效衔接提供必要条件。推进政协工作向基层延伸，有利于人民政协拓展工作空间、健全工作网络、延伸工作触角、完善组织体系，永葆人民政协事业的生机和活力。

（一）广州市政协基层协商的基本原则

人民政协如何准确地对自身进行定位，在向基层延伸的过程中，拿捏好延伸的“度”，如何始终坚持党的领导、人民当家作主、依法治国有机统一起来。广州市政协经过多年的探索，总结出了一套基层协商的基本原则。

第一，“尽职不越位”，始终坚持党对协商民主建设工作的领导地位不动摇。在推进政协协商向基层延伸的过程中，政协既要充分发挥自身的优势，又要坚持党委统筹，什么时候都不应“越位”。只有将这项工作纳入党委的中心工作，才能充分调动一切积极因素，形成强大的工作合力，真正推动政协协商与基层协商的有效衔接。坚持党的领导不是一句空话，它需要通过一系列的制度安排来实现。首先，坚持党的领导必须有组织保障。将推进政协协商向基层延伸纳入党建工作考核，并占不低的分值，赋予工作以强劲的动力。其次，党的领导必须体现在协商过程的每一个环节。在几乎所有的案例中，这一点都体现得非常充分。协商议题报基层党组织同意，协商参与者中党员干部占有一定的比例，协商议事会的成员也是由党组织批准，协商过程由基层党组织主持，协商结果报基层党组织批准后组织实施。这些措施和机制为工作开展提供了强有力的保障。

第二，“搭台不唱戏”，在基层协商中当好人民群众的配角。政协协商向基层延伸，不是要用政协协商取代基层协商，而是要去推动基层协商的开展，对之进行指导，使之更加完善。其触角所到之处，是基层协商的主场。政协的主要任务是搭台，而不是唱戏。否则，不仅耕不好别人的田，还会荒了自己的地。在议题的提出和协商过程中，城乡社区居民都能发挥主体作用。每次协商议事会议，利益相关方代表人数不少于总人数的50%，最大限度地保证人民群众作为协商主体的地位。有些地方还尝试由利益相关方组成监督小组，负责监督协商成果的落实。人民当家作主不仅要靠制度，还要靠人。就像政协委员必须会协商、善议政一样，基层群众也必须习惯用协商的方法来解决问题，并懂得如何协商。这就需要通过协商文化建设来培养群众的协商习惯，形成维护协商制度的强大观念力量，确保协商制度的权威性和有效性。

第三，“指导不主导”，用制度建设保障基层协商行稳致远。只有按照党的十九大的要求，“形成完整的制度程序和参与实践，保证人民在日常政治生活中有广泛持续深入参与的权利”，才能真正保障基层协商行稳致远。在协商过程中，要善于运用法律知识。基层协商中的很多冲突或误解都是由于对相关法律不了解所致。如果能邀请专业的律师，或对法律比较熟悉的政协委员参加协商，将有助于提高协商的效率。政协协商向基层延伸最重要的目标之一是用政协协商的理念和经验浇筑基层协商的制度规范，推动基层协商提质增效，保障基层协商行稳致远。政协组织和政协委员下沉基层，其主要任务是“指导”而不是“主导”，一方面指导基层干部群众如何开展协商，一方面指导基层党组织建立行之有效的基层协商制度和规范。

（二）广州市政协基层协商的主要做法

广州在推动政协基层协商上，主要通过四种方式来实现。一是平台延伸，即在镇街基层搭建政协协商的前置平台，以平台建设为延伸提供有力支撑。二是工作延伸，即在政协协商实践中，将政治协商、民主监督、参政议政等职能发挥拓展到基层。三是活动延伸，即政协协商活动安排，议题选择要围绕基层、协商参与者要主动邀请群众参加。四是委员延伸，即推动政协委员下沉到基层，设立“政协委员工作室（站）”等，切实服务民众。

1. 保障政协基层常态化运作

过去在基层协商实践探索中，不同程度地存在着协商活动安排随意性、协商程序不确定性、协商反馈不及时性等问题。为确保基层协商能够及时、准确、有效，广州市建立了政协联系基层常态化运作机制。一方面，市政协建立健全情况通报制度和知情明政机制，政协领导分片包干与委员建立常态化联系，及时通报广州经济社会发展情况和政协重点工作部署，协调市委、市政府职能部门为委员提供对口协商咨询服务。通过“穗协通”履职App、政协门户网站、微信公众号、常委微信群等载体，定期发送工作简报、社情民意、提案线索等资讯，为委员提供全天候、自主式、菜单式的信息资料查询模式。另一方面，注重发挥桥梁纽带作用，引导委员围绕中心工作，合理把握“大”与“小”、“冷”与“热”的关系，科学开展调研，在委员发现的问题与党委、政府关注的重点之间做好对接。

党的十八大以来，广州市政协陆续完成全市街镇委员联络机构全覆盖，推动建设1340个“委员工作室”，组织委员深入社区、深入群众履职。每年组织各级政协委员参加“委员工作室”履职6000多人次，协调解决群众反映的困难问题3400余件。让群众真真切切感受到“政协离得很近、委员就在身边”。市政协通过政协门户网站、委员办公平台、微信公众号等载体，定期发送工作简报、社情民意、提案线索等资讯，为委员提供全天候、自主式、菜单式的信息资料查询模式。广州市把握政协组织作为政治组织、统战组织、协商机构的性质特点和工作规律，以党的建设统领政协自身全面建设，探索建设“火柴”型组织，致力传递党的光辉、汇聚各方能量、点燃委员热情，用心用情凝聚共识、汇聚力量。

海珠区在推动政协委员联系基础常态化上做出了突出成绩。2015年6月，海珠区政协在全区18个街道成立了政协委员街道工作室，委员按照工作地（或居住地）分18个组做了街道工作室“室主”，主要负责收集和反映社情民意，建立常态化的基层协商机制，加强各方面的协商互动，寻求和凝聚共识，化解矛盾纠纷，为街道经济发展、城区管理、维护稳定等建良言、献良策。辖区内中大布匹市场“五类车”［电动车、摩托车、三轮车、残疾人机动轮椅车、改装（拼装或报废）车］管控历来是个老大难问题，街道工作室的政协委员通过进行调研、商讨，探求具体可行的管理办法，提出了对中大布匹市场划定范围，在边界竖立明显标志，进行园区化管理的方案。同时，在市场边界设立货物中转站，由专门货车与场内的“五类车”对接，确保货物流通，大幅减少“五类车”数量，由于调研及时准确，方案迅速得到了采纳。①

黄埔区政协开展委员联络站“协商进社区”活动，围绕“城市更新”“基础设施建设”“环境整治”等重点工作，定期组织政协委员下沉到各社区接访群众，听取民声、收集民意。活动在组织形式上呈现出“接访+”的综合特色，通过“接访+调研”“接访+视察”等方式，实地了解居民生活，切身体会基层诉求。在活动中，政协委员收集和总结市民群众反映的普遍问题，如：在城市更新方面，包括旧村拆迁现场无围蔽存在安全隐患、临迁补贴和征地款项尚未到位、旧改安置小区公摊面积和回迁方案尚未明确、城市更新过程中古文物保护问题尚未明晰；旧改背景下农民搬迁，缺乏就业门路以致就业率不高等。在基础设施建设方面，则有社区缺少完备的停车标识，且停车位紧缺，各类车辆乱停放影响出行；小区未配

① 林仪、揭春雁、廖娴君：《广州海珠区政协积极探索基层政协民主协商平台》，人民政协网，2016年4月28日，http://www.rmzxb.com.cn/c/2016-04-28/787161.shtml.

置电动车充电桩，居民私拉充电线路存在安全隐患；下水道年久失修排水不畅，水浸现象频发；居民休闲娱乐场所有限，文体活动区域小；等等。此外环境整治中也存在企业污染排放、造成粉尘和噪声污染、滞留垃圾滋生蚊虫等。在交流互动中，委员们细心化解基层矛盾，助推解决民生问题，广泛凝聚共识，积极建言资政。

2. *以数字政协密切群众关系*

进入新时代，政协工作的一个鲜明特征就是坚持建言资政与凝聚共识双向发力。中国8亿多网民通过互联网深入参与社会生活和政治生活各个方面，其广度和深度在中国民主政治进程中前所未有。人民政协要把党的主张转化为社会各界的共识，就要通过有效的方式，把凝聚共识工作做到群众中去，做到互联网上去。

为深入贯彻落实党中央关于建设网络强国、数字中国的战略部署和全国政协关于开展网络议政、远程协商的要求，广东按照“顶层设计、需求牵引，资源整合、统一标准，有序推进、保障安全”原则，高标准建设“数字政协”。2020年1月，广东“数字政协”平台正式上线开通，平台为人民群众与政协委员搭建了一个全天候、无障碍的沟通平台，使得政协委员更快速、便捷地了解社情民意。“数字政协”建设深度融入“数字政府”改革发展进程，充分利用广东省政务云平台、政务大数据中心、公共支撑平台等基础资源平台，构建委员履职服务、委员与社会公众互动、政协机关综合保障三大体系，打造履职、协商、互动、资讯、智库五大功能版块，委员可以通过平台在线提交提案、报名参加履职活动、参与协商和会客等，实现全新的“掌上履职”。平台上开设“远程协商”“一委一品”“助力大湾区建设”等协商栏目，组织参加政协的各党派团体和各族各界人士，围绕党委政府工作的重点、群众生产生活的难点、社会治理的焦点开展充分协商交流，广集良策、广聚共识。同时，探索将政协开展的部分专题协商、对口协商、界别协商同步到平台上，会内会外广泛参与，线上线下同步进行，努力营造“有事好商量、众人的事由众人商量”的浓厚氛围，最大限度凝聚智慧、汇聚力量。政协委员在专区的“委员会客室”“观点PK台”等栏目，可以与界别群众、社会公众开展常态化的双向交流互动，广泛传播党的主张和协商形成的共识，协助党和政府做好协调关系、理顺情绪、化解矛盾的工作；也可以收集社会各界关注的问题和界别群众的利益诉求，转化为提案或社情民意信息，上升为政协组织协商议政、民主监督的课题，把凝聚共识工作做得更深更细更实。

广州是广东省首批接入省数字政协的城市，在建设政协大数据中心和远程协商系统、社情民意系统、辅助决策系统、数字档案系统、融媒体宣传矩阵、机关事务保障系统、“委员之家”系统等方面提供了场景和数据资源支持。利用平台的资源，市区两级政协委员可以便捷地对接党政部门和社会各界，更全面知情明政，更高效协同合作。广州数字政协建设的主要职能包括通过打造政协委员履职新品牌，促进网络协商议政活跃有序，搭建联系群众互动新平台，开拓政协宣传报道新方式，优化平台用户使用体验等。

3. 让群众走入政协

政协协商向基层延伸的一个重要方式，就是从单向延伸走向双向嵌入，不仅将委员嵌入到了城乡社区，而且让基层群众走入政协。广州市政协在开展协商活动时，还注重邀请基层的普通群众观摩，让更多的人在眼见为实中培育协商文化，增强造血功能。主要做法包括：一是界别委员小组吸纳界别群众参加活动，在小组活动中实行委员同界别群众的互动交流。二是开展政协主席同界别委员约谈日活动，集中听取界别的意见和建议。三是政协领导邀请政府有关部门负责人到街道直接听取企业、社区和市民代表的意见建议，现场答复或处理问题。四是邀请民主党派成员列席政协专题协商会议就他们关心的问题了解委员的见解和政府部门的情况通报。五是组织政协委员到单位或居住所在地社区同市民群众面对面交流情况，了解社情民意。六是在社区设立政协委员信箱、建立社情民意信息直报点或开通政协网站来收集市民的情况反映。七是政协组织的专项视察和专题调研，邀请相关的民主党派代表参加。八是发动市民通过网站评议提案办理情况。

习近平总书记强调，人民政协要引导参加人民政协的各党派团体和各族各界人士深入学习党的创新理论，学习时事政策，学习中共党史、新中国史和统一战线历史、人民政协历史，树立正确的历史观和大局观。[①]2019年底，广州政协文史展示中心正式开放，中心设有“人民政协与新中国诞生展”“广州人民政协光辉历程回顾展”两个固定展，有250多件实物史料、1100多幅图片、50多个视频、10多个情景还原和大型多媒体互动展项，众多历史资料首次对公众展出。广州政协文史展示中心一楼是广州市多党合作宣传教育基地，设有“广州多党合作之路展”，展示了我国多党合作事业的光辉历程、多党合作事业在广州的发展以及多党合作助力广州发展等内容。此外，文史展示中心还具有文史收藏和研究、会议交流、文化活动、小型演出等功能。建设广州政协文史展示中心和广州市多党合作宣传教育基地，是贯彻落实总书记讲话要求的具体举措和实际行动，是市政协和市委统战部的重要工作，也是搭建凝聚共识载体平台的重要探索。[②]

4. 加强基层政协委员队伍建设

过去一段时期，基层政协委员队伍中出现一些问题，如有的人士当了政协委员以后长期不参加政协的会议、视察和调研活动，几年不交一份提案，不报一条社情民意信息，政协委员作用长期缺位；有的委员缺乏角色意识和主体意识，对委员的职责、作用和地位认识模糊，认为当委员就是“领导决策，我们举手”，成了“举手委员”；有的委员光荣感有余，使命感不足，认为自己“人微言轻”“管不了大事，起不了作用”，不能很好地利用宪法、法律和《中国人民政治协商会议章程》赋予的权力履职履权，成了“挂名委员”；有的委员只满足于做好本职工作，不愿意履行委员职责，总习惯于“热热闹闹三五天，冷冷清清又一年”，参政履职成了一句空话。近年来，广州市为提升基层政协委员履职能力和履职积极性，

① 习近平：《在中央政协工作会议暨庆祝中国人民政治协商会议成立70周年大会上的讲话》，《求是》2022年第6期。

② 林仪、揭春雁、曾健萍：《让历史活起来 把人心聚起来——广州政协文史展示中心打造特色平台》，人民政协网，2020年9月16日，http://www.rmzxb.com.cn/c/2020-09-16/2669858.shtml.

在委员准入、管理、监督等多方面进行了改革。一是完善委员管理基本制度，要求委员每年必须参加一次会议、提供一条社情民意、撰写一份提案、参加一次视察等，将此作为对基层政协委员的基本要求。二是完善激励机制，建立委员活动档案，将每位委员出席政协会议、参加活动、撰写提案、报送信息等履职情况集中汇总，作为评价考核委员履行职责状况的依据之一，实现政协委员在思想认识上由“要我作为”向“我要作为”转变。大力开展优秀提案、优秀调研报告、优秀社情民意、履职突出的优秀委员评选活动，引导委员正确处理社会荣誉和社会责任的关系。三是完善委员联系制度，在政协内部明确专门机构做好委员联络工作，建立政协领导、专委会联系政协委员制度，与委员保持经常性沟通；建立与委员所在界别、党派、单位沟通的渠道，取得他们对委员工作的支持，同时也对委员工作实施监督。四是健全委员参会约束机制，把会风建设作为提高履职成效的突破口，建立健全规范政协委员参加会议活动的约束机制。如白云区政协制定实施《政协白云区委员会会议和活动请假规定》，对委员参加会议活动提出了明确要求，并对违反规定不履行职责的现象，制定了相应的处置措施。通过健全约束机制，调动委员参政议政积极性。五是完善进退机制，根据新形势、新任务和新要求，探索建立政协委员产生的协商遴选机制和不合格委员的退出机制，切实克服政协委员队伍中的惰性，有效保持政协委员队伍的整体活力。充分利用换届契机，在委员队伍中适度保留优秀委员骨干，撤换那些只看荣誉、盲目应付的“挂名委员”，积极吸纳优秀新鲜“血液”，让群众认可、代表性强、影响力大、具有较强履职能力的优秀人才进入政协队伍，永葆政协委员队伍的青春和活力。

第五章

打造社区共建共治共享新格局

党的十九届五中全会明确提出“完善共建共治共享的社会治理制度”。“共建”回答的是社会治理依靠谁的问题，即社会治理不仅是党委和政府的责任，而且是社会各方的责任。推动基层治理，就要加强基层民主，坚持群众路线不动摇，充分发挥群众力量，创新群众工作方法，下放权力到基层，做到人人有责。“共治”回答的是社会治理怎么开展的问题，即通过党委领导、政府负责、民主协商、社会协同、公众参与、法治保障、科技支撑实现社会治理的社会化、法治化、智能化、专业化。规范网格化管理，健全以党建为统领、以法治为核心的基层治理体系，可以有效保障基层社会治理，调动群众积极性，做到人人尽责。“共享”回答的是社会治理为了谁的问题，即通过社会治理确保人民安居乐业、社会安定有序，实现社会治理成果共同享有，不断提升人民群众的获得感、幸福感、安全感。政府应深化职能转型，转型成果由群众共享，将资源、服务、管理下放到基层，促进公共服务体系的精准对接，实现人人享有基本公共服务。

村（社区）是社会的基本单元，是人民群众安居乐业的家园，是创新社会治理的基础平台，遵循共建共治共享原则，进一步加强村社治理能力建设，不断推动基层治理科学化、法治化，为平安中国建设奠定良好的基础，对于巩固党的执政基础具有重大意义。村社区治理水平的高低，不仅直接关系着居民的幸福指数，也在一定程度上影响着社会和谐稳定及社会治理成效。近年来，我国城乡村社区治理与服务水平显著提升，但与人民群众的期待还存在着一定差距。比如，村社区治理的科学化、精细化、法治化水平还不够高，村（居）民参与治理的积极性还未被充分调动出来，村社区党组织能力有待进一步提升。在新发展阶段，必须完善共建共治共享的村社区治理格局，全面打通村社区治理的“最后一公里”，让“毛细血管”畅通活络。这既是加强新时代社会治理必须答好的“必答题”和必须做好的“重点题”，也是不断提升居民群众获得感、幸福感、安全感的必然要求。

人心齐，泰山移。从实践看，基层治理的内容不断丰富拓展，几乎涉及群众切身利益的各个领域，如物业、停车、宠物管理、环境卫生、社会安全、矛盾纠纷、土地确权以及各种利益分配。要实现共建共治共享的村社区治理格局，不是基层党组织的“独角戏”，而是多方力量的“大合唱”。要汇聚起磅礴的多方力量，不仅需要情怀担当，也需要有关部门在工作中另辟蹊径，创新村社区治理模式，发挥共建共治共享的作用，使村社区治理中的每个“细胞”都健康、每个因子都活跃，多点发力、各方出力、共同给力，才能合力画好共建共治共享的村社区治理同心圆，为推进社会治理现代化交出一份村社区治理的合格答卷。

2018年，在参加十三届全国人大一次会议广东代表团审议时，习近平总书记对广东在营造共建共治共享社会治理格局上走在全国前列提出了殷切期望，“要形成有效的社会治理、良好的社会秩序，促进社会公平正义，让人民群众安居乐业，获得感、幸福感、安全感更加充实、更有保障、更可持续”。2018年10月，习近平总书记在视察广东时，进一步要求广州实现老城市新活力，在综合城市功能、城市文化综合实力、现代服务业、现代化国际化营商环境方面出新出彩。广州是一座具有2000多年历史、实际管理人口规模超2200万人、经济规模超2万亿元的超大型城市，面临城市人口结构多层、社会矛盾纠纷多样、稳定风险诱因多变、居民群众需求多元等治理难题。广州市按照习近平总书记视察广东时的重要指示精神，积极谋划推动市域社会治理现代化，助推千年商都出新出彩，努力完善“党委领导、政府负责、社会协同、公众参与、法治保障”的社会治理体制，用绣花功夫提升社会治理水平，在营造共建共治共享社会治理格局上走在全国前列。

一、党建引领赋能社区治理

广州市坚持把“旗帜鲜明讲政治”贯穿于市域社会治理全过程、各领域，注重政治引领和政治吸纳，充分发挥党委统揽全局、协调各方的作用，带动社会各方面力量共同参与市域社会治理工作。党的十八大以来，广州以党建引领赋能基层治理体系，“一根针”穿引“千条线”，红色引擎推动人往基层走、钱往基层投、政策往基层倾斜，奠定到基层一线、到群众身边解决问题的基层治理模式。在城市，全市社区划分成19660个基础网格，按照“一网格一支部”“一楼栋一党员”原则，将党建网格与治理网格“双网融合”，把党的领导落实到治理末梢，实现一张网格排查社区问题隐患。与此同时，全市11个区还整合网格化服务管理系统、12345政府服务热线、城市管理等平台，建设“令行禁止、有呼必应”基层治理综合调度平台，实现区、街（镇）、社区（村）三级信息系统、基础数据一体运行。在农村，村党组织对各项工作和各类组织的领导地位持续强化，1144个行政村全面落实村级重大事项决策“四议两公开”。“羊城村官上大学”工程自2012年实施以来，已累计招收12806名基层党员干部参加学历教育，用知识推动乡村繁荣。通过对2759个村（社区）党组织的8轮“拉网式”精准排查、挂点整治，全市192个软弱涣散基层党组织100%提前“摘帽”，白云区大源村更华丽蜕变为中国首个年销售额突破100亿元的“淘宝村”。[①]

（一）完善基层党组织建设制度

为推动市域社会治理现代化顶层设计，广州按照新时代党的建设总要求，以提升组织力为重点，突出政治功能，把企业、农村、机关、学校、科研院所、街道社区、社会组织等基层党组织建设成为宣传党的主张、贯彻党的决定、领导基层治理、团结动员群众、推动改革发展的坚强战斗堡垒。2018年，广州市制定《关于在全省营造共建共治共享社会治理格局走

① 何道岚、申卉、徐雯雯：《广州：党建引领发力 赋能基层治理》，《广州日报》2021年6月30日。

在全国前列中勇当排头兵的三年行动方案（2018—2020年）》，从党委领导、政府负责、社会协同、法治保障、化解矛盾、外来人口融合、公共安全、治安防控、基层治理、文明创建、民生保障、城市管理、产权保护13个核心要素切入，完善优化社会治理的主体、关系、结构，部署推进6大类33项重点工作，系统地推进全国最安全稳定、最公平正义、法治环境最好的地区建设。

2018年，广州市委办公厅印发《广州市加强党的基层组织建设三年行动计划（2018—2020年）》（以下简称《计划》），坚持一年一主题，集中解决关键性、普遍性的突出问题，切实提升基层党组织组织力，明确了2018—2020年每年基层党建工作主题分别为“规范化建设”“组织力提升”和“基层党建全面进步全面过硬”。《计划》提出，根据各领域基层党组织的特点和差异性，坚持分类施策、精准发力，提出实施城市基层党建“六大工程”。这六大工程包括城市基层党建“三融三共”，农村基层党建“引领振兴”，国企党建“强根固魂”，机关（事业）单位党建“三个表率、一个模范”，高校党建“红色堡垒”和两新组织“双强共同体”，以统筹推进城市、农村、国企、机关（事业）单位、高校和两新组织党的建设，全面实现基层党建巩固和发展。组织开展基层党建“十项行动”，共30项具体举措。此外，广州还提出基层党建“十项行动”，包括“铸魂补钙”行动、“头雁”培育行动、羊城先锋行动、创新提升行动、达标创优行动、整顿转化行动、红旗领航行动、基础保障行动、正风肃纪行动、恪守天职行动。在推动基层党组织引领社会建设方面，广州开展红旗领航行动，以基层党建引领营造共建共治共享的社会治理格局。为强化党组织在基层治理中的领导作用，广州将健全党组织领导下的村（居）民自治机制、民主协商机制、群团和社会组织参与机制，做到协商议题由党组织把关，协商过程由党组织牵头，协商结果由党组织督办。为保证党组织在基层建设中的引领作用得到贯彻落实，广州用三年时间，对党章规定各领域基层党组织任务作用的执行情况开展自查自纠，坚决调整一批农村党组织书记，抓好农村后备干部培养，精准排查整顿软弱涣散党组织，规范党组织设置，认真抓好发展党员工作，以制度形式明确农村党组织的领导作用，组织部领导挂点包片督导，强化常态化督促检查等。以此增强基层党组织的组织力、领导力、凝聚力、动员力。2021年，随着广州市上一轮党的基层组织建设三年行动圆满收官，新一轮《广州市加强党的基层组织建设三年行动计划（2021—2023年）》印发实施，广州瞄准全面推动习近平新时代中国特色社会主义思想在基层落地生根、强化党对基层工作的全面领导等7大目标，提出30项具体举措，力争在农村党建、城市党建、两新组织党建和机关党建等关键领域开创新气象。

（二）开展在职党员服务社区行动

2019年，广州大力号召在职党员回社区报到，广州共有27.9万多名在职党员回社区报到，逾3000个单位党组织向属地镇（街）报到，开展服务活动5.1万多次，参与服务活动的在职党员达79万多人次，为群众办实事27万多件。[①]进一步强化单位党组织与镇（街）的共建联系，推动“双报到”工作长效开展，让“工作在单位，服务在基层，奉献双岗位”成为基层党建新常态。在行动中，各级党组织主要负责同志将履行第一责任人职责。除个别特殊情况外，党组织关系在广州市的在职党员（含预备党员）须全员参与此次活动。各社区将成立“党员服务队（突击队）”，由社区党组织择优发动辖内党员报名，把本社区优秀党员、有意愿加入的报到党员纳入，社区党组织书记任队长。各区成立“党群先锋队”，由各区党委组织部统筹选择基础较好、条件成熟的社区，试点打造2至3支“党群先锋队”，择优纳入“党员服务队”骨干、辖区内群众威望高的离退休党员、先进分子和热心人士，确保服务队伍发挥先锋模范作用。“党员服务队”侧重于服务社区、服务群众，主动参与社区急难险重任务；“党群先锋队”侧重于协助、配合社区党组织

① 何道岚、申卉、徐雯雯：《广州：党建引领发力 赋能基层治理》，《广州日报》2021年6月30日。

参与基层治理。通过开展全市党员社区垃圾分类服务专项行动，在全市176个街（镇）和1630个社区（村）建立起生活垃圾分类联席会议制度。这一举措为社区开展工作储备了约30万党员力量。以社区党组织、居委会、业委会、物业公司、志愿者为主体的“五位一体”联动机制，作为联席会议制度深入社区基层的抓手，推动群团组织、社会组织、社区居民等共谋、共建、共治、共评身边事。市委常委和党员副市长将发挥表率作用，带头到社区报到，带头参与服务，带动各级党员领导干部积极到社区报到并开展服务，为广大党员干部树立标杆、做出榜样。

2021年，广州全面启动的党组织、党员“双报到”工作“升级版”——党组织、党员“双微”行动。发动全市各级党组织和广大党员面向镇（街）、村（社区）基层，广泛开展征集、认领和办好民生微项目、实现群众微心愿。“双微”即民生微项目和群众微心愿。具体而言，民生微项目是指辖区内群众关注度高、受惠面广，贴近基层、贴近生活，群众迫切希望解决或开展的为民惠民小微项目、便民利民社区服务、群众群体公益活动；群众微心愿是指群众（含困难党员、老党员等）提出的涉及切身利益的急难愁盼问题，或其他合理的个体诉求。微项目和微心愿主要包括三大类：一是物资帮扶类，如提供学习用品、图书报刊、助学助困金、生活用品、家用电器、医疗康复设备等；二是便民服务类，如走访探视、清洁卫生、环境改造、维修检修、矛盾调解、医疗保健、心理疏导、法律援助等；三是公益发展类，如党课宣讲、政策解读、知识讲座、技能培训、创业指导、兴趣辅导、文体活动等。在实践中，“双微行动”在线下依托全市各级党群服务阵地、新时代文明实践中心（所、站）建立“群众微心愿连锁店”，面向广大党员群众征集、发布、认领、落实微项目和微心愿。广州市出台《“您的心愿、我的志愿”——党组织、党员为群众办实事“双微”行动工作方案》（以下简称《方案》），围绕深入学习贯彻习近平总书记在党史学习教育动员大会上的重要讲话精神，深化“令行禁止、有呼必应”党建引领基层共建共治共享社会治理格局，积极落实“我为群众办实事”实践活动要求，发动全市各级党组织和广大党员面向镇（街）、村（社区）基层，广泛开展征集、认领和办好民生微项目、实现群众微心愿的“双微”行动，积极为群众排忧解难，引导群众感党恩、听党话、跟党走。《方案》明确推进党群服务阵地与各类便民服务实体功能整合，与各部门下沉资源和服务整合，打造布局合理、功能完备、互联互通的党员群众身边“红色阵地”。线上行动则依托“令行禁止、有呼必应”综合指挥调度平台和“穗好办”平台，打造全市互联互通的“党员志愿服务网上超市”，精准对接组织资源与群众需求，营造“群众有事我来帮”“群众心愿我来办”的浓厚氛围。镇（街）党（工）委和村（社区）党组织分别对微项目、微心愿进行梳理、审核，依托“党员志愿服务网上超市”和线下“群众微心愿连锁店”及时对外发布。为实现行动的完整闭环管理，广州市明确了从征集、发布、办理到保障、完成、考核6个环节全流程管理机制，按照一对一、多对一等方式，单位党组织和党员及时承接、认领微项目、微心愿。镇（街）、村（社区）党组织根据微项目、微心愿发布认领情况，适时召集报到及所辖的党组织、党员和群众代表协商共议、筹措资源、多方协力，共同推进落实。对于领办微项目、微心愿所需资金、资源，通过党组织、党员自行认捐筹集，党组织、党员协助联系社会力量、专门机构募集，镇（街）、村（社区）链接辖内爱心企业、慈善公益资源等多种途径予以解决。单位党组织和在职党员完成微项目、微心愿后，要通过“双报到”信息平台提交完成情况。镇（街）、村（社区）党组织及时对服务完成情况进行核查确认。党组织和党员完成微项目、微心愿情况要在本单位“三会一课”和组织生活会上向全体党员报告。单位党组织完成微项目情况纳入书记抓基层党建述职评议考核重要内容，并作为“星级评定”和评先评优的重要参考。党员完成微心愿的情况作为“星级评定”、评先评优和民主评议的重要参考。

（三）为基层党组织赋能

广州把更多的资源、服务、管理下沉到基层，让基层“底气”足、

“腰板”硬。为高标准建设基层党组织活动阵地，广州将镇（街）、村（社区）党组织活动阵地建设纳入城乡公建配套设施的规划建设，多措并举推进基层党组织活动阵地建设。同时，优化提升党群服务中心（站）、公共服务平台的功能。鼓励机关（事业）单位、国有企业、学校、两新组织共建共享、规范建设基层党组织活动阵地。

广州还在基层党建财政投入力度上持续发力。在过去基础上进一步提高基层党组织运转经费和村（社区）“两委”干部补贴标准，探索建立完善村干部退休养老保障机制，设立村（社区）党组织服务群众专项经费。其中，市财政按平均每个街道党工委每年不少于50万元、每个社区党组织和新兴领域区域党委每年不少于5万元的标准拨付党组织工作经费，按各镇（街）农村党员、社区党员、两新组织党员每人每年500元标准划拨党员活动经费，区财政按照1：1标准配套。2020年，广州市每个镇（街）均设有1个面积不少于1000平方米，集党务、政务、村（居）务于一体的党群服务中心，每个村（社区）建设1个面积不少于500平方米的党群服务站，其中新建的分别不少于2000平方米和1000平方米。此外，按每村每年10万元，农村党员每人每年1000元拨付办公、服务、活动经费，让基层有钱办好事。向基层“赋权”，把党的建设、公共服务、社区服务、市场服务等资源和职责下沉到网格，让“喇叭口向下”变“呼声向上”。截至2021年，广州建成2759个村（社区）党群服务站、176个镇（街）党群服务中心，初步连接成“城市15分钟党群服务圈”，“群众家门口的红色阵地”遍地开花。①

在基层党组织人才培育上，广州自2012年起推进实施“羊城村官上大学”工程，对全市村“两委”干部、村级后备干部及农村党员进行大专学历教育，并印发实施“羊城村官上大学”提质扩容工程相关文件，在保持现有“羊城村官上大学”大专学历教育不变的基础上，增设本科层次学历

① 昌道励：《广州发布加强党的基层组织建设三年行动计划》，《南方日报》2018年8月15日。

教育，并将受教育范围由原来农村基层干部向城市社区干部延伸。广州还积极推进农村党组织书记后备队伍人才库，重点围绕党组织软弱涣散、书记年龄老化、集体经济薄弱的村，从带富能力强的村民、复员退伍军人、外出务工经商人员、返乡大学生等的党员中，按不低于1：2比例建立党组织书记后备队伍。同时实行“村推镇（街）选区考察”的培养选拔制度，人选原则上具有大专以上学历、年龄40岁左右，未配备女村委会主任的村优先选配1名女性，符合条件的可担任党组织副书记或委员。

（四）发挥基层党组织抗疫堡垒作用

2021年5月，广州市荔湾区暴发新冠肺炎疫情，广州市坚持把党旗插在疫情防控最前沿。在封闭封控区域，先后成立131个临时党支部、184支党员突击队、277支党群先锋队；全区278个两新组织党组织组建疫情防控党员突击队15支，广大党员就近加入党员突击队，共同参与核酸采样、物资配送和宣传引导。哪里最危险、哪里最艰苦、哪里最需要，哪里就有广大党员拼搏战斗的身影。依托单位党组织、在职党员向街道、社区“双报到”工作机制，荔湾区还要求居住在疫情重点区域内纳入居家管理的在职党员，在符合疫情防控相关政策要求的基础上，全部向居住地社区党组织报到，就地转化为所在街道社区的疫情防控工作者，统一接受街道社区党组织的管理和调配，参加就近社区的人员排查、重点卡口值守、居家人员生活保障、核酸检测等疫情防控工作。

同时段，荔湾区开展“我是党员我先上”抗疫先锋行动，通过实施“党员上楼”“党员报到”“党员带头”三项先锋行动，广泛组织机关党员、在职党员、两新组织党员和社区党员全面参与疫情防控工作，筑牢抗疫“保障网”。全区在疫情防控中组建起社区党群防疫先锋队，设置党员防疫“先锋岗”和“责任区”，为群众提供精准服务，使“红马甲”成为街头巷尾最亮丽的风景。为了最大化地控制住病毒传播渠道，同时保障小区内居民的日常生活，荔湾区采取“1+*X*+3+*N*”（片区长+楼栋长+3人小组

+物资配送、环卫消杀、心理服务等志愿者团队）攻坚方案，选派党员干部担任各小区疫情防控楼栋长、片区长，实行三班倒24小时在岗机制，统筹负责楼栋内物资运送、核酸检测、垃圾清运、心理疏导等各项事务。滞留在社区的在职党员积极响应号召，全面参与“党员报到”先锋行动，就地转化为志愿者，5万余人次参与一线防控工作，负责重点人员排查、关键卡口值守等。经历疫情的考验，广州荔湾区还探索推进住宅小区“功能型+实体型”党组织建设工作，完善“功能型”党组织组建模式，将住宅小区居住的各类党员编入其中，采取“一方隶属、双重管理”方式建立“下班支部”，推动党员“全天候”发挥作用。完善党建引领重大任务落实的组织体系、运行机制，确保基层党组织在落实城市更新、创文创卫、疫情防控、抢险救灾、综治维稳、污染治理、应对突发事件等重大任务中充分发挥战斗堡垒作用，健全党群先锋队、党员突击队、党员服务队常态化发挥作用机制。①

二、推行“令行禁止、有呼必应”基层工作模式

近年来，广州在全市村社推行“令行禁止、有呼必应”基层工作模式，把“令行禁止”作为基层工作新格局的首要要求，加强党对社会治理工作的领导，做到“中央有部署、广州见行动、行动有效果”，推动市域社会治理重心和配套资源向街道社区下沉，把“有呼必应”作为贯穿基层党建引领基层治理全过程的主线。建设“有呼必应”基层治理综合调度体系，制定“有呼必应”问题清单，明确职能部门“呼应”主责，构建覆盖全市的线上线下一体化平台，建立区、镇街、社区纵向贯通，政务服务职

① 吴多、荔组宣：《党员上楼、党员报到、党员带头！“我是党员我先上”，荔湾扛住疫情大考》，《广州日报》2021年6月30日。

能部门、机关企事业单位横向联动的“民有所呼、我必有应”快速响应机制，形成社区（村）“收集问题”、街镇“统筹指挥”、职能部门“随时响应”的“呼应”关系，实现市、区、街（镇）、社区（村）四级响应联动。落实镇（街）赋权增效，实现“一根针”调动“千条线”，让镇（街）村（社区）“管得着”身边“看得见”的问题。

（一）提升基层响应力

2018年，广州市党委领导班子赴北京考察北京党建引领“街乡吹哨、部门报到”社区基层治理改革经验做法，并结合“大学习、深调研、真落实”工作，摸清问题、找准症结，出台《全面提升组织力构建“令行禁止、有呼必应”基层党建工作格局实施方案》（以下简称《方案》）以及加强和改进城市基层党建工作20条措施，为加强城市基层党建工作明确思路举措。《方案》突出党组织的政治功能，把政治建设摆在首位，对加强政治建设、增强政治功能提出明确要求、做出全面部署，确保全市各级党组织在思想上政治上行动上同以习近平同志为核心的党中央保持高度一致，实现“有令必行、有禁必止”。《方案》紧扣基层党组织组织力提升这一核心任务，提出健全组织体系、建强战斗堡垒、推行强镇街带村居等措施，推动资源、管理、服务向基层倾斜，让党支部在基层工作中唱主角，把工作落实到网格，把问题解决到一线，实现“有呼必应、有诺必果”。《方案》还结合广州实际提出了一系列创新举措，比如深化“支部建在网格上”、加强党对集体经济组织领导、构建统筹公共事务的基层组织架构、梳理镇（街）职责清单及“呼应”问题清单、建设基层治理综合调度平台、推动公共服务“一次办好”、在职党员回社区报到并开展服务等。为确保取得实效，《方案》细化分解出30项重点任务，每项都有落实的具体措施、责任单位，形成了目标明确、任务清晰、措施务实、保障有力的格局。

（二）确保资源下沉

为将“令行禁止、有呼必应”社会治理格局落实到基层，广州市从经费保障、队伍建设、阵地建设等关键要素入手，大力推动人往基层走、钱往基层投、政策往基层倾斜。具体来说，包括三个方面：

一是提高基层经费。通过制定《关于建立城市基层党建工作经费保障机制的实施意见》《关于加强村党组织运转经费保障工作的实施意见》，确保基层党组织有能力、有资源为党员群众服务。全市每个镇（街）每年党建工作经费不少于200万元，社区党组织、新兴领域区域党委工作经费不少于10万元，农村服务群众、村办公经费分别为10万元，农村、社区、两新组织党员统一按每人每年1000元拨付党员活动经费。

二是配强基层队伍。在镇（街）设置组织办专职抓党建工作，明确每个街道配备1名专职副书记、2名专职人员和4名党建指导员，在社区增配1名专职副书记和1～3名组织员。全市共配备741名党建指导员、894名社区党组织专职副书记、810名社区组织员。加大从优秀社区工作者中招录公务员力度，遴选22名村（社区）党组织书记进入公务员队伍。

三是筑牢基层阵地。实施党群服务阵地提升行动，从规范性、服务性、智慧化、满意度四个维度对镇（街）党群服务中心进行评价，评出了10个优秀案例。大力推进广州“东塔”、花城广场党群服务阵地建设，加快构建珠江新城CBD片区“一核多元”党群服务阵地体系。全市2737个村（社区）党群服务阵地实现全覆盖，已经建成155个镇（街）党群服务中心，初步建成了“城市15分钟党群服务圈”。2019年底前将实现全市174个镇（街）党群服务中心全覆盖。从市管党费中，按照每间党校15万元的标准划拨镇街党校建设启动经费，划拨经费达2550万元。各区配套提供启动经费，各镇街落实配套资金，形成“党费支持、财政补助、自身筹措、社会资助”的多元化经费保障机制。[①]

① 周甫琦：《用好“指挥棒” 织密“保障网”》，《南方日报》2019年11月21日。

（三）搭建四级综治中心

数字化平台建设是广州落实“有呼必应、令行禁止”的重要抓手。近年来，广州持续推进“综治中心+网格化+信息化”建设，构建起以综治中心为平台、社区网格为单元、信息化为支撑的基层治理基础体系。全市建成市、区、街（镇）、社区（村）四级综治中心2918个，全部推广应用全省综治信息系统，建立大屏显示系统、综治视频联网视频会议系统及“雪亮工程”综治视频应用平台。以各级综治中心为枢纽平台，各级综治中心与网格化管理中心、“有呼必应”指挥中心一体化建设，整合网格化服务管理系统、12345政府服务热线、城市管理等平台，实现区、镇（街）、村（社区）三级信息系统、基础数据、视频图像资源一体运行，建立起上下联动、协作配合、快捷高效的社会治理“指挥链”。

与此同时，广州还推进社会治理基础信息体系建设，建成以“标准作业图”为核心的“数字广州”基础应用平台（DGS），开展城市治理“四标四实”专项行动，以标准作业图、标准建筑物编码、标准地址库、标准基础网格和实有人口、实有房屋、实有单位、实有设施为核心，经过采集、核对、清洗、固化，DGS已汇聚城市基础数据2.57亿条，形成全市社会治理信息化、智能化建设的基础支撑。各级政府部门有明确共用共享需求的信息系统，按照共享原则将社会治理、城市管理中产生的各类核心基础数据与DGS对接联网。全市已有28个政府部门及各级综治中心应用DGS共享城市基础数据，实现全市一个平台汇聚共享社会治理基础数据。广州还借助全市城乡社区19660个网格的基础，将网格同步标注到DGS底图，按照“一格一员”的标准配备网格员，摸清网格中的人、地、事、物、组织等社会治理基础要素。统一将公共服务、公共管理、平安建设等226项事务纳入网格化管理，确保网格巡查、问题发现、流转交办、处置反馈、评价结案的“闭环管理”常态化运作，全面落实排查防控违法犯罪、排查化解矛盾纠纷、排查消除公共安全隐患任务。网格员使用经授权的信息系统账户，对管理区域内住了多少人、什么时候住进去的、有些什么矛盾纠纷，掌握得清清楚楚，实现“基础牢、底数清、情况明、信息准”。

（四）畅通 12345 专线

热线是一个反映问题的平台，更是一个与市民直接沟通的窗口。政务服务要提升质量，就要从热线中抓准问题，找准痛点，不断地回应市民的诉求，满足百姓的需求。广州以12345政府服务热线为抓手，整合全市11个区、40个市直部门76条服务专线平台资源，搭建“一号接听、有呼必应”服务平台。制定统领全市热线工作的制度文件《广州12345政府服务热线管理办法》和配套文件《广州市12345政府服务热线管理办法实施细则》，规定了热线“统一接听、按责转办、限时办结、统一督办、统一考核”的全流程工作机制，形成市12345热线平台统一受理和转派调度市民诉求、各区人民政府和各职能部门等116个承办单位归口办理和协同处置的市、区、街镇三级服务体系，督促各级部门在及时响应市民呼声上提效提速。

自2015年开始，广州12345政府服务热线在国内城市中率先将热线服务从耳畔延伸到指尖。经过6年的发展，热线互联网自助服务已深受广州市民的青睐与信任，已经成为12345的重要信息来源。2020年，广州市政务服务数据管理局将“优化热线互联网服务”作为党史学习教育“我为群众办实事”系列实践活动重要内容。2021年，广州12345互联网自助服务在“穗好办”微信公众号、“穗好办”App及“广州12345”微信公众号全新上线。网络版12345自助服务调整了菜单架构，大幅优化自助下单模板，丰富自助查询内容，完善了实名认证功能。同时增加适老化服务功能，精选“诉求反映”“进度查询”“惠老资讯”“在线客服”四大服务，具有大字体、大图标、高对比度文字等功能特点。为60岁及以上长者设立互联网渠道长者服务队列，免排队且有专属人员服务，全面梳理解读退休待遇申领、老人优待卡、“平安通”服务等长者高频咨询业务，设立惠老资讯专区为长者提供更贴心的服务。此外，网络版12345设置了“个人诉求”与“企业诉求”双入口，实现用户分类、精准诉求。“个人诉求”涵盖消费维权、城管环保、物业管理、社保医保等自助提交诉求更加便捷的事项；“企业诉求”涵盖一网通政务服务、稳岗补贴、补贴奖励等营商环境服务投诉建议，市民按提示填写相关信息并上传图片等补充资料，点击提交即可。而优化后的实名认证服务采用“粤信签”广东省统一身份认证平台，身份核验过程直接对接身份信息库，确保实名认证安全“不掉链”。完成实名认证后，市民能快捷查询各个渠道反映事项的办理进度、历史诉求等信息，真正实现实名的“通用性”。[①]

2021年，国家市场监管总局发布《关于推介第一批社会管理和公共服务综合标准化试点典型案例的通知》。广州12345从全国729个社会管理和公共服务标准化试点项目中脱颖而出，入选首批13个典型案例，成为广东省唯一入选项目。“有问题有建议，就打12345”已经成为不少广州市民的共识。事实上，市民评价服务平台好与不好的标准很简单：一是服务平台使用是否方便好用，这体现的是能否以用户为本、站在用户的角度想问题的态度；二是能否高效解决问题，老百姓都是遇到问题才会打热线电话、上热线平台，能解决问题的平台才是好平台。如果电话打不通、打通了也解决不了问题，肯定会严重地影响市民体验和评价。在这两方面，广州12345服务热线都下足了功夫。在接入方便性方面，广州12345整合多条热线，基本上“一号接入”，涵盖了市民可能的所有需求。同时注重人性化设计，着力提升市民体验感、便捷度，在全国率先推出针对老年人的“长者版”服务，大字体、大图标，让老年人也能平等、方便、无障碍地利用热线反映诉求。在功能融合方面，广州12345为了提高效率，更快捷地解决问题，智能化和标准化成为广州12345反馈更快、更准的“利器”。“智能座席助手”让话务员处理问题效能提升了20%，互联网专席话务员人均效能提升40%；“智能派单系统”让派单所需时长从平均1小时缩短至19秒，“智能查询助手”则能够让市民享受“7×24小时不间断服务”，实现政务

① 黄庆：《更贴心更便捷，广州12345自助服务全新上线》，《广州日报》2021年6月30日。

信息“秒查秒知道”。而“一个号码、一支队伍、一套标准”的标准化服务，则大大缩短了处理时长，提高了市民满意度。

（五）推动“一支队伍联勤执法”

近年来，广州市聚焦影响基层执法效能的体制机制障碍，建立以“公安+城管”为核心的镇街联勤执法队伍。在不改变执法主体、不改动执法程序、不增加执法人员编制的前提下，整合公安、城管、安监、劳监、食药监、市场监督等执法力量，组建一支综合执法大队，因地制宜推动镇（街道）实现“一支队伍联勤执法”。

广州市各区坚持以依法治理为原则，建立“前台共管，后台分流”工作机制。在现场执法过程中，是谁的执法范围，谁上前执法，其他人员协助劝导围观人员，担当执法后盾，实现不纠缠、快速处理。明确综合执法开展询问、取证、告知、送达等规则，明确队伍联动、公众参与和处置反馈等要求，推进执法程序标准化、综合执法高效化。对街道日常管理的各项工作实行前台共管，由联勤执法队伍进行综合性巡查执勤，街道定期开展集中专项治理、清理整顿。联勤执法队伍巡查发现的线索情报，由街道定期进行研判分析、分类处理。属于行政执法活动的，由具备执法资格的部门负责，定期开展专项执法活动；属于治安、刑事案件的，由公安部门进行侦办查处；属于街道行政管理和社会服务事项的，由街道职能科室进行办理，实现后台分流。各街道从实际出发，建立执法部门例会制度、会商制度、执法事项告知和分流转办制度，及联勤执法队伍日常管理、教育培训、效能监察和法律顾问驻点等制度。由区委政法委牵头制定一套检查督办制度体系，定期对街道联勤执法的组建运行进行检查督导，推动联勤执法规范化运作。

（六）形成基层防疫协作机制

为适应疫情常态化的要求，广州建立政法牵头的社区防控常态化协作机制，通过市域社会治理现代化“固本强基”工程，有效应对疫情防控“大考”。市、区两级成立由党委政法委牵头的社区农村防控组，市、区、街镇组建186个由政法、公安、卫健部门主要负责人组成的“三人领导小组”，全市2740个社区（村）建立由社区民警、医务人员、街镇村居干部组成的3209个“三人排查工作组”，形成市、区、街道（镇）、社区（村）、网格五级疫情防控责任体系。此外，广州还十分注意完善分工专业的社会组织常态化协同机制，用好全市8137个社会组织，发挥行业协会商会作用，指导行业单位落实防控措施。如市物业管理行业协会指导全市2000多家物业服务企业对3000多个小区落实管理措施。在疏导社会心理方面，全市71家社工服务机构利用201个社工服务站等平台，开通236条“广州社工红棉守护行动”热线。①

同时，广州建立科技支撑的重点人员常态化管控机制。广州市在全国率先发布工作指引，通过上门走访、“一张网”等排查人员信息。依托“数字广州基础应用平台”，打通15个部门22类数据，“一幅图”监控疫情态势。开发上线“穗康码”，持续引导在穗来穗返穗人员注册登记、申报健康状况、扫码亮码通行，“一个码”实现认证管理。截至2021年底，“穗康码”注册用户数超过5500万人。广州还搭建“穗智管”疫情防控信息平台，建设隔离酒店智能管控系统、核查辅助小程序，助力精准防控；建设穗康“广交会专区”，保障60万人次无感通行。②

---

① 广州政法：《广州有个“一核四维”行动，你不满意不算数！》，大洋网，2020年9月3日，https://news.dayoo.com/gzrbrmt/202009/03/160262_53528600.htm.

② 张璐瑶：《广州：“穗康码”注册用户数已超5500万人》，《羊城晚报》2021年12月16日。

三、创新“广州街坊”群防共治工作机制

2019年初，习近平总书记在中央政法工作会议上提出“社会治理共同体”，并在党的十九届四中全会中列为中国特色社会主义现代化发展的目标。群防群治是群众性、互助性自防自治活动，是社会治理共同体建设工作的一项重要抓手，也是维护城市安全稳定的基础工程。近几年来，随着社会治理形势的变化，群防群治工作也面临新的挑战、新的考验。党的十九大以来，广州发扬新时代“枫桥经验”精神，创新群众工作机制，突出共建共治共享的理念，完善“党委领导、政府负责、社会协同、公众参与、法治保障”的社会治理格局，提高社会治理社会化、法治化、智能化、专业化水平。

2018年，广州市委政法委提出通过三年时间，持续发动超过全市常住人口5%比例的市民群众参与群防共治，全力打造“广州街坊”群防共治品牌，发挥基层自治、群防共治志愿服务在社会共建共治共享中不可或缺的作用。通过“广州街坊”群防共治平台，推进平台建设、队伍建设、机制完善、品牌打造等一系列工作，将建立信息化平台作为工作支撑，把现代科技手段与传统群防群治有机结合，创新群防群治力量组织模式。将专业、半专业力量及行业力量、社会志愿力量整合为“广州街坊”群防共治队伍，完善队伍招募、群组组合、活动发起、日常管理、公共参与等方面的制度机制，推动品牌化建设。以地缘、业缘、趣缘活动等多缘纽带聚合，广泛发动市民群众加入“广州街坊”，参与基层社会治理共建共治共享，探索新时代“枫桥经验”广州实践，加快形成社会治理人人参与、人人尽责的良好局面。

“广州街坊”由专业力量（警察等）、半专业力量（辅警、协警等）、行业力量（物流寄递从业人员等）和志愿力量四种社会治理力量组成，起到发挥广泛收集上报信息、参与安全巡逻防控、参与矛盾纠纷调解、参与平安法治宣传等的作用。“广州街坊”突破了传统的半专业化联

防队、治保会的群防共治模式，去除了以往的行政色彩，将专业力量、半专业力量、行业性力量和热心群众等一般志愿者力量都集结起来，实现了共治结构的多元化，成为社情民意的“信息员”、邻里守望的“巡防员”、矛盾纠纷的“调解员”、平安法治的“宣传员”和应急处置的“支援员”。“广州街坊”的好人好事每天都在广州上演。走在羊城大街小巷，处处都有“广州街坊”们的身影。他们热心助人，不计得失，为市民群众排忧解难；他们巡逻街道，震慑盗贼，协助警方抓捕违法犯罪人员。他们用行动守护着一方平安和谐。

（一）主要措施

在公益宣传上，“广州街坊”治理倡导人人参与，通过“广州街坊”金句、《外地媳妇本地郎》本土电视情景剧植入、制作短视频、见义勇为人员表彰网络直播等接地气宣传方式，传播“群防共治是公益，一方平安都得益”的理念，将平安建设、群防共治的因素融入各类社会公益、社区志愿服务活动中，促进群防共治与群众自发的各类公益服务、志愿服务相融合。同时，引导居民群众结合各类兴趣活动参与社情民意收集、安全隐患排查、矛盾纠纷排查化解、法律宣传服务、治安巡逻防控等群防共治活动，让市民群众参与群防共治的机会唾手可得。

在群防队伍组织建设上，由政法委牵头，充分整合全市专业、半专业力量和行业性社会力量、社会志愿力量，组成专群协作的“广州街坊”群防共治队伍。其中，专业力量由全市政法干警和其他行政执法部门的专业人员组成；半专业力量由辅警、治安联防队员、治保会成员、群防队员等组成；行业性社会力量由个体工商户、车辆保管员、保洁员、快递员、外卖人员等组成；社区志愿力量由热心平安建设的广大居民群众组成。对专业力量、半专业力量组织以地缘为基础，各地统筹、部门参与、条块联动；对行业力量和社会志愿力量，则以业缘、趣缘聚合公众参与。在日常队伍管理过程中，广州实行平战切换模式：平日里实行“非战时”去中心化模式，通过各类社会组织、平台群组聚合群众结合兴趣活动参与群防共治活动；在启动社会面治安整体防控等级响应时，自上而下、以专带群开展警民联防、自主防控、企地联防、区域联防、整体防控等立体防控，震慑、防范、协助打击各类违法犯罪活动。

在社会动员上，改变以往群防群治主要以行政力量推动的组织形式，鼓励和引导企事业单位、社会组织、专业机构和市民群众等多元主体多形式参与。指导170个街（镇）成立平安促进会（社区社会组织联合会），充分发挥联系沟通党委政府、凝聚各类社区社会组织、服务社区居民群众等方面的作用，聚合基层各类力量参与群防共治。重视发挥广州市见义勇为基金会作用，安排专项资金支持开展群防共治公益创投活动，为实名注册“广州街坊”的用户购买人身意外险，募集社会资金支持“广州街坊”群防共治活动。广州还引入市社会组织联合会，承办“广州街坊”群防共治专项公益创投活动，加强对各类社会组织、服务团队的培训，规范项目管理。此外，“广州街坊”模式还借助全市188个社工服务站（家综）社会工作者的专业优势，开展群防共治工作理念、活动策划、资源链接、服务技巧等方面的能力培训，提高“广州街坊”各类群组的专业能力水平。

在品牌效应扩大上，广州还重视系列品牌的推广。在“广州街坊”品牌知名度不断提高的同时，“如意平安骑行队”“白云快递小哥”等“广州街坊”下属子品牌实现快速发展、影响扩大，形成规模效应。如荔湾区“如意平安骑行队”通过媒体宣传报道，迅速发展成为标杆子品牌，注册人数超过1000人，活动区域突破荔湾，在海珠、番禺等地区建立“广州街坊”如意骑友共享基地。全市各地在“广州街坊”的品牌下，通过借鉴、复制标杆子品牌经验，再创新打造具有本地特点的群防共治子品牌，涌现出华乐街“乐叔乐婶”、海珠平安使者、白云“红棉侠”、黄埔无人机巡防队、从化“清峰侠”等一大批“广州街坊”群防共治工作子品牌。

在信息化与数据技术使用上，“广州街坊”利用移动互联网信息技术，开发“广州街坊”群防共治小程序，以“广州街坊”用户体验为导向，以群组活动发起、参与为核心功能，设置巡防、宣传、信息、调解模块，促进公众依据自身特长、加入特色群组，快速、便捷地参与群防共治工作。日常管理中，通过应用“广州街坊”群防共治小程序开展人员招募、群组管理、活动发布、需求对接等方面工作，实现群防共治活动需求与社区志愿服务供给跨时空快速对接、匹配，有效增强群防共治的黏合度。

此外，“广州街坊”品牌在发展过程中，还注重完善激励和保障机制。每一位通过“广州街坊”小程序注册的志愿者，都可获得一份保险，解除了他们参与群防共治活动的后顾之忧。

（二）实施成效

2018年以来，通过实施一系列的改革措施，“广州街坊”群防共治工作取得初步成效，“广州街坊”切实发挥社情民意的“信息员”、邻里守望的“巡防员”、矛盾纠纷的“调解员”、平安法治的“宣传员”等作用，助力把广州市打造成为世界最安全的城市之一。至2021年，共聚合超过100万人加入“广州街坊”群防共治，其中实名注册“广州街坊”的用户超过48万人，有效壮大了群防共治力量。通过“广州街坊”群防共治，为居民群众参与基层社会治理提供了一个便利的选择，激发了城乡社区居民参与基层社会治理的热情，带动基层社会治理各个领域的公共参与。

从组成纽带来看，“广州街坊”群防共治队伍主要是以地缘、业缘、趣缘三种形式为纽带组成。其中，12支“广州街坊”品牌榜上榜队伍有50%是主要以地缘为纽带组成，并以邻里守望的方式带动某个辖区的居民参与到群防共治工作中来，典型代表是花都“秀全大妈”。而荔湾“如意平安骑队”、黄埔“空中巡防队”、从化“清峰侠”则属于典型的趣缘型队伍，以兴趣爱好为纽带组成，队员积极性高、凝聚力强。白云“快递小哥”、荔湾“如意平安骑队”、花都“秀全大妈”等3支队伍成立时间较长，在品牌知晓度上一马当先，频频受到省内外媒体关注。而“凤阳守望台”“空中巡防队”等后起之秀，则更加注重队伍的模式创新。比如海珠区的“凤阳守望台”效仿“滴滴打车”的模式，在线发布巡防任务，由辖区群众利用下班、逛街、买菜等碎片化时间，用手机“抢单”，任务完成后还可在线获得奖励。而黄埔区的“空中巡防队”则利用无人机高空巡防，确保安全巡防“无死角”。

“广州街坊”群防共治活动的开展，有效地促进了城市社会大局的和谐稳定。仅2018年，在全市或部分区启动2次一级社会面治安整体防控等级响应、6次二级等级响应，“广州街坊”超200万人次参与社会面治安防控；举报线索4240宗，助力公安部门破案3367宗，参与调解案件纠纷64332件，调解成功63978件。全市案件类警情、刑事立案分别下降14.2%和13.2%，群众安全感和满意度分别达到98.4%和97.8%。[①]一些县区根据自身社会治安综合状况，针对性地进行了布控，取得了明显成效。例如白云“快递小哥”3年协助警方破获涉毒案件35宗，缴获各类毒品1332.2千克。而增城群防则在2017年、2018年共协助警方处置警情7408宗，协助抓获违法犯罪嫌疑人846人，为平安增城建设做出了较大贡献。

随着工作实效的增强，“广州街坊”也受到了国家媒体的关注。2018年10月30日，中央电视台一套晚间新闻以《凝聚群众新机制，社会协同新平台》为题报道“广州街坊”群防共治经验。《半月谈》2018年第19期刊登了《“广州街坊”：汇聚城市共治之力》。

（三）典型案例

2019年9月15日上午9点，荔湾区“广州街坊”沙面驿站的志愿者汤凤梅、刘忠范、汤锦彪等人接到市民求助，得知有人在钓鱼时突然昏厥不省人事，汤凤梅和其他几位志愿者飞快奔向出事地点。据汤凤梅回忆，现场一名光着膀子的男子晕倒在江边堤岸外围，“当时他嘴巴歪斜着，口吐白

① 《“广州街坊”探索群防共治新机制》，广东政法网，2020年7月3日，http://www.gdzf.org.cn/zwgd/202007/t20200703_1036727.htm.

沫，四肢绵软下垂，意识不清”，他们赶紧将男子转移至安全地带后展开急救并拨打“120”救助电话。“广州街坊”沙面驿站的志愿者们分别给男子拍打穴位、涂抹祛风油……附近街坊也纷纷加入救助队伍中来。没过多久，120急救车赶到现场，汤锦彪等“广州街坊”主动跟着救护车将男子护送到医院。经诊断，男子系突发脑梗，幸亏救治及时，否则有中风危险。“非常感谢你们救了我，广州这个城市让我感觉到非常温暖！”64岁的被救男子陈进忠对“广州街坊”志愿者们的义举感激万分。出院后，他还专程送来锦旗致谢。陈进忠告诉记者，自己是贵州人，退休后来到广州定居生活。他说：“很喜欢这座城市，这里开放包容、充满大爱，这次善良热心的‘广州街坊’志愿者们合力救助我，传递了满满的社会正能量，更让我感受到广州这个和谐大家庭的温暖幸福。”

2019年9月21日，孙某93岁的妈妈离家未归，全家人一起出去寻找，直到下午4时35分仍没有消息，孙某只好报警求助。当时，海珠区“广州街坊”沙园派出所视频监看员梁锦洪和辅警钟李辉迅速打开视频追查帮忙寻人，并通知街道发动路面巡逻的“广州街坊”平安使者帮忙寻找，在报警后仅1个半钟就成功找到了孙某的母亲。孙某回忆说，“他们为了帮我找到母亲，想尽办法，还利用高科技进行搜寻。当时在附近巡逻的平安使者也立即加入寻找。很感激他们！”面对孙某的致谢，梁锦洪和钟李辉都觉得“只是做了自己该做的事”。他们告诉记者，“为民服务”本身就是他们的职责。海珠平安使者林欢是这次参与寻找老人的志愿服务者之一，她也是“广州街坊”的一员。她认为，虽然自己的力量很微薄，但能参与其中，为寻找老人贡献自己的力量，感到很满足。“‘广州街坊’无处不在！很给力！”在接受记者采访过程中，钟李辉不停称赞“广州街坊”，他坦言，“警力有限，民力无穷”。[1]

黄埔区夏港街道依托夏港街平安促进会发展群防共治志愿者190余人，先后成立“和事佬俱乐部”“大拇指督导队”“广场大姐志愿服务队”等

① 章程：《百万“广州街坊”参与群防共治》，《广州日报》2020年10月7日。

居民自治组织，鼓励志愿者队伍发挥政府与群众之间的桥梁和纽带作用，参与到治安巡防、信息收集、平安宣传和矛盾调解工作中来。夏港街整合辅警、治安协管员、企业保安、社区志愿者等群防群治力量近千人，在公安机关的指导下，加强对重点部位和场所的立体化治安巡逻防控，协助收集各类涉恐、涉暴和治安信息，及时报警处置。依托“雪亮工程”加强内街内巷的治安管理，全街建设388个治安摄像头、9个视频监控室，从而真正实现治安防控“全覆盖、无死角”。加大力度开展围院式封闭式工程建设，小区实施封闭式管理、居民楼栋门禁系统覆盖率均达到95%。2019年，全街案件类警情累计同比下降9.9%，其中刑事立案同比下降7.9%，入室盗窃同比下降57.1%。街道制定了社区居委会“十包”重点任务清单与评分机制，对市容六乱、环境卫生、公厕管理、垃圾分类、消防安全、燃气安全、出租屋管理、河涌巡查、小区交通乱停放和“散乱污”整治等十大重点环境问题开展督导整治，由各社区承担属地管理责任，并聘请第三方机构按照评分细则实施考评。按月度执行汇报、季度滚动评价、年度总结评价，将社区考评成绩作为城市环境精细化工作经费、奖励经费分配的重要依据。自实施“社区十包”工作制度以来，各社区的综合环境得到大幅提升，辖区面貌焕然一新。①

“广州街坊”群防共治模式的有效性体现在：一是坚持党委政府的领导，由党委政府对社会治理公共事务进行规划、拨款、引导和管理；二是通过激活企业、居民的方式，让全社会都自愿地参与到整个社会的治理当中，收到积极效果。“广州街坊”群防共治的持续开展，表明群众是社会活力的真正来源。进一步健全基层党组织领导下规范有序的基层群众参与社会治理，必须调动群众参与治理的积极性。基层治理的关键在于引导公众自主参与，激发社会创造与发展活力，实现政府治理与社会自我调节、居民参与良性互动。在推进社会治理改革中注重激发社会活力，让所有居

① 何瑞琪：《黄埔区夏港街：创新基层治理，打造“广州街坊”新品牌》，《广州日报》2019年12月13日。

民真正充分参与社区事务，完善基层社会治理，实现政府与居民的顺畅沟通。同时，注重发挥社会治理各主体的协同作用，积极发挥群众组织、基层群众性自治组织、社会组织、企事业单位的协同作用，形成党委、政府与社会力量良性互动的社会治理格局。①

四、规范城乡社区协商议事机制

治国安邦重在基层，基层治理是国家治理的基石。健全基层群众自治制度，推进基层治理现代化，是实现国家治理现代化的题中应有之义。加强和创新基层社会治理，使每个社会细胞都健康活跃，将矛盾纠纷化解在基层，将和谐稳定创建在基层。基层群众自治制度作为我国的一项基本政治制度，经过长期发展，已成为当代中国最直接、最广泛、最生动的基层民主实践，是推进基层治理的制度创新。2021年7月，中共中央、国务院印发了《关于加强基层治理体系和治理能力现代化建设的意见》，再次强调要健全基层群众自治制度。这是对基层群众自治制度重要性的充分肯定，更是在向第二个百年奋斗目标迈进的新征程中，坚持和加强党的全面领导，践行以人民为中心的发展思想，实现国家治理体系和治理能力现代化战略目标的时代要求。

社会治理的重心要落到社区，要深入推进社区治理创新，构建富有活力和效率的新型基层社会治理体系。社区事务通过村（居）民议事会、恳谈会、听证会等协商方式，着力推动民主协商广泛、多层、制度化发展，实现自治、法治和德治的良性互动，促进完善了“党委领导、政府负责、民主协商、社会协同、公众参与、法治保障、科技支撑”的社会治理

① 王首燕：《探索“广州街坊”群防共治模式》，中国社会科学网，2020年3月10日，http://ex.cssn.cn/gd/gd_rwhn/gd_ktsb/gzskyxxgcddsjjszqhjs/202003/t20200310_5099179.shtml.

体系。在党的领导下，社区治理通过以居民自治为核心的社区基层民主，依法直接行使民主选举、民主协商、民主决策、民主管理和民主监督的权利，实现自我管理、自我服务、自我教育、自我监督，形成了广泛、生动的基层民主实践，让基层充满活力又安定有序。同时，也正是在直接参与基层各项事务的决策、管理、监督过程中，人民群众的民主意识、法治素养、公共精神、综合能力等现代化素质得以提升，建设“人人有责、人人尽责、人人享有”的基层治理共同体理念得到广泛认同，凝聚了人民群众精神力量，构筑起国家治理现代化的深厚支撑。

为贯彻中央《关于加强城乡社区协商的意见》，广州市大力推进以村（居）民代表会议为中心，以规范化协商议事规则为支撑的标准化社区实体议事厅建设，保障了议事过程有制可依、有章可循，有效促进城乡居民民主意识、法治意识的养成，居民的表达权利得到充分保证。以理性平和、礼让宽容的协商共治方式解决社区问题的机制持续巩固发展，引导城乡居民依法行使权利、表达利益诉求、决策社区事务，切实解决居民身边的热点难点堵点问题，减少基层矛盾冲突。

（一）广州村居基层议事机制的探索

广州对村居基层议事工作重要性的认知经历了一个逐步发展的过程。首次治理探索来自增城区下围村。在相当长一段时间内，广州市增城区下围村曾一度是派系对立、上访不断的“问题村”。2013年，下围村改选村“两委”、公开村财务、建立民主议事制度，使历史遗留问题逐一解决、村集体经济收入翻番，并成为全国民主法治示范村，是广州市探索基层治理创新路径的一个缩影。从2014年3月到2015年9月，下围村共召开21次村民代表大会，对43个议题进行了讨论决策，通过事项42项、否决1项，涉及集体财产处置、分红、基础设施改造等事项，决策落实执行无一受到村民阻挠和质疑。在下围村村委会，公告栏里整齐贴着出纳日记账、民主理财监督、征地补偿、合作医疗及承包（租赁）情况等各种公开事项。旁边的二维码扫一扫，村民就可通过微信公共号和微信群参与议事。村委会4楼的议事厅，代表席、旁听席、监督席、发言席区划分明，按照明文规定的议事程序，村民代表对村中大小事务进行“一事一议”，协商表决。凡涉及集体资产处置、投资建设、财务开支等重要事项，都在城乡社区议事厅提交村（居）民代表会议进行商议和表决，有效遏制了资产管理过程中的“暗箱操作”问题，为集体经济事业发展增添了新动力。①

另一个重要的探索经验来自越秀区五羊社区。东山街五羊社区位于广州市中心，与下围村不同，这里的社区事务不涉及集体财产、分红等事宜，更多的是关于邻里纠纷、物业管理、环境整治、业主委员会成立等事务。但与下围村类似的是，五羊社区根据其自身特性，建立了居民楼、大院、社区三层次的分层议事制度，推动实现了居民的自我管理和自我服务。自从建立分层议事制度以来，五羊社区对56个大项的议题进行了协商，其中42项已落实解决，3项被否决，11项仍在跟进处理。通过议事制度，社区还得以广泛听取群众意见，将其需求策划为“四点半学堂”“百叟宴”“长者慈善饭堂”“能人工作室”等17个项目，通过“问需于民、问计于民、问效于民”，使居民感受到了议事带来的成就感。一方面，居民积极发声参与社区事务，让他们更真切地感受到自己是社区的主人，增强了他们的成就感与满足感；另一方面，以往一些分歧较大的议题通过协商得到了顺利解决，也让街道干部进一步认识到完善居民议事制度的重要性。

在下围村、五羊社区等城乡社区经验基础上，广州市进一步规范村居议事平台建设，适时制定出台了《建立农村居民理事会工作指引》和《建立城市社区议事会工作指引》，以推进基层民主协商议事平台建设，拓宽城乡居民民主参与基层治理的渠道，不断提高城乡基层治理水平。

---

① 《广州增城下围村探索“民主商议 一事一议”自治新模式》，中国文明网，2016年5月23日，http://www.wenming.cn/syjj/dfcz/gd/201605/t20160523_3374941.shtml.

（二）规范议事工作机制

广州推进城乡社区居民议事协商体系建设，是推动协商民主广泛、多层、制度化发展的具体举措，也是提升城乡社区精细化、精准化治理水平的有力探索。自2015年起，广州市按照“116”工作法，即建好一个议事厅，落实一个议事制度，抓好议题收集、酝酿、协商、决策、执行、监督等6个主要环节，加大城乡协商议事工作推进力度。各区聚焦村（居）民最关注的热点、痛点和难点问题，指导村（居）委会建立健全了村（社区）协商事项目录清单，通过村（居）民议事厅提交村（居）民代表会议进行商议和表决。各个社区普遍建立了吸纳多方广泛有序参与的协商机制，从原有村（居）“两委”干部、村（居）民代表等比较单一的主体，扩展到基层政府部门、党员代表、驻村团队、驻村律师、非户籍居民、物业公司、社区社会组织、社会工作者等共同参与。

2016年，广州制定下发《广州市全面推进城乡社区协商的工作方案》，将《村组法》《居组法》等原则性的制度设计“落地生根”，从市级层面对城乡社区协商议事建设标准进行规范统一。在规范硬件建设上，坚持“一室多用”的原则，利用现有场地资源，合理设置主持席、代表席、旁听席等功能区。在基层议事组织建设上，广州注重示范引领，激活基层活力。通过开展“幸福社区”创建活动，广州市各创建社区按要求普遍建立了以社区“两委”为核心，党员骨干、居民代表、楼（组）长、辖区单位、社会组织各界代表广泛参与的社区议事平台。各区结合自身特点积极探索，先后形成了天河区车陂街广氮社区三层五步解决纠纷“对对碰”、海珠区“一核多方、共建共治”民主协商、荔湾区冲口街杏花社区三级议事会、南沙区“6+*X*”社区协商议事等社区议事方式。

在软件规范上，按照城乡社区实际，制定了村民代表会议制度、社区居民议事制度的范本，供各区参考。下发《建立村（居）民议事会工作指引》，明确城乡社区议事机构的成员组成、职责任务、推选程序及议事范围、议事程序、执行主体等事项，将老党员、楼组长、企事业单位代表等多方主体纳入议事平台，参与社区协商。指导各村（居）制定、完善议事制度。积极探索建立“会议决议无条件执行”制度，凡经村民代表会议通过的决议、决定，现场形成会议纪要，村民代表签名确认，村务微信平台及时公开，由村两委负责组织落实。

广州对基层议事人员还进行了重点督导培训，定期组织各区民政局相关负责人对全市城乡社区议事厅建设情况进行交叉检查，学习交流成功经验，及时发现存在问题并督促整改。围绕开展城乡社区协商、加强能力建设等课题，以集中授课、现场教学等方式，组织全市千名领导干部、村委会成员举办城乡社区协商专项业务培训班。

（三）开展网络议事协商

科技支撑已经成为社区治理体系的重要一环。2021年，中共中央、国务院发布了《关于加强基层治理体系和治理能力现代化建设的意见》，其中指出要实施“互联网+基层治理”行动，提升基层治理数字化智能化水平。伴随着信息化、数字化技术不断进步，越来越多的技术要素进入社会治理领域，群众通过政务服务网上办事平台和政务软件，足不出户便可查询、办理各类事项，开展建议和投诉。这既有力提高了政府部门的办事效率，也极大方便了人民群众生产生活。在“移动互联网+政务”的理念下，通过建立健全社区党组织领导、基层群众性自治组织牵头、居民群众广泛参与的多种社区协商机制，探索加快互联网与社区协商的深度融合，充分发挥各类新媒体在引导居民参加社区协商和参与社区公共事务等方面的积极作用。居民议事协商的形式与空间都有了极大的拓展，既有线下社区实体议事协商，也有线上社区网络议事协商，形成“众人的事情众人议，众人的事情众人办，众人的事情众人管”的良好氛围。

越秀区建设街是广州市首个启动互联网社区议事工作的区。建设街通过党建引领深入推进基层社区治理创新，与越秀区政务服务数据管理局等部门联合开发了“同心家园”微信小程序，打造“党建引领互联网+”社区议事协商新模式，带动广大社区居民参与社区事务，正确引导协商解决社区问题，为居民群众提供线上参与社区公共事务、社会治理的新途径，使党的基层组织体系与社会治理结构紧密衔接。通过开发社区治理微信小程序，建设街搭建“党建+互联网”社区共建共治共享服务平台，以社区党委、网格党支部、楼栋党员为引领，引导居民群众开展线上协商议事，拓宽居民反映问题、参与社区议事的方法和渠道，提高社区居民对社区热点问题的参与度。此外，建设街还成立了由居民党员、社工党员、地区机团单位党员、专业服务机构党员共同组成的网格党支部，引进广州粤华物业有限公司“党建+互联网红色物业管理”项目，以小程序为平台，为居民提供公益性基本物业管理服务，解决老旧无物业管理小区管理难的问题。在党建引领下，通过完善社区基层党组织服务功能、促进基层社会治理参与主体多元化，实现“小区事务共商共治，平安小区共建共享”。社区按照“分层议事，一事一议”制度实行居民议事，在“同心家园”小程序线上议事同样按照建设街社区协商议事规则进行。“同心家园”小程序共分为六大板块：“对话室”“议事厅”“投票箱”“公告栏”“服务站”以及“议事规则”，为居民群众提供参事议事、事项投票、公示以及各类社区服务在线申请等服务。在“对话室”板块，居民可以直接与社区工作人员进行对话，反映社区公共问题。如加装铁门、更换水泵等各种意见、反馈，均可以点击“对话室”与区域负责人点对点进行对话沟通。以往社区议事多数以面对面会议的形式进行，不少居民会受到时间和空间的限制。如今居民可以在线上“议事厅”发表自己对于社区事务的意见和建议，在家里便可以参与议事、讨论社区问题，打破了空间限制。运用“投票箱”，居民利用上班时间就能进行投票表决，决策社区事项，解决了年轻一族上班忙、无法时时亲自参与社区议事会议的难题，让更多不同年龄层次的居民参与到社区建设中来。在“公告栏”，居民可以随时随地查看投票结果、社区通知、物业费用清单等，了解社区治理情况的最新进展。居民扫码登录，填写个人资料完成认证后，便可以参与到社区的议事讨论、投票等活动中。除了议事投票功能外，“同心家园”小程序还链接了辖内企业资源，为居民提供便捷的物业服务。在建设街党工委的指导下，建设街大马路社区党委、广州粤华物业有限公司党支部、拥翠小区党员代表组建“红色物业服务党支部”，由广州粤华物业有限公司提供公益或有偿服务，为没有物业的老旧小区提供“定制服务”，小区居民可在线上下单。小程序链接了丰富的物业服务，如清洗抽油烟机、钟点家庭服务、电路检修等等，还有线上报修等便捷功能。[①]

2016年，广州开发推出业主决策电子投票系统，结合系统使用情况多次升级完善功能，并配套出台《广州市业主决策电子投票规则》，业主仅需关注“广州物业管理”微信公众号，在公众号中输入业主的身份证号码和手机号码，绑定业主身份后，即可对小区公共管理事务进行电子投票。投票事项既包括召开业主大会、选举业委会，又包括使用物业维修基金、调整物业费、更换物业公司等。“广州物业管理”微信公众号是广州市住建局建立的官方微信公众号。电子投票系统的特点具有便捷、高效、安全、公信的特点。电子投票系统的使用也非常简便，只需要由筹备组、业委会在开始电子投票前，向全体业主通告表决事项、投票时间等信息，并公示业主清册，公开接收业主意见的联系方式，随后街道会同筹备组、业委会在电子投票系统录入表决事项、投票时间，在上述前置工作完成后，即可在规定投票时间内发起决策投票。广州市业主决策电子投票系统在全市20多个小区进行试点，不少小区都通过这套系统快速召开了业主大会、成立了首届业委会，有些还在和物业公司的纠纷中成功维护了业主的公共权利。2018年，广州市又公布了《广州市物业管理条例（征询意见稿）》，为业主电子投票系统提供完善的制度保障。2020年，广州市住建局对“广州物业管理”微信公众号进行升级，新增“人脸识别”绑定业主身份功能，业主通过关注微信公众号绑定身份就可以进行投票，让电子投票更加方便、快捷、真实。随着业主决策电子投票系统的推广使用，改变

---

① 刘云：《广州市越秀区建设街首推社区议事小程序，居民可随时随地参与社区治理》，金羊网，2019年4月29日，https://news.ycwb.com/2019-04/29/content_30249718.htm.

了以往低效、无序的“扫楼式”投票方式，大大提高了业主决策的效率和决策结果公信力。

五、落实“慈善 + 社工 + 志愿”融合发展

《中共中央国务院关于加强和完善城乡社区治理的意见》提出：“发展社区志愿服务，倡导移风易俗，形成与邻为善、以邻为伴、守望相助的良好社区氛围。”社区志愿服务是社区治理中的一支重要力量，在创新社区治理格局、满足社区服务需求、增强社区自治能力、引领社区文明实践、维护社区和谐稳定等方面发挥着重要作用。《中共中央关于制定国民经济和社会发展第十四个五年规划和二〇三五年远景目标的建议》中明确提出：“健全志愿服务体系，广泛开展志愿服务关爱行动。”经过长期建设与发展，我国志愿服务事业取得了长足进步，在服务国家重大战略、重大任务中做出了积极贡献，在助推城乡社会建设、提升社会文明素质等方面发挥了积极作用。创新社区志愿服务模式，健全社区志愿服务体系，促进社区志愿服务的常态化、制度化、专业化、智慧化和可持续发展，将社区志愿服务与社区治理现代化相融合，将社区志愿服务与人民对美好生活的向往相融合，使社区志愿服务更好地适应新时代社区治理的新挑战与新要求，成为现实需求与必然选择。

自2018年以来，为深入贯彻习近平总书记对广东重要讲话和对民政工作重要指示精神，坚持以人民为中心的发展思想，践行“民政为民、民政爱民”理念，广州市整合镇（街）、社区（村）、慈善组织、社工机构、志愿团体、企事业单位和居民等多方力量，聚焦脱贫攻坚，聚焦特殊群体，聚焦群众关切，为更好履行基本民生保障、基层社会治理、基本社会服务等职责，着力打造“慈善+社工+志愿”的战略可持续发展样本。结合广州市社区实际，制订社区慈善捐赠站点服务指引、社区慈善基金服务指

引、社工站项目督查制度、社工站项目评估办法等制度文件，加强对社区慈善基金、慈善捐赠站点、“社工+慈善”活动以及社区慈善资源募集运作、信息公开等方面的规范管理，营造合法、规范、专业的“社工+慈善”发展环境，逐渐形成横向配套、纵向衔接的具有广州特色的“社工+慈善”制度体系，为建设国际大都市，实现老城市新活力和“四个出新出彩”提供支撑。

（一）慈善事业创新发展

2020年，广州市政府印发了《广州市推动慈善事业高质量发展行动方案》，提出30项具体措施。市民政局和文明办联合印发《广州市推进社区志愿服务建设的实施方案》，进一步明确社区志愿服务建设重点任务。在新冠肺炎疫情暴发期间，全市34家慈善组织积极参与疫情防控，累计接收捐赠款物约3.18亿元。在广州市2020年广东扶贫济困日活动中，社会各界认捐款物3.37亿元，助力打赢脱贫攻坚战。各区完成了新设立不少于10个社区慈善基金的目标，提升了社区慈善基金覆盖率。截至2021年底，全市共设立社区慈善基金422个，筹款总额超3000万元，申报挂牌慈善空间358个，认证通过挂牌慈善空间165个，累计开展活动188余次，服务群众达7589人次，在困境儿童帮扶、社区居家养老等方面发挥了积极作用。[①]

在广州，公益慈善日渐在社区服务建设及困难群体支持领域发挥越来越重要的作用。自2019年起，广州市慈善会开始实行“微心愿·善暖万家”项目，各区慈善会、社区慈善捐赠站、各领域公益机构等入户探访困难家庭，征集心愿。每个家庭的心愿“价值”300元至500元，由社会多方汇聚力量链接资源，为困难家庭圆梦。至今，“微心愿·善暖万家”已为上万个家庭圆梦。在细小的需求和声音得到回应的同时，社区的慈善力量

① 符畅：《打造“慈善之城”，广州以慈善活动营造全民慈善氛围》，金羊网，2022年2月18日，https://news.ycwb.com/2022-02/18/content_40584571.htm.

也逐渐被挖掘出来。广州社区慈善将以“民生需求”为导向，以“慈善为民”为目标，以“慈善空间”为载体，充分发挥社区慈善帮困扶弱、盘活资源、激发潜能的作用，日渐渗透到社区治理的方方面面，成为社区治理的有力驱动，助推广州市创建“慈善之城”理念深入人心。此外，“微心愿·善暖万家”行动累计实现10089户困难家庭的“微心愿”，受惠群众约2.7万人次。珠珠慈善医疗大病救助、爱蕾行动等救助项目救助困难群众6230人次，资助3032.44万元。广州被选定为中国慈善联合会人才培养基地，与粤港澳大湾区各城市深度合作，携手打造慈善湾区。广州市慈善医疗救助项目等多个广州慈善项目和企业入选第十一届“中华慈善奖”。“金秋送暖 义心传城”志愿服务大行动入选2019年度全国学雷锋志愿服务先进典型最佳志愿服务项目。推广公益“时间银行”首次写入广州市政府工作报告。[①]

广州各个区也在结合实际，布局公益慈善。番禺区实现社区基金村（居）全覆盖，“五社联动”得到国家民政部的肯定和推广，并评为全国市域社会治理优秀案例；从化区发扬革命老区红色力量，打造特色慈善模式；海珠区慈善服务宣传力度大、影响力强；黄埔区慈善发展势头强劲，打造特色区域慈善文化；白云区慈善组织监督检查机制相对完善，监督管理较为规范；荔湾区慈善服务对象广泛，公益组织数量排在全市前列；天河区充分利用福利彩票优势助力慈善发展；南沙区“时间银行”被国家民政部列为“全国社区治理和服务创新实验区”典型案例；越秀区公益慈善组织蓬勃发展；花都区实现慈善组织党组织全覆盖；增城区强化慈善项目设计和研究取得实效。

近年来，广州各区积极推动设立慈善捐赠站点，赋予慈善捐赠功能，形成下沉社区、服务群众的全市慈善捐赠网络。全市社工站成为社区居民群众参与慈善活动、链接慈善资源的服务平台，承担社区慈善捐赠功能，

① 苏赞：《社区慈善再加码！广州将深入推动“慈善+社工+志愿”融合发展》，《羊城晚报》2021年3月26日。

并引导和鼓励社工站与具有公开募捐资格的慈善组织合作开展募集款物活动。在取得实践经验的基础上，向全市各社工站铺开。

广州市慈善会联合广州市善城社区公益基金会推动全市慈善捐赠站点设立社区慈善基金，以小资金撬动大服务。镇（街）可通过在市、区慈善会或其他具有公开募捐资格的慈善组织设立专项基金等形式成立社区慈善基金。有条件的镇（街）可由捐赠人、镇政府（街道办事处）、社区（村）居委会、承接驻地社工站的社工机构、志愿团体、居（村）民代表以及市、区慈善会等联合发起成立社区慈善基金会。启动资金可由市、区慈善会或其他慈善组织予以支持，后期通过各种渠道向社会募集，主要用于本辖区内开展的各项社区公益服务，由镇政府（街道办事处）、社区（村）居委会、承接驻地社工站的社工机构按照社区慈善基金服务管理指引的规定具体运作，形成“由社区来，到社区去”的“战略协同发展运作模式。截至2020年，全市共设有社区慈善基金64个，其中，在广州市慈善会设立的有32个，并筹集善款逾37万元，划拨金额约31.4万元。

2021年，广州颁布《广州市创建“慈善之城”2021年工作要点》，提出了24项工作举措，其中重点工作涵盖了“强化党建工作，严格教育管理”“培育慈善主体，拓宽慈善覆盖面”“强化慈善救助，凸显慈善本色”“聚焦社区慈善，打造社区慈善生态”“拓展慈善渠道，弘扬慈善文化”“坚持风险防范，加强慈善监督”等方面。其中，在培育慈善主体方面，广州将发挥枢纽型慈善组织作用，加快推进慈善大楼筹建，发展慈善空间，加强人才队伍建设。在强化慈善救助方面，广州将引导慈善力量参与乡村振兴，落实特殊困难群体兜底保障慈善救助服务。在聚焦社区慈善方面，广州将深入推动“慈善+社工+志愿”融合发展，深化微慈善系列项目，提升社区慈善基金运营能力，推动社区慈善发展。在拓展慈善渠道方面，广州将升级慈善募捐信息发布平台，开展系列慈善活动，传播慈善文化。[①]

---

① 符畅：《打造“慈善之城”，广州以慈善活动营造全民慈善氛围》，《羊城晚报》2022年2月18日。

（二）社工服务引领全国

广州是全国社会工作服务卓有成效的地方之一。改革开放以来，广州社工服务快速发展，形成了项目化、市场化的政府购买社会工作服务体系，构建了“综合+专项”的广州社工服务矩阵，探索形成了党委领导、政府负责、社会协同、法治保障、项目运作、专业服务的“广州模式”。2005年11月，广州市委、市政府出台了《广州市社会工作者职业资格暂行规定》，尝试实行社会工作者职业资格制度。2008年，政府购买社会工作服务试点项目的启动，标志着广州社会工作从基层自发实践走向党委政府主导推动的试点探索阶段。2010年，社会工作系列政策制度出台实施，标志着广州市社会工作发展从“摸着石头过河”走向顶层设计引领下的“建桥铺路”、全面推进阶段。2013年底，全国政府购买社会工作服务暨志愿服务记录制度推进会在广州召开。广州以此为契机，对2007年以来社会工作发展进行全面总结，对规范发展社会工作做出部署，社会工作发展进入规范提升阶段。在社会工作领域，广州已出台《广州市社会工作服务条例》《广州市社工服务站服务清单指引（试行）》《关于做好特殊困难群体兜底保障社工服务的方案》等系列法规制度，指导全市203个社工站持续开展“广州社工红棉守护行动”，为有需要的特殊困难精神残疾人提供应急援助、政策普及、资源链接、心理疏导、关怀慰问等专业服务。全市社工站每月服务特殊困难精神残疾人等八类特殊困难群体4.3万人，月均服务人次约6.7万，为助力织密织牢困难群众安全保障网积极贡献专业力量。“十三五”期间，广州社会工作服务在多方面领跑全国：先行先试推动镇（街）社工服务站建设，打造广州社会工作“综合+专项”服务模式；率先明确提出实施“社工+”战略，建立“社工+慈善+志愿服务”融合发展机制；等等。全市持证社工数量2.4万余人，每年服务群众超400万人次，服务困境群体超7.8万人，化解的各类社区公共问题多达400多个，整合链接的社会物资和资金价值超5000万元。[①]

2019年，广州市民政局发布《广州市实施“社工+慈善”战略工作方案》（以下称《工作方案》），提出发挥社工、志愿者、慈善从业人员在困难救助、矛盾调处、人文关怀、心理疏导、行为矫治、关系调适、资源协调等社区服务中的专业优势，体现专业素质和职业价值，提升服务质量。以聚焦民政重点服务对象亟待解决的实际问题为导向，结合幸福社区建设，发挥“社工+慈善”在基本民生保障领域的积极作用，扩大慈善服务的广度和深度，实现服务对象精准、服务手段精确、服务内容精细、服务质量精致、服务成效精彩。广泛动员镇政府（街道办事处）、社区（村）居委会、企事业单位、慈善组织、社工机构、志愿团体以及慈善人士、社区居民等多元主体参与，形成人人参与、人人尽力、人人共享的新格局。《工作方案》要求结合广州市社区实际，制订社区慈善捐赠站点服务指引、社区慈善基金服务指引、社工站项目督查制度、社工站项目评估办法等制度文件，加强对社区慈善基金、慈善捐赠站点、“社工+慈善”活动以及社区慈善资源募集运作、信息公开等方面的规范管理，营造合法、规范、专业的“社工+慈善”发展环境，逐渐形成横向配套、纵向衔接的具有广州特色的“社工+慈善”制度体系。结合社工站“113X”模式，围绕民政重点服务领域，特别是社区扶老、助困、恤孤、助残及社区治理等方面设计慈善服务项目，由社区慈善基金（会）为慈善服务项目提供资金支持。首个项目以“耆乐安居”长者居家安全社工服务项目为试点，其他项目由各个社工站先行推进实施，按照“成熟一个培育一个”原则，重点打造一批创新性强、示范性好“社工+慈善”品牌服务项目。同时，结合“中华慈善日”“广州社工宣传周”“99公益日”等时机，举办系列“社工+慈善”专题讲座，学习《中华人民共和国慈善法》《广州市社会工作服务条例》等政策法规，加大“社工+慈善”综合素质人才的培养力度，形成跨界合作

① 符畅：《广州持证社工超2.4万，社会工作服务走在全国前列》，《羊城晚报》2021年3月17日。

的人才培养机制。[1]

“十三五”期间，广州在社会工作领域的财政投入稳步增长，累计投入总额超40亿元，投入规模和总量稳居全国前列。广州社工积极参与民政部“穗赣牵手计划”、黔南州对口帮扶等扶贫工作任务，全市50多家社会工作服务机构参与其中，共策划实施140个扶贫项目，链接社会资金525万元支持贫困地区和困境群体，服务受益对象超21万人次。新冠肺炎疫情发生以来，广州社工持续开展“红棉守护”行动，开通235条广州社工“红棉守护”热线，全市6000多名社工线上线下服务群众超350万人次，服务各类困境群体超60万人次。值得注意的是，依托全市203个社工服务站综合服务阵地，城乡协同发展的社会工作服务新格局逐渐形成，一批致力于乡村振兴服务的社工服务机构和社会工作者已率先在乡村地区探索开展民生保障、困难帮扶、消费扶贫、社区营造等服务，成效显著。[2]

（三）志愿服务持续扩大

1987年，广州开通全国第一条志愿服务热线“中学生心声热线”，经过30多年的探索和发展，志愿服务在广州人人可为、处处可为、时时可为，志愿精神无处不在。2008年，广州市成立发展志愿服务事业指导委员会，统筹、协调、指导全市志愿服务工作，下设协调办公室和活动办公室，成立市级、各区志愿者行动指导中心和广州志愿者协会，负责具体组织实施有关发展志愿服务事业的决策部署。同时，充分发挥各级民政、共青团、妇联等部门的作用，倡导社会各界积极参与、各职能单位密切配合，形成市、区（县级市）、街（镇）、社区（村）四级协同联动，广州青年志愿者协会、妇女志愿者协会、红十字会等各类志愿服务团体、志愿

① 汪祥波：《打造“社工+慈善”方案，广州将设立社区慈善捐赠站点》，南方Plus，2019年5月5日，http://static.nfapp.southcn.com/content/201905/05/c2189133.html?group_id=1.

② 符畅：《广州持证社工超2.4万，社会工作服务走在全国前列》，《羊城晚报》2021年3月17日。

服务组织参与实施，各展所长、各负其责的志愿服务工作格局。2015年底，广州就入选全国首批创建“志愿服务模范城”试点城市（共8个）。

党的十八以来，广州市大力建设志愿之城，认真贯彻落实党中央关于志愿服务工作的决策部署，坚持以人民为中心，弘扬新时代志愿服务精神，激发志愿服务活力，不断推动志愿服务事业高质量发展。截至2020年底，全市注册志愿者人数达380万，注册志愿服务组织及团体1.5万个，累计开展志愿服务时长1.2亿小时；组建3000多人公共文明引导志愿服务队伍；4300余支党政机关和事业单位党员志愿服务队及网络文明志愿服务队；成立消防志愿服务队等27支行业性专业志愿服务队伍和115支助残志愿服务队。其中，南沙青春志愿服务研究院打造“志愿空间”“志愿在线”平台，筹建“青年志愿谷”“粤港澳大湾区志愿服务合作基地”，并成立“志愿服务产学研基地”“志愿网络学院”，不断推进志愿服务制度化、专业化、多元化发展。①

2011年，为搭建一个开放、高效的志愿服务供需对接平台，中国共产主义青年团广州市委员会借鉴“广交会”模式，首创志愿服务广州交流会（以下简称志交会）。2014年，团中央将第四届志交会提升为全国性展会，“广州模式”推广至全国，形成线上线下跨界资源链接的新型培育模式。近年来，志交会积极推动志愿服务组织、项目、个人深入参与社会治理，着眼于增强人民群众的获得感、幸福感、安全感，聚焦解决群众“急难愁盼”的问题开展一系列服务，成为新时代坚持人民至上、推动志愿服务走深走实的助推器。十年来，志交会经历了探索—提升—深化的三个阶段，完成一次又一次的华丽蜕变。志交会围绕服务中心大局、城市发展、群众需求，为超过2000个志愿服务项目搭建了交流展示平台，培育组织超过1200个，资助项目近1600个，资助金额超过5000万元，覆盖传承红色基因、乡村振兴、环境保护、疫情防控、文明实践等30多个服务领域，致力

① 《全国志愿模范城市 广州志愿服务争做表率》，南方网，2021年3月5日，https://creditgd.southcn.com/node_9df024e8fe/f8b9352a3b.shtml.

打造全市乃至全省、全国的“青春志愿”示范品牌。[①]

广州依托全市2852个新时代文明实践中心（所、站），以志愿服务为主要活动形式，完善文明实践项目库和点单派单模式，大力开展教育文化、医疗健康、生产发展、生活服务等方面服务活动。其中，青春志愿服务研究院开创“志愿在线”官网，该平台为国与国之间、社会与群众之间、人与人之间建起一架有爱无碍的桥梁，官网点击率达数十万人次。并成立“志愿网络学院”网校，以在线教育的形式突破了时空的限制，凭借创新型动漫特色课堂和阶梯型授课模式，跻身全国志愿服务专业化前列，助力志愿服务文化的传播和推广。此外，还引导高校青年志愿者主动参与读懂中国国际会议（广州）、中国进出口商品交易会（广交会）、广州马拉松赛等大型活动志愿服务，为“志愿之城”注入青春活力，向世界展示广州青年的温暖与担当。

新冠肺炎疫情期间，广州市启动疫情防控应急志愿服务，向全市发布志愿服务项目2万多个，组织200多万志愿者主动下沉基层，形成全民参与、群防群治、群策群力的抗击疫情工作格局。开展多种特色志愿行动，提供守护贴心服务；举办新时代文明实践“防疫行动”“最美逆行者”故事汇等网络志愿服务直播活动。志愿服务组织代表——南沙区青春志愿研究院全体志愿者积极传承践行抗疫志愿服务精神，以“若有召，必勇担”的决心，为抗击新冠肺炎疫情和推动各行各业复工复产做出了努力和奉献。

展望下一阶段，广州将持续加强县级青年志愿者协会建设，扩大覆盖，提升能力，吸引凝聚更多青年社会组织和新兴领域青年加入青年志愿者组织，助力提升共青团组织力、引领力和服务力。充分发挥好志交会和广州青年志愿服务精品项目大赛的平台功能，进一步发掘、展示、宣传可复制推广的优秀青年志愿服务项目。围绕广州城市发展规划需要，优化、

① 张姝泓：《志愿服务项目聚焦群众“急难愁盼”，十届志愿服务广州交流会硕果累累》，《广州日报》2021年12月7日。

调整全市志愿驿站站点的选址及功能设置。推动青年志愿服务信息管理平台升级，不断强化青年志愿服务的精细管理和精准对接。创作一批优秀的青年志愿服务文化产品，并探索向世界输出广州青年志愿服务经验的有效途径。

第六章

谱写乡村基层民主新篇章

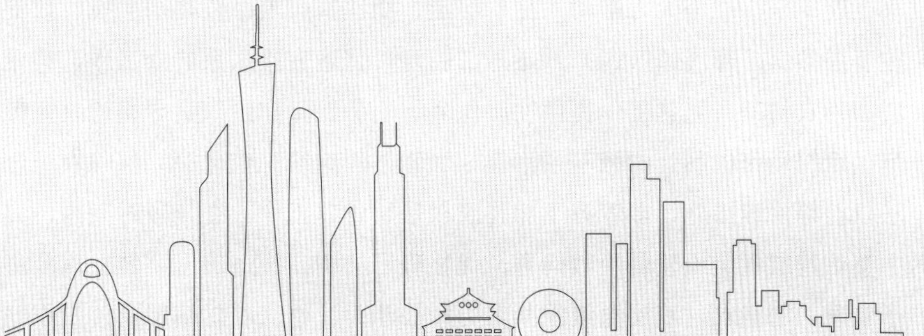

乡村治理是国家治理的基石，是乡村振兴的重要内容。乡村治理不仅关系到农村改革发展，更关乎党在农村的执政基础，影响农村社会大局稳定。乡村治理是一项外部性很强的基础工作，是一项重大的政治工作、社会工作、群众工作。稳固农村这个战略后院，保障乡村振兴行稳致远，才能保证党在农村的执政基础。反之，则可能导致人心离散，甚至激化矛盾、引发社会不稳。中华人民共和国成立以来，农村能够保持稳定，很重要的一条经验，就是我们党始终高度重视乡村治理工作。新阶段新征程，我们面临的外部环境更加错综复杂，改革发展稳定任务更加艰巨繁重，更需要加强和改进乡村治理，以善治乡村为开新局、应变局、稳大局提供基础支撑。

党的十八大以来，乡村治理工作全面提速，目标是要创新乡村治理体系，走乡村善治之路；健全自治、法治、德治相结合的乡村治理体系，让农村社会既充满活力又和谐有序；改善农民精神风貌，提高乡村社会文明程度。党的十九大报告提出乡村振兴战略，明确产业兴旺、生态宜居、乡风文明、治理有效、生活富裕的总要求，建立健全城乡融合发展体制机制和政策体系，加快推进农业农村现代化，加强农村基层基础工作，健全自治、法治、德治相结合的乡村治理体系。通过加强和改进乡村治理，提供高效组织动员的社会资源和农民向上向善的内生精神力量，为新时代乡村全面建设打牢发展之基。

近年来，广州大力推动人往基层走、物往基层流、钱往基层投、政策往基层倾斜，开展镇（街）领导干部驻点，普遍直接联系群众工作，群策群力为农村基层党建工作提供物质保障、服务保障和组织引导。通过完善基层组织运作机制、加强基层治理、加强矛盾纠纷排查化解、保障农民合法权益等治理措施，多管齐下加强农村基层党建工作。在一段时期内，集中整治基层党组织软弱涣散问题，优化班子结构、增进班子团结、规范班子管理，增强农村基层党组织凝聚力和战斗力。建立农村基层党建工作问责制，把抓村党组织建设情况作为选拔任用干部必要条件。经过多年持续努力，在乡村基层治理上取得了扎实成效。

一、全面强化乡村基层党组织建设

农村工作在党和国家事业全局中具有重要战略地位，是全党工作的重中之重。中国共产党农村工作很重要的一条经验，就是把党的组织建在村里，发挥村党组织战斗堡垒作用，通过政治教育、思想引导、社会服务把农民组织起来，紧密团结在党的周围。乡镇党的委员会和（行政）村党组织是党在农村的基层组织，是党在农村全部工作和战斗力的基础。推进乡村治理，要把强化农村基层党组织建设摆在首位，建强基本队伍、基本阵地、基本制度、基本保障，组织带领村委会、集体经济组织、社会组织等共同唱好乡村全面振兴“大合唱”，充分发挥农村党员的先锋模范作用，引领群众组织起来、人心凝聚起来。2019年，中共中央印发了《中国共产党农村基层组织工作条例》，指出党的农村基层组织是党在农村全部工作和战斗力的基础，始终坚持农村基层党组织领导地位不动摇，全面领导乡镇、村的各种组织和各项工作，以提升组织力为重点，突出政治功能，使基层党组织成为宣传党的主张、贯彻党的决定、领导基层治理、团结动员群众、推动改革发展的坚强战斗堡垒。

自2018年以来，广州持之以恒抓基层、打基础，推动农村基层党建全面进步全面过硬，为实现老城市新活力、“四个出新出彩”提供坚强的组织保证。2018年，广州市发布《广州市加强党的基层组织建设三年行动计划（2018—2020年）》，推动全面从严治党向基层延伸，促进全市党的基层组织建设全面进步、全面过硬。2021年，广州发布新一轮《广州市加强党的基层组织建设三年行动计划（2021—2023年）》，目标要求坚持以习近平新时代中国特色社会主义思想为指导，把握新发展阶段、贯彻新发展理念、服务构建新发展格局，紧紧围绕探索党建引领超大城市基层治理现代化的有效路径，健全“令行禁止、有呼必应”党建引领基层共建共治共享社会治理格局，以高质量党建引领广州经济社会高质量发展。该行动计划提出抓好“十大行动”、健全“十项机制”，包括实施抓党建促乡村治理提质增效行动、完善农村党组织对各类组织的统一领导机制，为农村基层党组织建设提出明确指引。

（一）排查整顿党组织软弱涣散问题

2016年，广州印发《广州市整顿软弱涣散村（社区）党组织工作方案》《软弱涣散村（社区）党组织第一书记管理办法》，紧盯131个软弱涣散基层党组织，坚持“一村（社区）一策”“一症一策”精准整顿，明确整顿重点、整顿时限和责任分工，逐条逐项抓好整改落实。先后对全市2759个村（社区）党组织开展8轮“拉网式”精准排查，“抓出”192个软弱涣散基层党组织，整顿工作被列入抓党建述职评议考核的重要内容，市领导带头挂点整治。来自市、区两级党政机关、企事业单位的156名优秀党员干部全脱产驻村（社区）担任第一书记，来自区直机关的510多名年轻干部担任整顿工作队员，“一村（社区）一策”“一症一策”整改问题。截至2020年末，全市192个软弱涣散基层党组织100%提前达到“摘帽”标准。[①]

2018年，广州市高位推动实施加强党的基层组织建设三年行动计划，印发《关于开展党支部标准化建设的通知》，从组织设置、班子建设、党员教育管理、组织生活、发挥作用、运行机制、工作保障7大方面，细化34项具体工作内容，并设计包括党支部建立、党支部换届选举、发展党员等13张工作流程图，进行流程上的分解、细化，给予基层党组织清晰指引。在此基础上，广州大力推进村（社区）党组织设置整改，全面摸排、精准统计村（社区）和集体经济组织、农民合作组织党组织设置情况，全面整改党员人数超过100名但未设立党委或者超过50名不足100名但未设立党总支的村（社区），以及党员人数在3名以上但未设立党支部或党小组的自然

① 李鹏程、苏力：《凝心铸魂 高质量党建引领高质量发展》，《南方日报》2021年6月28日。

村（村民小组），倒排时间表，逐一推进，现已全部完成规范设置工作。坚持一年一主题，集中解决关键性、普遍性突出问题，不断提升基层党组织建设水平，激发起城市高质量发展的活力和动力。

白云区大源村面积约25平方千米，村内房屋建筑6800多幢，其中“出租屋”达3400多幢，实际服务管理人口超过17万人，辖内有7个大型物流园，是电商经济年销售额超300亿元的著名“淘宝村”。作为全市“最大的城中村”，大源村的基础薄弱，违法建设、治安维稳、环境卫生等“城中村”治理典型难点问题突出，传统的社会治理模式无法跟上经济发展的步伐，也无法满足人口剧增所带来的社区公共服务需求。2018年，白云区启动大源“重点村”综合整治行动，在基层治理方面先行先试，打造以“党建连心源、群防共治源、技防智慧源、志愿爱心源、文化润心源”为主线的“平安源计划”。以大源村社会治理创新为突破口，短期整治与长远规划相结合，打造可复制、可推广的共建共治共享社会治理格局基层样板。大源村设立了村“大党委”，进一步理顺大源辖内各级党组织之间横向、纵向关系，强化村级党组织对辖区各类组织的全面领导，推动实现“一经济社一支部”全覆盖，优化和完善了村党委、23个经济社党支部。把区域内19个两新党组织和3个社区党组织全部纳入村党委管理，并对未组建支部的两新组织实行村党组织兜底覆盖，实现村党委对区域党组织的全面统筹管理，发挥党建引领基层治理最大效能。大源村按照社区、片区、小区、楼宇、商区等不同层级划分111个管理网格，每个网格建有支部或党小组。整合281名本地党员和1089名流动党员，建立212个党员责任区，建立网格党员微信群，每个党员均去网格报到，参与网格治理及服务，建立“党委—支部—网格—党员”四级管理架构。并建立了党员联系群众机制，开展星级党员评选，实现“一个支部就是一个堡垒，一名党员就是一面旗帜”。此外，培育和引导有条件的社会组织成立党支部或成立联合党支部，同时充分发挥社会组织党组织和流动党员在平安建设中的先锋模范作用，成为引领和带动群众参与基层社会治理的“排头兵”。大源村通过强有力的党建引领，从社会治理、民生保障、经济发展等方面多点发力，直达病灶、剜除病根，党员和村社干部的精神面貌、意识观念都焕然一新，履职作为的主动性大大提高。[①]

增城区自2014年起实施“一村一策”“一事一策”，建立软弱涣散村级党组织工作台账。一是安排区领导挂点整顿软弱涣散村级党组织，要求每月至少到村1次，上党课1次，摸情况、定措施、抓整治。二是单位挂钩，工作责任到位，结合增城开展“联村、联户、联民心”行动，安排了单位对口联系软弱涣散村级党组织，各单位领导班子成员每人结对1个合作社（村民小组）、联系帮扶2户群众，中层干部每人结对1个合作社（村民小组）、联系帮扶1户群众，其他党员干部每人联系帮扶1户群众，每年办1件以上能让基层群众切身体会到的好事实事。三是落实工作组驻村制度，抽调结对联系的单位和所在镇街的骨干力量，组成专项工作组驻村工作，选派优秀党员干部担任软弱涣散村级党组织“第一书记”，到村开展整治工作。同时，为每个软弱涣散村、社区选派了党建工作指导员，配备了大学生村官，形成强大的工作合力。在“四议两公开”的基础上，辖区村委会创新了“1342”工作法，村级重大事务按照“1342”工作法民主决策，基层组织的创造力、凝聚力和战斗力得到大幅提升，党群干群关系日益和谐。[②]

（二）落实村党组织书记“三个一肩挑”

落实好村党组织书记“三个一肩挑”工作，是新时代基层党组织建设的新定位、新要求。党的十九大以来，广州市把村党组织书记“三个一肩挑”，作为落实《中国共产党农村基层组织工作条例》和“不忘初心、牢记使命”主题教育的重点任务进行集中攻坚。2019年，广州印发《全面

---

① 汤南：《白云区：党建引领同源共治，大源村焕发新活力》，《广州日报》2019年11月28日。

② 广州市增城区委组织部：《广州增城市采取有力措施整治软弱涣散村级党组织》，广州党建网，2014年6月6日，https://www.gzdj.gov.cn/zzgz/info_36_itemid_2633.html.

提升组织力，构建“令行禁止、有呼必应”基层党建工作格局实施方案》和《关于加快推进村党组织书记“三个一肩挑”工作的通知》，将“三个一肩挑”作为强化基层党组织政治功能的硬举措来落实，建立定期汇总、定期提醒、层层约谈三项机制。同时，“三个一肩挑”被纳入市委重点督办事项和主题教育整改清单，市、区两级62个指导组开展常态化督导，督促各区、镇（街）主动认领，上下联动推动整改落实。各区党委书记通过召开推进会、集体约谈、跟踪调度等方式反复发动部署，各镇（街）党（工）委书记带动班子成员分片包干，走村入户开展谈心谈话，‘一村一策’解决具体问题，确保一个镇一个镇抓落实，一个村一个村推到位。对全市未实现“三个一肩挑”的村，逐村分析研判，逐村制定选配方案，通过选优配强一批村党组织书记、依法撤换一批村委会主任、同步调整一批村级经济组织负责人，破解“四不”书记难以胜任“一肩挑”、“三类人员”占“位子”等重点难点问题。

广州不断完善储备锻炼、素质培养、正向激励的“头雁”工程体系建设，为加快推进“三个一肩挑”奠定良好基础。从2018年开始，广州通过“村（社区）推、镇（街）选、区考察”的方式，在全市储备了村级后备人选14000多名，其中村（社区）党组织书记后备人选5490名，并采取结对帮带、参与“两委”分工等方式加强跟踪培养，为实现“三个一肩挑”储备了一支数量充足、结构合理、素质优良的村级后备力量。

此外，广州印发实施《加强村党组织运转经费保障工作实施意见》，将村党组织书记每月补贴提高至5000元以上、每年绩效奖励提高至2万元以上，并按每村每年10万元安排服务群众、村办公两项经费，进一步调动农村基层干部工作积极性，为农村吸引和留住人才、实现“三个一肩挑”提供了有力保障。

通过推进“三个一肩挑”，有效提高新时代党的农村基层组织建设质量，进一步夯实了党在农村基层的执政基础。各级党组织组织力持续提升，实现“有令必行、有禁必止，有呼必应、有诺必果”，使推进“三个一肩挑”的过程变成组织群众、宣传群众、凝聚群众、服务群众的过程，变成带领群众一起啃硬骨头、一起打硬仗、一起建设幸福美好家园的过程。截至2020年底，全市1144个行政村100%实现村党组织书记“三个一肩挑”。整个推进过程平稳有序、风清气正，既为确保党的基层组织对农村基层的全面领导奠定了坚实基础，又检验了各级党组织战斗力执行力，进一步巩固了党在农村的执政基础。

党的十八大以来，广州市在总结村干部选拔培养经验的基础上，决定实施“羊城村官上大学”工程。该工程立足提高农村基层干部的整体素质，无论是办学理念、教学方式方法，还是学员选调、学员考核评价上，既把党的创新理论、农村农业政策和党性党风教育作为主业、主课，又发挥组织部门在学员选、育、用、管上的优势和国家开放大学在正规化办学方面具有的师资力量优势，为培养造就新时代德才兼备的农村基层干部探索了新鲜经验。广州市把实施农村基层干部战略性培养与实施农村党组织“头雁”工程、推动城乡治理一体化布局结合起来，把村干部的战略性培养作为切实有效的抓手，推动实现“要村干部做”向“村干部要做”、“村干部学历教育”向“村干部政治训练”的转变，从头到脚改变了广州村干部的形象。

2012年以来，广州市持之以恒推进“羊城村官上大学”工程，先后印发出台《关于组织实施“羊城村官上大学”工程的通知》和《关于优化提升“羊城村官上大学”工程的实施方案》。截至2020年末，全市村（社区）“两委”干部、党组织书记大专以上学历占比分别由2012年的29%和41%提高到67%和78%，累计招生11939名，毕业人数6186名。在此期间，共有147名学员受到上级提拔重用，139人成为各级人大代表，营造了乡村干部群雁齐飞的新局面，为打造高素质专业化基层干部队伍方面探索了广州模式、羊城经验。未来，广州将确保全市村（社区）党组织书记大专以上学历占比达到90%以上、“两委”班子成员大专以上学历占比达到80%以上。“羊城村官上大学”工程的大专、本科班学制均为两年半，分别需要修完22门、24门课程。在具体课程设置上，通过“菜单定制”的方式，为农村、城市社区不同领域的学员班量身定制差异化的课程表，学历班约40%

的课程是根据基层干部实际从特色课程中选择配置，较好地实现了课程内容与基层干部岗位实际相匹配。

为减轻基层干部学费负担，广州市一级财政每年投入1988万元建立行政村党建工作专项资金，用于支持“羊城村官上大学”工程等基层党建工作。同时采取“三个一点”（市区财政补一点、学校减一点、自己出一点）的方式，基层党员干部个人仅需自付1500元就能完成整个本科或者大专学历学习，只占本科（需7500元）、大专（需6500元）学杂费总额的1/5左右。

项目实施以来，已有来自天津、张家口、成都、无锡等市以及福建、青海等省的国内同行先后专程到广州，就农村基层干部培养进行交流30余次，肯定了“羊城村官上大学”工程在工作机制和人才培养模式上的先进性。为将“羊城村官上大学”工程经验向全国推广，广州开放大学承办贵州省黔南州乡村振兴干部培养项目，将农村基层干部学历培养生态学习共同体的经验向贵州同行进行了展示，组织参训学员前往广州市从化区生态设计小镇、米埗村、从化西河万花风情小镇和白云区大源村等现场教学点参观学习，现场交流乡村基层工作经验。研讨项目获得学员一致好评。①

广州市计划以“123”为纲，推动“羊城村官上大学”工程优化升级。“1”即扭住“一个重点”，紧盯村（社区）党组织书记这个重中之重，选送尚未达到大专学历的党组织书记参加学历层次提升教育；“2”即推动“两个延伸”，将教育层次由大专向本科学历延伸、教育对象由农村向社区干部延伸；“3”即实现“两委”干部、后备干部、集体经济组织班子成员参加“羊城村官上大学”学历教育“三个覆盖”，确保全市村（社区）党组织书记大专以上学历占比达到90%以上、“两委”班子成员大专以上学历占比达到80%以上。另外，为提升办学质量，广州正探索将办学主体由广州市广播电视大学向在穗其他高校（如华南农业大学、仲恺农业工程学院

① 周甫琦：《广州万名“村官”上大学：组织队伍建设 引领乡村振兴》，《南方日报》2019年6月21日。

等）拓展，推动办学主体多元化。按照村（社区）干部的实际需要，采取统一办学与分校上学相结合、面授辅导与网络自学相结合、理论教学与现场教学相结合、集中轮训与日常教育相结合等形式，推动教学模式创新。紧扣“缺什么补什么、干什么学什么”，通过案例教学、实地考察、知识竞赛、领导专家“上讲台”等灵活多样的教学方式，确保基层干部“读得懂、学得会”。

二、规范“两委”换届选举

农村民主治理具有选举民主和协商民主两种主要形式。改革开放以来，农村民主治理取得了很大成效，但是随着社会的不断发展进步，社会矛盾也越来越多，表现为选举不规范、随意性较大。村委会在换届选举过程中存在很多不规范。在实际的选举过程中乡镇政府的职能“缺位”和“越位”现象时有发生。村民参与度不高，选举民主与乡村治理脱节等。如何保障换届纪律风清气正，确保换届平稳有序，是乡村基础治理中的重要内容。

近年来，广州市按照中央统一部署和省委工作要求，把坚持党的全面领导贯穿换届全过程，严格落实《中国共产党基层组织选举工作条例》，扎实做好换届各项工作，确保换届平稳有序、风清气正。一是强化政治担当，坚持把政治标准摆在首位，选出忠诚可靠、党性强作风好、治理能力强的村（社区）“两委”班子，推动基层基础全面进步全面过硬。为广州以“四个出新出彩”引领带动全市各项工作全面出新出彩，在全省实现总定位总目标中勇当排头兵提供坚强组织保证。二是严肃换届纪律，坚持正面引导与警示教育双向发力，严明政治纪律和政治规矩，深入开展纪律提醒，及时掌握村（社区）“两委”换届动态，着力加强对换届的跟进监督、精准监督、全程监督，严肃查处各类违法违规行为，坚决维护换届工作严肃性。三是加强组织领导，牢牢把握党对换届工作的领导权主动权，进一步压紧压实各区党委和镇（街）党（工）委主体责任，健全各部门协同联动机制，深入细致做好思想引导和宣传发动，引导党员群众有序参与，确保换届工作沿着正确方向前进。2021年，全面高质量完成了2759个村（社区）“两委”及村级配套组织换届选举，顺利选出“两委”班子成员19324名。学历水平（大专以上学历占比88.27%）、35岁以下年轻干部配比（占比34.72%）、女村委会主任比例（占比11.71%）、女村委会干部比例（占32.30%）等得到大幅度提升，达到了选优配强、结构优化和平稳有序的预期目标，夯实了广州“十四五”时期高质量发展的基层组织基础。①

（一）严格选举程序

广州坚持组织部门牵头抓总，各职能部门加强联动、同向发力，确保选举过程平稳有序、风清气正。通过严格资格审查、选举程序和选举纪律，制定村民委员会、集体经济组织补选工作指引，并指导基层具体实施，开展专题培训、强化反面案例警示教育、走村入户宣讲政策等手段，教育引导干部群众严守选举纪律，认真落实人选资格区级联审机制。

按照中央、省委的统一部署要求，广州基层换届选举坚持教育在先、警示在先、预防在先，深入开展思想教育以及警示教育，广泛宣传换届纪律，确保“五个严禁、五个一律”换届纪律入脑入心。

一是严禁拉票贿选。不准通过串门拜访、打电话、发短信或微信等方式，请求他人给予自己关照；不准委托或授意他人说情打招呼；不准以违规做出竞职承诺、许诺相关好处，如赠送礼品礼金、电子红包、有价证券，宴请或举办联谊活动，安排各类消费活动等方式进行拉票。对拉票贿选的，一律依法依规取消候选人资格，已经当选的当选无效。构成违纪违

① 何道岚：《广州高质量完成2759个村（社区）“两委”换届》，《广州日报》2021年5月20日。

法或涉嫌犯罪的，依纪依法予以严肃处理。参与或帮助他人拉票贿选的，比照为自己拉票贿选的行为给予相应处理。

二是严禁破坏选举。不准勾连“村霸”等黑恶势力、敌对势力操纵选举；不准砸毁抢夺票箱、伪造撕毁篡改选票、殴打谩骂选民、围攻选举工作人员、冲击选举会场，妨碍选举正常进行。对破坏选举的，一律从严从重查处，属于候选人的依法依规取消候选人资格，已经当选的当选无效。以寻衅滋事、暴力威胁、煽动策划非法集会等方式破坏选举的，当场制止并依法给予治安管理处罚等处理。构成违纪违法或涉嫌犯罪的，依纪依法予以严肃处理。

三是严禁干扰换届。不准利用家族宗族势力、宗教势力干扰换届或搞拉帮结派、团团伙伙等非组织行为；不准以网络发帖发视频、张贴散发宣传材料等手段，编造传播谣言，诬告诽谤他人；不准欺骗、煽动、串联、胁迫不明真相的群众，通过非法上访等方式干扰换届；不准以虚假委托、阻拦投票等手段妨害他人正常行使选举权和被选举权；不准干扰换届人选资格审查、阻挠对违反换届纪律问题的调查处理。对干扰换届的，一律严肃批评教育，责令消除影响。属于候选人的依法依规取消候选人资格，已经当选的当选无效。构成违纪违法或涉嫌犯罪的，依纪依法予以严肃处理。

四是严禁违规操作。不准随意变通更改、合并省略换届法定程序；不准跑风漏气、通风报信，私自泄露扩散有关换届保密内容；不准在人选资格审查、考察等工作中走过场，或在选举工作中徇私舞弊。对违规操作的，一律记录在案、严肃批评、责令纠正。造成恶劣影响的一律先予停职，构成违纪违法或涉嫌犯罪的，依纪依法予以严肃处理。

五是严禁阻挠交接。不准在工作交接前，以巧立名目突击花钱、伪造虚报合同债务、违规处置集体资产、突击安排就业岗位等方式，制造不利于交接的情形；不准以拖延移交、强行占有、藏匿毁坏账册、文档、公章等方式，阻挠换届后交接工作。对阻挠交接的，一律严肃批评、责令纠正。造成集体财产损失的，依法承担赔偿责任。构成违纪违法或涉嫌犯罪的，依纪依法予以严肃处理。

（二）加强选举监督

广州始终坚持换届监督教育在先、警示在先、预防在先的原则。各区纪委监委通过微信公众号专题推送换届纪律动画漫画、设点宣传、编发换届纪律口袋书、签订廉洁竞选承诺书等方式，线上线下广泛宣传换届纪律，积极营造风清气正的换届氛围。在花都区，区纪委监委结合村级换届，组织各村（社区）干部旁听庭审现场，开展现场普法教学。并根据近年来查处的村干部违纪违法典型案件，拍摄制作警示教育片——《蝇贪之祸》，要求各镇街组织村（社区）干部集体观看学习。海珠区纪委监委将“立案警示大会”开到区内某经济联社，会上当场宣读对部分联社干部的立案决定，给全体经济联社干部上了一堂深刻的现场警示教育课。

广州全市各级纪检监察机关把加强换届纪律监督作为一项重大政治任务，认真履行监督责任，强化追责问责，严肃查处拉票贿选等不正之风和违纪违法行为，为村（社区）换届选举提供坚强纪律保证。广州市纪委监委专门制定加强村（社区）“两委”换届纪律监督工作方案，明确任务分工，细化工作措施，全面排查梳理涉及村（社区）干部违反换届纪律等方面的问题线索，确保存量问题线索在换届选举实施前基本处置到位、应结尽结。健全村（社区）“两委”换届选举问题信访举报受理和核查工作机制，在信访信息系统专设“村（社区）换届选举”分类标识，明确案件办结期限，督促加快结案进度。在增城区，区纪委监委对全区13个镇街各村（社区）换届选举前的信访举报工作调查摸底，全面排查梳理涉及村（社区）干部违反换届纪律、党员身份造假、把持基层政权、涉及农村“三资”（资金、资产、资源）监管等方面的问题线索。对往届选举中存在集体访、越级访隐患的镇街以及重复举报件多、宗族派系复杂、历史遗留问题较多的重点村（社区），加强分析研判，推行月排查、零报告制度。

广州市各区纪委监委、街道纪工委、社区（经济联社）监察站围绕信访举报、纪律作风等情况，三级联动开展监督。

其中，荔湾区各街道纪工委建立社区（经济联社）班子成员、中层管理人员数据信息库，对当选代表廉政纪律、工作作风方面情况严格把关。海珠区纪委监委从专职经济联社监察站站长中，选派5名参加区委换届指导组，提前介入候选人资格审查，通过核查发现琶洲街道黄埔经济联社下属4个经济社4名候选人的问题线索4条。白云区要求村（社区）换届选举公开报名、公开申报、公开廉洁参选、公开集中竞选、公开宣誓就职、公开履职承诺，并按照不少于5%的比例对报名参选人员进行抽查，深入查找是否存在不如实申报个人廉洁事项等问题，同时要求参选人在竞选大会上公开个人房产等廉洁事项。番禺区纪委监委根据前期群众反映该区某村干部陈某党员身份造假及贿选信访举报，迅速成立专案组，以该线索为切入点进行深挖彻查，先后对10人立案调查，查实该村2008年以来换届选举的拉票贿选问题及其他腐败问题，并将该案拍摄成警示教育片播出，在当地引发积极反响，收到较好警示效果。①

黄埔区全面落实“包镇走村入户”制度，成立区村（社区）“两委”换届工作领导小组，由黄埔区委广州开发区党工委书记担任组长，全部区级党政班子成员挂钩联系17个镇（街），印发换届选举前期准备有关工作的通知、12000份换届“口袋书”和《民情日志》等工具资料。在上级相关工作指引未出台的情况下，摒弃“等、靠”思想，提前做好人选摸排、资格审查、财务审计、分析研判等重点工作，做到“底数清、情况明”。通过组织开展覆盖所有镇（街）、农村和转制社区的换届专项“深调研”，指导镇（街）按照“一村一策”原则，建立工作机制，确保矛盾及时化解、隐患及时排查、工作及时推动。组织换届工作指导员参加培训会、座谈会，编发换届政策文件资料，确保一线党务工作者和换届指导员有效发挥指导作用。通过细化人选资格审查办法，将区级联审单位增加到18个，对初步人选资格条件分别进行核查，出具研判意见。对“一肩挑”、交叉

① 沈亦霖：《广州三级联动严抓村级换届风纪》，《广州日报》2021年2月6日。

任职、直选、兼职和参选率等比例指标要求“划重点”，建立换届“数据库”和“问题清单”，挂“单”深入研究政策措施，推行10条硬举措，明确村级党组织带头人“四好四强”标准和“四个一肩挑”硬指标，树好选人用人鲜明导向。黄埔区还建立“10必撤”动态清理机制，开展“四个一”专项行动，坚持“一村一策”“一人一策”“一事一策”，对12100名村社党员进行无死角大排查，对33名不称职村社干部进行坚决撤换，对审计、评议中问题突出的村社干部进行及时清理，坚决不予连任，确保人选质量。①

（三）做好乡村人才力量储备

面对乡村干部班子成员年龄总体偏大、学历层次偏低、年轻干部储备不足、关键岗位历练偏少等的问题，广州市基层党组织立足“选好一届，受益五年”，从基层长远发展出发，发掘乡村振兴、基层治理等方面的急需实用人才。从本村致富能手、外出经商返乡人员、本土大学毕业生、退役军人中选拔的“两委”干部占了近50%，为促进乡村振兴、提升基层治理效能提供了重要人才支撑。

白云区通过创新“选、育、管、用”的全链条模式，精准选出一批综合素质高、培养潜力大、熟悉村情民意和企业经营的干部，促进政府雇员队伍改革创新，为社区（村）“两委”及区属国企提供优秀青年人才支持。白云区于2021年出台《关于加强在政府雇员中培养、选拔村（联社、社区）“两委”及区属国企优秀年轻干部的实施意见》，要求各镇街将以不低于村（联社、社区）数量1.2倍的标准，在政府雇员系列中选配培养对象，原则上按5年为培养周期，培养期间若村（联社、社区）、区属国企出现指标空缺时，用人单位考核年轻干部后，可择优列为推荐人选。此

① 广州市黄埔区人民政府：《全市第一！黄埔区夏港街6社区率先完成“两委”换届》，黄埔区人民政府网，2021年1月3日，http://www.hp.gov.cn/xwzx/zwzt/hpqcslwhj/lwhj/content/post_7009660.html.

外，年轻干部培训将列入基层干部培训计划，落实教育培训学分制，由各镇街党（工）委具体组织实施，结合工作实际，定期开展政策理论、业务知识、工作技能等方面培训。同时，年轻干部还实行每年或每半年轮岗一次，主要在本镇街综合执法、综合治理、公共服务、党建（团建）线口及属地村（联社、社区）等不同岗位之间进行轮岗，切实解决年轻干部关键岗位历练不足的问题。对表现优秀的年轻干部进行分类推荐——符合村（联社、社区）“两委”人选任职条件的年轻干部，由各镇街列为村（联社、社区）“两委”干部建议人选。符合社区专职工作人员选拔条件的，由各镇街向区民政局推荐，区民政局在年轻干部选拔机制中择优遴选。区属国企年轻干部选拔范围可放宽至全区各镇街各部门，由区国资局制定选拔机制，在全区政府雇员中择优遴选。[①]

黄埔区把村级组织换届工作作为全区加强基层组织建设、深入推进基层治理、巩固基层政权的头等大事来抓。坚持立足实际，注重从“抢抓节点、突出重点、瞄准难点、打通堵点、精选驻点”五个关键点入手，以点带面、连点成线，努力形成主动打好村级组织换届决胜战的工作机制和良好局面。针对村级后备干部质量不够、活力不够、动力不够“三个不够”人才链短板问题，黄埔区通过实施“乡雁归巢”工程，要求村级后备干部中返乡优秀人才占比不少于30%。通过海选本土能人，引导有素质、有能力、有乡情、有担当的能人回村（社区）参选任职或纳入储备，指导镇（街）通过公开报名选拔，召开毕业大学生、退伍军人座谈会等方式建立“乡雁信息库”。截至2020年末，黄埔区共选拔799名返乡优秀人才进入村（社区）“两委”班子，占比超七成，为基层未来五年发展夯实人才基础。

---

① 汤南：《建立年轻干部库、择优选任！广州白云区出台政策培养选拔政府雇员为基层输送优秀人才》，《广州日报》2021年8月11日。

（四）以换届为契机推动民生实事

广州市各级党组织始终以习近平新时代中国特色社会主义思想统领和指导换届工作，把换届过程作为用习近平新时代中国特色社会主义思想武装党员干部、团结凝聚广大群众的过程，作为深化构建基层党组织领导的“令行禁止、有呼必应”共建共治共享社会治理格局的过程，教育引导广大党员干部进一步增强“四个意识”、坚定“四个自信”、做到“两个维护”，实现上级决策部署一贯到底、指挥调度上下“一盘棋”、党群联动“一呼百应”，将党的政治优势、组织优势全面转化为换届工作优势。

以基层换届选举为契机，广州市积极实施民生实事纾困解难工作，集中时间、集中力量整治基层治理存在的薄弱环节和突出问题，排查整顿换届重难点村（社区），借势破解基层难点堵点问题，乘势解决群众操心事烦心事揪心事，使换届成为解难题、办实事，让群众得实惠的过程，得到群众的广泛好评和一致拥护。全市还主动适应换届带来的村级组织架构调整，同步推动修订完善村规民约、议事决策、管理监督等村级组织运作机制，组织新班子开展梳理一份履职清单、完善一套规章制度、编制一份五年规划、推进一批民生实事、实施一轮走访入户等“五个一”活动，排查整顿换届后重点关注村（社区），推动基层党组织在服务全市高质量发展中展现新气象、实现新作为、创造新业绩。海珠区凤阳街逸景东社区十多次联合多部门召开意见征询会，群策群力化解垃圾分类矛盾，将垃圾投放点改造成“星级投放点”。瑞宝街南洲社区在选举前组成扫楼小组，到居民家中收集治理意见，针对反映强烈的天台垃圾堆积问题，协调物业公司、城管执法队、党员志愿者等多方力量，洗净沉疴。黄埔区抓住村居换届契机，借势攻坚旧改，对全区66个旧村改造拆迁项目进行重点落实，换届期间共计拆除旧村面积1490万平方米，完成城市更新固定资产投资264.7亿元。项目批复总量、开工面积、投资金额、实施进展均居全市第一。

三、探索乡村治理新模式

随着中国的发展与现代化进程进入新时代，当代中国的基层乡村治理与自治亦开启了新的历史征程。党的十八大报告提出，“要健全基层党组织领导的充满活力的基层群众自治机制”。党的十九大报告则明确提出要“健全自治、法治、德治相结合的乡村治理体系”。《中共中央国务院关于实施乡村振兴战略的意见》基于党的十九大提出的决胜全面建成小康社会、分两个阶段全面建成现代化强国的战略安排，设定了健全新型乡村治理体系的“三步走”战略构想，即到2020年，乡村治理体系进一步完善；到2035年，乡村治理体系更加完善；到2050年，包括健全乡村治理体系在内的乡村振兴战略目标全面实现。在新型乡村治理体系中，自治、法治、德治这三种治理方式相辅相成，相互促进。自治是核心，法治是保障，德治是灵魂。乡村治理的最终目标是强化农民的主人翁意识，提高农民主动参与村庄公共事务的积极性，让农民自己“说事、议事、主事”，农村的事让农民商量着办，凸显农民在乡村治理中的主体地位。

（一）推进村级组织规范化建设

党的十八大以来，广州坚持以习近平新时代中国特色社会主义思想为指导，深入贯彻落实中共中央办公厅、国务院办公厅《关于加强和改进乡村治理的指导意见》部署要求，不断探索实践具有广州特色的超大城市共建共治共享的乡村善治之路。2018年，广州以明确基层群众性自治组织职责定位，规范村（居）委会服务事项，推动居民自治工作良性发展为工作目标，启动了《广州市村（居）委会自治事项清单》（以下简称《自治事项清单》）和《广州市村（居）委会协助政府工作事项清单》（以下简称《协助事项清单》）制订工作。依法厘清基层群众性自治组织权责边界，强化村（居）委会自我管理、自我教育、自我服务、自我监督的功能，推动构建城乡社区形成自治、法治、德治的城乡社区治理体系，提升广州市城乡社区治理的整体水平。其中，《自治事项清单》涵盖村委会自治事项8类45项工作内容，包括接受领导、指导和监督、依法履职、加强机构建设、发展经济等事项。《协助事项清单》涵盖村民委员会协助工作类别17类，细分为78项具体工作任务，内容包括农村水源保护、供水设施改造、农业补贴发放、土地与山林管理等农村特有的工作内容。此外，广州市由市委农办牵头会同组织、宣传、政法、民政、民族宗教、司法等部门组成市乡村治理示范创建工作小组，齐抓共管、勠力同心，统筹推进乡村治理示范创建工作深入开展。鼓励各区开展建立村民小组长、村民代表等自治队伍管理办法等创新试点，进一步健全村（居）务监督机制，推进村（居）委会、村（居）民小组及村（居）民代表规范化建设。

白云区是外来人口较多的城区，区内城中村众多，流动人口占比多，治理难度大。白云区实施《广州市白云区全面推进城乡社区协商的工作方案》，明确白云区将构建镇（街）、村（居）、村（居）小组三级社区协商议事体系，试点融合社区，探索同源管理，多元协同治理。三元里街探索性开展融合社区“五个一工程”建设，精心构建起一个来穗人员党支部、一个来穗人员服务站、一个融合学堂、一个社区共治议事会、一支志愿者服务队的架构，让本地居民和来穗人员联系更为密切，让问题在居民共治中得到解决。选取8个行政村和7个经济联社，先行先试党务村（社）务公开，经过探索实践，15个试点单位均取得初步成效，形成了具有白云特色的党务村（社）务公开“白云模板”。①

番禺区实施村级组织“小微权责”清单，全面界定村级组织权力责任，建立权责明确、公开透明、操作规范的村级组织“小微权责”运行机制。坚持党对农村工作的全面领导，明确村级党组织统一领导村民委员会、股份社理事会等各类村级组织，进一步理顺村级党组织和村级其他组

① 汤南：《广州白云：创新党组织领导下的社区治理体系，以高质量党建焕发老城市新活力》，《广州日报》2021年11月12日。

织的关系，健全以基层党组织为领导、村民委员会和村务监督组织为基础、集体经济组织和农民合作组织为纽带、其他经济社会组织为补充的村级组织体系。从权力和责任两方面，以清单形式分门别类列明村级党组织、村民委员会、股份社理事会、村务监督委员会在各项工作中的具体权责事项，科学划定4个村级组织的权力“边界”。具体梳理明确了4个村级组织依法依规应行使的权力和履行的责任事项共21类79条，涵盖了村级“三重一大”、招投标管理等村级事关群众切身利益的大事要事。基本实现村级组织权责内容全覆盖，努力构建村级组织“按清单履职、依规范用权”的长效机制，推动解决村级组织权责模糊不清、推诿扯皮等问题。[①]

（二）打造数字农业农村

数字农业农村是顺应信息化进入大数据新阶段的必然要求，也是贯彻落实习近平总书记网络强国战略思想和“三农”工作重要论述的重大任务。根据《广东省贯彻落实〈数字乡村发展战略纲要〉的实施意见》《广东数字农业农村发展行动计划（2020—2025年）》和广东数字政府改革的建设要求，广州市大力发展农业农村数字经济，全面提升农业农村生产智能化、经营网络化、管理高效化、服务便捷化水平，用数字化引领驱动农业农村现代化，为实现乡村全面振兴提供有力支撑。近年来，广州发力“数字广州”基础应用平台建设，以此作为全市农村开展社会管理和服务的基础性支撑平台。该平台以“广州地理数字地图”（含三维影像图、平面图）为底图汇聚，关联农村网格的标准建筑物编码、标准地址库、标准基础网格和实有人口、实有房屋、实有单位和实有设施，全面提升农村社会治理智能化、标准化、精细化水平。通过发挥“综治中心+网格化+信息化”作用，提高农村基层社会治理精细化水平。此外，广州还制定《广州

① 肖桂来：《番禺区：率先实施村级组织“小微权责”清单制度》，《广州日报》2019年12月6日。

市信息基础设施建设三年行动方案（2018—2020年）》，三年安排1.3亿元“信息基础设施建设项目补助资金”，用于农村20户以上自然村光纤到村、城中村光纤改造和农田“多杆合一”等项目。通过资金补助引导各运营商加大在农村地区的投入和建设。

从化区自2019年获中央农村工作领导小组办公室确定为乡村治理体系建设试点示范区以来，辖区持续探索提高乡村治理效能的有效途径和超大城市乡村振兴之路，推动乡村自治、法治、德治体制机制创新，为探索中国特色社会主义乡村善治之路提供“广州样本”。制定《广州市从化区创建乡村治理体系建设国家试点示范区工作实施方案》，依托7支队伍、搭建2个平台、建立4项机制，创新建立群防共治“724”模式，系统建立线上线下相融合、党心民心相连通的新时代乡村治理机制，推动政策在一线宣讲、情况在一线掌握、矛盾在一线化解、问题在一线处置，提升乡村治理水平。从化区以云平台大数据为支撑，以移动互联网为载体，搭建起一座旨在善用信息化手段探索农村基层治理体系和治理能力现代化路径的网络平台——“仁里集”。在平台上，“我要知道”“我要说话”“我要投票”“我要办事”“从化特产”“智慧党建”“我们互助”“群防共治”“我找代表”等模块列成矩阵、功能明确。“仁里集”共建共治共享一键通云平台和群防共治村（社区）工作站两大平台线上线下同时发力，开通7类23项“村级直办”事项，在线查询服务事项800多项，村级证明基本实现“不见面、即时办”。“仁里集”云平台试点工程还被农业农村部评为首批18个全国农村公共服务典型案例之一。

黄埔区自2012年起，逐步建立“市级统筹、区为主体、街（镇）负责、社区（村）落实”的网格化服务管理体系；制定区对各街（镇）年度平安黄埔建设网格化服务管理工作考评标准；制定基础网格员队伍管理工作指引、网格化服务管理工作指引和网格划分工作指引。同时，优化调整基础网格划分，对辖区划分不科学、不合理、不利于工作开展的基础网格，进行重新优化调整。黄埔街依托智能化治理平台优化工作流程，创新“综合指挥调度中心+社会治理综合服务中心”双中心模式，实现信息处理快速流转、指挥调度灵敏高效、事件处理闭环管理，群众矛盾纠纷化解“小事不出街，矛盾不上交”。联和街创新性试点科学城“1+6+*N*”的网格化管理模式，整合统筹党建、网格化、出租屋管理、辅警协警等力量，调动调配园区内的党建指导员、网格员、执法队、出租屋管理员、辅警队员、物业公司人员，探索建立由街道党工委领导、企业协同、公众参与、法治保障的园区治理新体制。

增城区根据《广东省加快5G产业发展行动计划（2019—2022年）的通知》中“推动广州市增城区5G智慧农业试验区建设”有关部署，以“三农”大数据项目为基础，以省市级现代农业产业园区为重点，高标准规划建设增城5G智慧农业试验区。通过引进一批5G智慧农业研发企业，聚力建设高标准规模化的5G智慧农业产业集群，构建完善的5G智慧农业基础体系、生产体系、监管体系、服务体系和运营体系，创建国家级5G智慧农业产业园区。广州联通公司已对广州市增城区进行5G基站建设，对有业务需求区域进行5G信号优化覆盖。已完成石滩镇幸福田园蔬菜现代农业产业园230亩增城丝苗米5G精准种植试验田信息化建设工作。在广东省水稻产业科技大会期间，通过联通智慧农业大数据平台实现5G同频演播。

（三）健全村务监督机制

村务监督委员会是村民对村务进行民主监督的机构。建立健全村务监督委员会，对从源头上遏制村民群众身边的不正之风和腐败问题、促进农村和谐稳定，具有重要作用。2014年，广州市在全国率先出台市级村务监督工作实施细则——《村务监督委员会工作指导意见》，明确要求在全市1142个行政村、村改居的集体经济组织成立村务监督委员会，其换届工作与村“两委”换届同步部署、推进和实施。村务监督委员会由村民会议或村民代表会议在村民中推选产生，一般由主任、委员共3～5人组成，经济较发达的村可设主任1名、副主任1名、委员3名。其中，至少有1名具备财会、管理知识的人员。村务监督委员会在镇（街）纪（工）委和村党组织的领导下，依法依规依程序对党务村务财务公开情况、财务管理情况、工程建设和资产资源管理情况以及村干部廉洁履行职责情况实施监督。

白云区推行村务公开“白云模板”，对党务、村务、财务实行“三公开”，建立村务公开微信公众号，实现村（社）务线上线下同步公开，保证群众的知情权及监督权。白云区以民生需求为导向，从群众最关心、最直接、最现实的利益出发，创新推出“一村十民生实事”项目，涉及文化服务、治水、修路等多个领域。为了规范基层干部权力，保证项目实施效果，白云区建立了项目全过程监督机制，人民群众全程参与监督。每年年初，在村（联社）党群服务中心、村（联社）宣传栏等，公示十件民生实事具体项目内容，并定期公示十件民生实事的资金来源和完成进度等，接受群众监督。经过几年的探索，白云区在村级民主议事协商、村务监督方面有了显著提升，重大决策事项、村集体“三资”管理、村工程建设项目等，都能保证村民的知晓权，接受村民的监督，乡村治理能力显著提升。

番禺区各镇街建立村级“小微权责”清单监督检查制度，并明确村务监督委员会依法监督村务决策、资金管理、工程项目等权限，让其理直气壮对群众关注的“三重一大”等重大事项实施全程监督。同时，将村级组织“小微权责”“晒”出来，通过宣传栏、微信公众号等媒体媒介进行宣传，提高群众的知情权、参与权、监督权，拓展村民参与监督村级公共事务渠道，形成“上级监督+村级监督+群众监督”村务监督格局，推动农村基层权力运行规范化，有效防止农村基层滋生“微腐败”。

（四）修订村规民约

村规民约源于中国传统乡土社会，是村民在长期生活实践中进行的制度创设，这种“隐形的制度”逐渐被内化为村民自身的行为习惯，催生出勤勉重农、信任互助的“为人的哲学”。这些共同的价值观念与道德规范成为传统村庄共同体的伦理基础。村规民约作为村民共同意志的体现，是健全“三治融合”的现代乡村治理体系，实现乡村善治的重要抓手。

据广州市第七次全国人口普查公报数据，广州市七个涉农区（白云区、黄埔区、花都区、番禺区、南沙区、从化区、增城区）流动人口比例进一步增加，白云、黄埔甚至超过半数。在城乡统筹发展、一体化发展的新时代，广州进一步修订、完善村规民约，防止村规民约的内容与法律法规相抵触、与乡村发展实际相违背。持续对村规民约开展全面检查清理，重点检查村规民约的内容是否合法和具有操作性，违反法律法规、损害村民合法权益的内容要修改，删除不符合群众利益和意愿、不利于推动当地经济社会发展的内容。

2018年，广州发布《进一步修订完善村民自治章程和村规民约（居民公约）的通知》，之后，各区各村相继完成了新一轮的村规民约修订，例如将保护生态环境、实施垃圾分类等内容写入；制定涉毒处罚措施，把禁吸、禁种、禁制、禁贩等内容纳入其中，发动村民参与防毒禁毒；将疫情防控相关要求和常识要点写入，如禁止滥吃野味、无害化处理病死畜禽和病害畜禽产品等，推动配合支持疫情防控成为村民的自觉行动；将村干部管理办法写入，加强农村基层组织建设，营造良好的基层政治生态。此外，针对众多村规民约条文繁琐的问题，一些地方对村规民约进行了“瘦身”，将贴近村民生活、村民较为关心的条例单独宣传张贴。同时，针对常住人口的实际情况进行入户宣传，从而强化宣传效果。

白云区在探索村规民约的修订、宣传、执行全过程中进行了有效探索。区内118个行政村全部修订了村规民约，共有75个行政村将保护山林农田、古树古建筑写入村规民约。注重将习近平生态文明思想、习近平总书记关于历史文化遗产保护的重要论述等内容，进一步融入到村规民约中。龙归街北村村新一版的村规民约，明确鼓励村民重视教育，凡考取不同类别的大学以及取得硕士、博士学位的本村村民，可获得奖学金，金额从几百元到几万元不等。此外，一些村还通过提炼村规民约中的重点内容，编制成朗朗上口的“三字经”“四字经”或“顺口溜”等简约版，每年自制村规民约台历、挂历，免费发放给村民，引导村民深入了解、自觉遵守相关规定。提高村民参与村庄治理的主体意识，让群众看得懂、记得住、乐践行，推动村规民约内化于心、外化于行。

（五）普及村民议事厅制度

城乡社区协商是中国特色社会主义民主政治建设的重要组成部分，是最广泛、最直接、最生动的社会主义民主协商形式。广州以完善村民自治有效实现形式为方向，以城乡社区议事厅建设为载体，以改革创新为动力，积极推进城乡社区协商议事工作，推进基层社会治理创新，营造共建共治共享的社会治理格局。广州出台了《广州市全面推进城乡社区协商的工作方案》，印发了《广州城乡社区议事厅标识》《广州市城乡社区议事厅建设标准》《村民代表会议制度样本》《社区居民议事会工作制度》等系列规范指引，做好协商议事规则制度设计。建立常态化督导检查机制，每年两次以交叉检查的方式，对全市基层协商工作进行专项检查，制定工作月报制度，建立每月督办台账，认真做好协商工作的指导和督促落实。组织开展全市协商议事专项业务培训班，通过理论辅导、经验交流、现场教学等形式，分片分类对基层民政干部、村委会成员进行轮训，实现全体村委会主任培训全覆盖，提高落实协商议事的能力素质。

近年来，广州市各村对照全市议事厅建设标准，利用现有场地资源，按照主持席、代表席、发言席、监督席、旁听席等议事厅功能分区，大力推进规范化实体村民议事厅建设。同步制定和完善协商议事各项规章制度，明确议事范围、议事决策程序、议事成员权责、议事档案管理等规定，落实好制度上墙，为基层协商实践提供规范性制度支撑。在民政部门的指导和镇（街）党委政府的领导下，各村把协商议事机制融入村民代表会议过程，积极吸纳基层政府部门、辖内单位、社会组织、法律顾问、流动人员等成为协商主体，严格把好议题收集、酝酿、协商、决策、执行、监督等6个关键环节。紧紧围绕生产生活中涉及居民群众利益的公共事务、公益事业、迫切需要解决的实际困难和问题等广泛开展协商。充分利用议事厅平台进行会议商议和表决，把事关居民经济利益、最为关注的事务摆到群众面前，由居民说了算，保证决策公开透明，协商结果合法有效。通过开展民主协商议事，规范协商议事内容，凡涉及集体资产处置、承包方案、投资建设、财务开支、集体分红等重要事项，都在村社区议事厅提交村民代表会议进行商议和表决，有效遏制了资产管理过程中暗箱操作、个人说了算等问题。保证决策公开透明，协商结果合法有效，为集体经济事业发展增添了新动力。居民群众平等对话、商讨包容的气氛越来越浓厚，解决了以往基层居民群众不会开会、不懂行使民主权利，会议吵闹无序而产生的议而难决、决而难行的现实问题。理性平和、礼让宽容的协商共治方式解决社区问题的机制持续巩固发展。同时，通过建立健全村民协商事项目录清单，把乡村治安管理、环境卫生整治、公共设施维护、邻里矛盾调处、困难群体帮扶、村文体活动等各项公共事务提交到协商议事平台，发挥属地作用，解决乡村环境治理的困难和问题。

增城区下围村自二十世纪九十年代以来，因为村务财务不公开，村里事情少数人说了算，作为民主决策核心机构的村民代表会议被边缘化，在集体“三资”控制权和处置权的争夺问题上，形成了激烈的干群冲突和派别冲突。下围村成为远近闻名的“问题村”“上访村”。自2014年初村级换届选举以来，下围村党支部探索和实践以规范村民代表会议制度为核心的村民自治新模式，推行“民主商议、一事一议”的治村理社变革，建立规范的村民议事厅和议事制度，实现了还权于民，和谐稳定顺理成章，一跃从“上访大村”和“问题大村”摇身蝶变为“村民自治示范村”和“民主法治示范村”。下围村将权力制约的成功经验归纳为三个“防止”，即防止村党支部书记或村委会主任的个人意志代替村“两委”的集体意志，防止村“两委”的简单少数意志代替村民代表的大多数意志，防止人民群众形式上有权实际上无权，实现“众人的事情众人商量，大家的事情大家办”。“民主商议、一事一议”没有损害村经济效率，民主法治带来了立竿见影的发展成绩单：下围村盘活一批有争议和纠纷的闲置土地，引进了多个优质项目，村集体收入大幅上涨。通过大力实施环境整治，建设了广场、公园、老人活动中心等一批设施，现在村内环境优美，干净整洁。下围村的基层治理新路径，得到了各级各部门的重视和肯定，中央电视台、人民日报、南方日报、广州日报等国内主流媒体分别对下围村的创新实践进行了观察报道。2015年5月，下围村成为“全国民主法治示范村”，并作为乡村治理经验写进广州市“十三五”规划。

番禺区东环街龙美村是一个典型人口倒挂的“城中村”，以前还是“脏乱差”的代名词。为解决长期困扰居民生活的难题，龙美村推行村内重大事项“六步工作法”民主议事决策，即村内重大事项，应通过提议、决策、协商、审议、决议、公开执行监督的六个步骤民主决策。同时明确“党员首议”制，树立巩固党支部在村内的领导核心地位。明确凡是未获党员会议审议通过的事项，不能提交村民会议或村民代表会议表决，重大事项协商结果报街道备案，切实维护村集体和村民利益，防止村民委员会及其成员“作恶”和“变黑”。在龙美村村民议事厅，设置了会议专座、表决器、视频监控等，全程录音录像，有效改变了以往村民代表会议嘈杂、混乱、部分村民代表会内外表态不一的现象。同时，还将会议视频监控连上村内大型电子显示屏，实现了村民会议实时直播，让村民充分了解和参与议事全过程。

四、开展农村正风反腐治理行动

党的十九大提出实施乡村振兴战略，强调要加强农村基层基础工作，健全自治、法治、德治相结合的乡村治理体系。农村基层干部在乡村治理中发挥着重要作用。在乡村治理中，要抓好“关键少数”，就是党支部书记和村委会主任。而加强对农村干部的监督，尤其是制度性的监督，是抓住这个“关键少数”的重要举措。随着国家对“三农”补贴力度的加大和城镇化进程的加快，村干部手中掌控的资源越来越多，权力寻租的空间越来越大。一些村干部以权谋私、贪污受贿、生活腐化等腐败问题开始凸显。其中，农村“三资”管理（资金、资产、资源）是农村基层的贪腐重灾区，集体作案、共同腐败，窝案、串案特征明显。涉腐领域村从以往的村干部贪污、挪用农村集体资金，逐步扩展到征地拆迁、农村基层设施建设、集体资产处置等，主要表现为骗取征地补偿款、侵吞各类补助和工程款、农村基建项目受贿等行为。由于违纪主体团伙化，使腐败方式隐蔽，违纪违法案件行为不易被发现，持续时间较长。农村反腐成为决定乡村治理与乡村振兴成败的关键。

2017年起，广州市探索开展基层正风反腐专项治理，在原有工作基础上，进一步谋划部署，加强组织领导、明确责任分工，调整治理目标、细化治理措施，形成推进基层正风反腐专项治理新的三年行动计划。一方面，把落实基层正风反腐三年行动与推进扫黑除恶专项斗争、强化扶贫领域监督执纪问责、落实广州市加强和规范党内政治生活三年行动计划、强化一把手监督等结合起来，同步谋划、一体推进。另一方面，出台惩治公共服务行业和基层干部吃拿卡要问题、治理农村土地领域腐败和“三资”管理不规范问题等4个专项行动方案，要求审计、财政、农业等职能部门强化业务监管，开展集中整治、排查问题线索，着力发现问题、落实整改，同时对发现的违纪违法问题线索及时报送、快速查处，形成推进基层正风反腐的强大合力。

（一）构建廉情预警防控体系

党的十八大以来，广州运用现代风险管理的理念和方法，针对腐败现象易发多发的重点领域和关键环节，着力构建“廉政风险信息收集—分析评估—风险预警—跟踪处理”四位一体的监控平台。2014年，广州建设农村党风廉政信息公开平台，以互联网、电信网和有线电视网为通道，整合视频、短信、语音和网站等多媒体，实现对农村事务、农村财务、农村党务和涉农政务等相关信息进行公开、监督和考核。该系统还专门设置红色预警和黄色预警等自动监督功能，一旦出现有关事项没有及时上传或者更新，该预警系统就会启动，确保农村各项事务及时公开。系统的运行也使村务公开监督工作由原来的以事后监督为主转变为事前、事中、事后监督相结合。广州已建立包括农村党风廉政信息公开平台、农村廉情预警信息防控平台、农村集体“三资”管理平台、农村集体“三资”交易平台在内的“四位一体”智能化信息管理系统，涵盖农村集体“三资”的清产核资、信息公开、交易监管、廉情预警等各个方面。制定交易标准，细化交易流程，建立集体资产经营项目“区级交易中心+街道+联社交易站”的三级联动监管模式，有效地促进农村集体事务在阳光下运行。

（二）紧抓村干部廉政建设工作

近年来，村干部“小蝇巨贪”的例子屡屡曝光。村干部的腐化，固然与其思想素质不高、理想信念不坚定，村级财务制度不健全、管理混乱等因素有关，但同时也说明加强村干部廉政教育的重要性。对此，广州在“全面防控”农村腐败的同时，还加强对干部的“重点防控”，着力抓好农村项目审批、土地出让、工程招投标、工程项目建设、设备材料采购等腐败易发多发领域和环节的廉政风险防控工作。把领导干部特别是掌握重大平台项目人事权、审批权、监管权的领导干部作为重点防控对象。

针对农村基层建设存在的突出问题尤其是村干部腐败问题，广州各区持续开展“廉洁农村教育巡回宣讲”活动，成立廉洁农村教育巡回宣讲团，运用近年来查处的村干部违纪违法典型案例，结合换届选举、农村集体“三资”监管等内容，采用以案说廉、以案说纪、以案说法的形式进行宣讲。

广州市纪委监察局在全市农村开展廉情预警防控工作，指导成立村务监督委员会，全市村官出国（境）证照上缴统一保管。这些措施在规范干部权力运行的同时，也保护了村干部安全。让村民真正成为自治的主体，一些村更是探索出基层治理新模式。2013年，在充分借鉴了天河区等经验做法的基础上，市纪委正式出台管理意见，明确村“两委”班子主要成员出国（境）证照实行统一保管。广州全市共1144个村的“两委”主要领导干部逾两千人被纳入该项制度监管范围。相关管理意见的出台填补了国内“村官”出国（境）管理规定的空白。

从化区围绕实施乡村振兴战略，充分结合农村建设的实际情况，深入挖掘具有地域特色的廉政文化资源，厚植文化土壤。截至2020年底，全区、各镇（街）打造建成廉洁文化基地、廉洁文化主题公园共13个，不断推进廉洁从化建设，汇聚清风廉韵，为乡村振兴注入正能量。从化区组织力量编写《从化区农村基层党组织“头雁”实训手册》，该手册是从化区委巡察办针对开展村级政治巡察以来发现的2000多个问题和140条线索进行逐一分析，梳理有关工作规定、工作方法、工作纪律和典型案例编写而成。手册对村干部什么事应该做，什么事不能做做出了明确指引。一方面增强了村干部干事的底气，另一方面也规范了村居工作。

（三）改革农村集体“三资”管理制度

农村集体拥有的“三资”是农村工作的重点和难点，政策性强，涉及面广。既是农民普遍关心的问题，也是影响农村改革、发展和稳定的重大问题。农村基层干部违纪违法，大都与此相关。自2012年起，广州制定了《关于加强农村集体“三资”清理监管工作的指导意见》，印发了《关于开展农村集体“三资”第三方审计工作的通知》，要求各村引入第三方审计，开展农村集体“三资”清理审计工作。在此基层上，健全农村集体“三资”管理制度：资金方面，实施村级财务预决算制度，加强对农村集体收入、资金来源的管理，防止集体收入资金“体外循环”；资产方面，集体经济组织以招标投标方式承包、租赁、出让集体资产，以参股、联营、合作方式经营集体资产等，必须进行资产评估，评估结果还要按权属关系经集体经济组织成员的全体会议或代表会议确认；资源方面，集体建设用地收益要严格实行专户存储、专账管理、专款专用、专项审计监督。

在原“村账镇管”代理服务制度基础上，增城在保证村资金的使用权、所有权、收益权“三权”不变的前提下，大力推行村账村财“双代管”制度。针对集体经济规模较大且收益稳定的地方，鼓励农村集体经营性资产资源实行股份制改造，建立健全股东大会或股东代表大会、董事会、监事会等机构，强化内部控制机制。鼓励和支持集体经济组织利用资金、资产和资源，以入股、合作等形式进行合作，搞多元化经营。以村级集体为主要改革单位，以明晰集体产权为核心，以适应市场经济为根本目的，变资产为股权，变成员为股民，开展农村股份合作制改革，建立运作更加规范、管理更加民主、经营更加科学、分配更加公平的农村经济发展新体制。

南沙区开展农村集体“三资”监督管理，在广州率先推出了农村集体“三资”“线上交纳竞投保证金流程”和“网上公开竞投流程”，确保农村集体“三资”交易“公开透明、网上留痕、全程监控”。区农林局根据平台建设业务需求，2017年2月28日，通过公开选拔，确定了中国银行作为区“三资”平台“线上竞投保证金”专用账户开户银行。中国银行随即在所有网点开设了南沙“三资”交易平台专窗，推行“零手续费”绿色通道，为农村集体开设专户、网上转账保驾护航。全流程实现了全封闭式管理，有效杜绝了泄密及串标行为的发生。

五、打赢乡村扫黑除恶专项斗争

2018年，中共中央、国务院下发《关于开展扫黑除恶专项斗争的通知》，指出要深入落实党的十九大相关精神和指示，保障社会稳定和人民安居乐业，将在全国开展扫黑除恶专项斗争，将扫黑除恶与反腐败、基层“拍蝇”结合起来，进一步加强基层组织建设，形成长效机制，增强人民的幸福感和安全感，维护国家长治久安。2020年，中央全面依法治国委员会印发《关于加强法治乡村建设的意见》，提出要严厉打击农村黑恶势力及其“保护伞”、邪教组织，坚决把受过刑事处罚、存在村霸和涉黑涉恶涉邪教等问题的人清理出村干部队伍，打击收买外籍妇女为妻、非法收养儿童、“黄赌毒”违法犯罪活动。

在扫黑除恶专项斗争中，广州市坚持把扫黑除恶与反腐败斗争和基层“拍蝇”结合起来，深挖黑恶势力“保护伞”，以“打伞”惩腐的成效推动扫黑除恶专项斗争向纵深发展。针对广州市涉黑涉恶问题主要在基层、重点在农村的实际情况，广州市纪检监察机关集中优势兵力会同公安机关联手“铲乡霸、除村恶”。聚焦征地拆迁、“三资”等群众反映强烈的重点领域，紧盯基层干部中与群众联系密切、权力集中的“关键群体”，从全面摸排群众反映突出问题入手，会同公安机关打掉白云区园夏村村委会主任刘某等10宗以村干部为首的黑社会性质组织案件，确保扫黑打“伞”同步开展。

村社干部涉黑涉恶腐败案件往往涉案人数多、取证难度大，知情群众顾虑多、线索源少。广州市白云区纪委监委探索运用“群众路线”线索收集及取证模式，通过召开线索举报动员会、设立线索收集二维码、发布线索征集通告等“一会一码一通告”措施，有效提高线索收集和案件查办效率。“一会”，即区纪委监委专案组召集镇（街）和村（社）干部、村民代表召开线索举报动员大会，给干部群众讲政策制度讲党纪法规，动员号召群众积极举报，提供相关线索、证据。“一码”，即设立专案组线索收集微信二维码，由专案组负责人直接管理，广开线索收集渠道。此方式比电话、邮箱、寄信等传统举报方式更受群众欢迎，群众用微信扫描二维码即可一键举报，上传证据材料，提高线索收集效率，打消群众害怕被报复的顾虑，积极踊跃提供线索。“一通告”，即专案组到涉案村（社）各人员密集公众场所等显眼位置发布张贴线索征集通告，宣传发动群众踊跃站出来，揭发黑恶势力及“保护伞”，劝告涉案人员主动投网自首，争取依纪依法从轻处理。

广州市扫黑除恶斗争宣传教育基地由市扫黑办在海珠区大力支持下主建、各区各成员单位协建。基地位于广州市海珠区艺洲路803号，集宣传、展示、警示教育功能于一体，以文字、图片、视频及实物等形式展现了广州市扫黑除恶斗争开展情况和总体成效。为了方便市民群众线上参观，市扫黑办同步建成了广州市扫黑除恶斗争网上主题展览馆。展馆采用了360度全景和3D模型技术，运用多媒体技术，展现各区各部门工作亮点，进一步丰富了《扫黑除恶 平安广州》宣传片、三集《广州扫黑印记》系列电视片等视频资源。

第七章

持续扩大党内基层民主

党内民主是把民主这一国家治理的学说、理念、方式、制度引入政党领域，使得具有民主性质的政党按照民主的原则和规章制度进行党自身的一切组织和活动，其核心是尊重和实现党员在党内政治生活中的主体地位和民主权利。在中国共产党党内生活中，党内民主是指党员根据党章和党的其他规定，在平等的基础上，按照有关程序和形式，参与、决策与管理党的事务。党内民主包括民主选举、民主决策、民主管理、民主监督等。党内民主制度包括党的代表大会制度、集体领导制度、党内选举制度、维护党员民主权利制度、党内监督制度等形式。

发展党内民主，是政治体制改革和政治文明建设的重要内容。发展党内民主，对于保持党的先进性和纯洁性、提高党长期执政能力具有根本性的意义，对于政治体制改革和政治文明的建设具有直接作用。中国共产党经过一百年的奋斗，已经从领导人民为夺取全国政权而奋斗的党，成为领导人民掌握全国政权并长期执政的党，从受到外部封锁和实行计划经济条件下领导国家建设的党，成为推动经济高质量发展、持续深化改革、发展新型对外关系的党。面对“百年未有之大变局”，要在不确定和风险中牢牢把握发展方向、行稳致远，通过发展党内民主，达到增强党的生机、活力和创新力的目标，也是应对各类重大风险和挑战的重要法宝。

党的十九大报告指出“扩大党内基层民主，推进党务公开，畅通党员参与党内事务、监督党的组织和干部、向上级党组织提出意见和建议的渠道”，并在回顾过去五年工作的时候提到，民主法治建设迈出重大步伐，推进全面依法治国，党的领导、人民当家作主、依法治国有机统一的制度建设全面加强，社会主义民主不断发展，党内民主更加广泛，权力运行制约和监督体系建设有效实施。实践中，党内民主和人民民主构成了社会主义民主政治的两个基本方面：党内民主是人民民主发展的政治前提，人民民主是社会主义民主政治的最高形态和根本目标。二者相互影响、相互作用、相互制约，并且统一于建设中国特色社会主义政治文明的实践。一方面，党内民主对人民民主具有直接的示范和推动作用；另一方面，人民民主的发展也对党内民主具有重要的促进作用。

一、严格落实党内民主制度

健全党内民主制度体系是执政党自我完善和自我发展的过程，其要求是为推进党内民主提供结构意义上的文本保证，并对党内民主做出一整套制度安排，形成结构合理、环环相扣、相互补充、配套衔接的一整套制度链。通过这个制度链，来配置党内权力，调整党内关系，规范党内生活，使民主成为党内政治生活的秩序形式和基本方式。

广州始终把加强和规范党内政治生活、落实党内民主制度作为全面从严治党的重要抓手，严格执行组织生活制度，确保党的组织生活经常、认真、严肃。从严落实“三会一课”、民主生活会和组织生活会、党员领导干部双重组织生活、谈心谈话、民主评议党员等制度，坚持党员领导干部讲党课制度。创新方式方法，突出政治学习和教育，突出党性锻炼，增强党的组织生活活力，使党的组织生活真正成为对党员进行教育管理监督的重要形式。

（一）规范党内政治生活

新形势下加强和规范党内政治生活，增强党内政治生活政治性、时代性、原则性、战斗性，对于增强党的自我净化、自我完善、自我革新、自我提高能力，永葆党的先进性和纯洁性，具有十分重要的意义。习近平总书记指出：“党内政治生活因素复杂，具体到一个地方、一个部门、一个单位，问题各不相同……要坚持有什么问题就解决什么问题，什么问题难就重点解决什么问题，什么问题突出就着力攻克什么问题。”[①]2017年以来，广州市纪委牵头会同相关部门就“加强和规范党内政治生活、净化党内政治生态”开展了联合专题调研。在调研基础上，2018年初，广州

① 习近平：《在党的十八届六中全会第二次全体会议上的讲话（节选）》，《求是》2017年第1期。

市委出台了一号文件——《广州市加强和规范党内政治生活三年行动计划（2018—2020年）》（以下简称《行动计划》），《行动计划》把党的十九大相关决策部署和《关于新形势下党内政治生活的若干准则》要求细化为具体的行动性举措。

《行动计划》出台后，全市各区、市直机关、两新组织、市属国有企业、教学科研机构、医疗机构、村（社）党组织纷纷根据《行动计划》，结合实际情况，研究制定落实《行动计划》的具体措施，并开展了各种探索与创新。其中，越秀区在全省率先建立人民群众代表列席区委常委会会议制度，邀请基层代表就民生议题提出建议。广汽集团结合企业党建工作实际，吸收细化《行动计划》有关措施，把加强和规范党内政治生活纳入企业党风廉政建设年度考核。通过加强党员管理和学习，以党支部为单位开展创新创优，积极发挥企业党员先锋模范作用，在夯实企业党内政治生活基础的同时，也促进形成了更为持续的内生动力，助推企业高质量发展。广州国际金融中心党委作为广州首个商务楼宇党委，通过开展丰富多彩的党组织生活重塑党建引领的“楼宇文化”，促进楼宇企业的健康发展。针对党员年轻化、来自不同行业、日常交流较少的情况，党委以“快闪”等年轻人喜闻乐见的形式，开展了“学习1小时”“志愿1小时”“文化1小时”“减压1小时”“分享1小时”等丰富多彩的组织活动，重塑了党建引领的楼宇文化，打破了企业、支部的界限，极大增强了组织生活的吸引力。[①]

（二）推动基层党组织标准化建设

2018年，广州印发《关于开展党支部标准化建设的通知》（以下简称《通知》），《通知》制定了党支部标准化建设指南，形成了一套覆盖全

① 秦松：《加强和规范党内政治生活 推动全面从严治党向基层延伸向纵深发展》，《广州日报》2018年9月1日。

市各行业、各领域党支部建设的标准化指引，建立起基层党组织可遵照执行、上级党组织可考核监督的标准体系，推动基层党组织建设全面进步、全面过硬。具体来说，《通知》从组织设置、班子建设、党员教育管理、组织生活、发挥作用、运行机制、工作保障等七大方面，细化34项具体工作内容，逐一讲要求、定标尺、立标准，“手把手”指导基层党支部开展标准化建设。其一，《通知》从明确设立标准、创新设置形式、及时调整设置、设立纪检机构及党小组等五方面做了具体规定，为全市2.5万多个党支部优化组织设置“导航仪”，切实做到应建尽建、设置规范、调整及时、架构明晰，着力实现党的组织和工作“全覆盖”。其二，《通知》从职数配备、任职期限、政治建设、工作落实、学习培训等五方面做了明确规定，为全市2.5万多个党支部加强班子建设配备了一把“金钥匙”，切实做到选拔导向鲜明、人员素质优良、班子结构合理、成员责任明确、程序依法依规。其三，《通知》以发挥党员先锋模范作用为着力点，坚持抓住日常、严在经常，强化党员日常教育管理。从严格发展党员、组织关系管理、党员教育培训、党费收缴使用、党内激励关怀等五个方面做出详细规定，为全市2.5万多个党支部深化党员教育建立了“硬标尺”。切实做到党员队伍信念坚定、素质优良，规模适度、结构优化，纪律严明、作用突出。其四，《通知》从认真落实“三会一课”、组织生活会、民主评议党员等制度，广泛开展“主题党日”活动，创新创优组织生活，严肃组织生活纪律等六个方面作为党支部组织生活的基本内容，明确每项制度的时间安排、组织形式、操作程序，指导党支部照着标准做、对着要求抓，为全市2.5万多个党支部严肃组织生活设置了“坐标系”。真正做到各项组织生活正常规范、严肃认真，有实质性内容，都能有针对性地解决问题，党员参与率高、教育效果好。其五，《通知》从宣传党的路线方针政策、贯彻党的决定、领导基层治理、团结动员群众、推动改革发展等五个方面做了详细规定，为全市2.5万多个党支部切实发挥作用设置了“指挥棒”，确保全市基层党组织担负起直接教育党员、管理党员、监督党员和组织群众、宣传群众、凝聚群众、服务群众的职责，发挥战斗堡垒作用。其六，《通知》从报告工作、谈心谈话、民主议事、联系服务、责任落实等五个方面做出了规定，进一步完善工作机制，强化机制运行，为全市2.5万多个党支部健全运行机制点亮了“引航灯”，切实做到责任明确、领导有力、运转有序，推动全市基层党组织全面进步、全面过硬。其七，《通知》从活动阵地、活动经费、党务公开等方面做了规定，进一步明确阵地建设、经费保障等方面要求，建立健全多元化投入、稳定的经费保障制度，推动党建工作重心下移、资源下沉，给全市2.5万多个党支部推进标准化建设吃“定心丸”，切实做到党支部有人干事、有钱办事、能办成事。为让党支部标准化建设更直观、更生动，特别是一些具体工作流程能够一看就明白、拿来就能用，广州市委组织部精心设计了13张工作流程图，对建立党支部、党支部换届选举、发展党员、党员组织关系转接、党费缴纳、党支部组织生活、党支部党员大会、党支部委员会、党小组会、党课、组织生活会、处置不合格党员、主题党日等最常见、最基础的13项工作，进行流程上的分解、细化，给予基层党组织清晰的指引。让党组织和党务工作者能够按图索骥、一目了然，为党支部开展工作提供了有操作性的依据。[①]

（三）创新“三会一课”形式

作为党内政治生活长期坚持的一项重要制度，“三会一课”制度对于支部组织力的培养、提升、发挥，有着不可或缺的基础性作用。时代在发展，科技在进步，微信、微博、直播平台、VR体验等交互式工具也为“三会一课”形式的创新提供了更多可能。在此情况下，广州各级党组织近年来在加强“三会一课”时代性上不断发力，吸引越来越多的年轻人积极向党组织靠拢，通过推广“互联网+党建”，创新基层组织设置和活动方式，增强党支部在团结宣传方面的组织力。

---

① 昌道励：《为全市2.5万多个党支部设置“导航仪”，党支部建设有了“广州标准”》，《南方日报》2018年5月30日。

2017年，“互联网+党建+党媒”的全新移动党建融媒体平台“先锋e党建”正式上线。“先锋e党建”由广州日报报业集团信息时报社研发，是针对广州超大型城市基层党建创新模式的探索与实践。“先锋e党建”平台具有几大独特优势。第一，提升基层党建的长期活跃度。该平台通过上百名驻街记者实时更新党建新闻、街道党建资讯，通过多途径传播推广，使党建信息深入人心。同时，平台可发起丰富有趣的党建活动吸引党员积极参与，并通过积分体系建立数据量化评价体系，成为党组织管理者管理基层党员的数据依据。第二，助力各级党组织做好基层党建管理工作。“先锋e党建”有五级管理体系（市、区、街、党支部、个人），管理颗粒度精细化到每个党员，便于党组织全面掌握党员及各级党组织的党建工作动态。党建地图通过可视化的地图展示系统，让党组织随时了解各级党建动态。党员行为大数据通过可视化数据图表展示，各级党组织对所管辖的区域党建情况一目了然。第三，“先锋e党建”注重安全保障，实施与广州市“政务云”同级别安全保障措施，确保数据安全及用户隐私安全。①2017年8月，白云区率先在永平街试点“先锋e党建”，在半年时间内就实现了街道“互联网+党建”全覆盖。借助该平台，白云区打造了集教育、管理、监督党员功能于一体的新载体，打造全方位党员管理云平台。同时，利用“先锋e党建”高便携、交互快等特点，建立一体化党员信息登记机制，打造一站式党务办理平台，让党员随时随地在线缴党费、在线学党课、在线过组织生活、在线参与志愿活动，对党员履行义务情况实行全程掌握、全面管理。2017年，海珠区赤岗街道党工委与信息时报社“先锋e党建”平台合作建成了“红房子党建”系统。在平台上，党员群众还可以留言，把以往传统“单向宣传”变为“互动宣传”。每个支部、每个党员的即时成绩单提高了考核的有效性。在接入该平台前，党支部开“三会一课”需要给支部的党员逐个发通知，在接入平台后，基层党组织可以直接在系统上建课

① 刘诗敏、卫静雯：《“先锋e党建”上线，基层党建有了新抓手》，《信息时报》2018年2月8日。

堂，自动向支部党员发送微信通知及短信通知。“三会一课”的开展不但可以把会议内容放到网上让党员自动学习，还可以进行会议的现场直播，让党员随时随地参与组织生活。

天河区立足党建业务，着眼政务、服务，打造了“五通一网”体系，推行动态的、量化的、个性化的党务管理和服务。天河党建网络平台依托互联网为全区3.5万余名党员及1700多个党组织开设了个人空间和组织主页，把“支部建在网络上”，使党员、党组织在网上亮了身份，党务活动在网上也有了归属和依托。天河党建网络平台制订党员、党组织开展、参加党务工作、党务活动的积分规则，并建设相应的业务系统，实时记录全区所有党员、党组织的工作、活动、教育情况。设置“查看比学排行榜”，分别对党组织和党员积分自动排名，每天更新，激发党组织的活力，提升党务工作者的主业意识，促成了创先争优的良好氛围，实现了对各级党组织、对广大党员的量化管理和动态管理。天河区通过“一屏通”等工具，预设了重温入党誓词、聆听党章诵读、共唱经典歌曲、跟读马克思经典等基层党组织生活常用场景，方便基层党务工作者组织党员开展组织生活。同时，开辟网上党员论坛、党员留影墙，结合区委、区政府打造“干净、整洁、平安、有序”城区环境、街道领导干部驻点普遍直接联系群众等各项重点工作，发动党员积极交流、凝心聚力、献计献策，形成了独特的组织生活形式。此外，天河区首创基层党知识网上学习测试，创新学习方式和载体。邀请市委党校专家出题，建设区内党员网上学习测试题库。系统随机选题，党员通过网站、手机随时作答，系统自动评判后给出正确答案，实时计分。这一举措极大地激发了广大党员，特别是两新组织党员参与党务学习的热情。[①]

① 中共广州市天河区委组织部：《广东广州市天河区：探索移动互联网时代的都市党建现代化模式》，中国共产党新闻网，2018年10月15日，http://dangjian.people.com.cn/n1/2018/1015/c420318-30342324.html.

二、依法依规保障党员权利

夯实党员权利保障制度基础，促进党员积极行使权利，有利于激励党员充分发挥先锋模范作用，形成建功新时代、争创新业绩的浓厚氛围。党的十八大以来，习近平总书记围绕更好保障党员权利，提出许多新理念、新思想、新要求，为加强新时代党员权利保障工作提供了重要指引。随着形势变化，党员权利保障工作出现了一些新情况新问题，一方面，广大党员特别是年轻党员的主体意识不断增强，行使权利、维护权益更加主动自觉，但需要积极引导、加以规范；另一方面，党员权利内涵不断丰富，行使渠道、载体、保障措施尚未及时跟上。①为了适应变化，2020年12月25日，中共中央印发了修订后的《中国共产党党员权利保障条例》（以下简称《条例》），修订后的《条例》共5章52条。在以党章为根本遵循、继承和坚持2004年版《条例》仍然适用的规定基础上，修订后的《条例》以完善为着力点，对党员权利具体有哪些、怎样行使权利、如何保障党员权利的行使等进行了规定。《条例》明确规定了党员有哪些权利、怎么行使权利，党组织应该采取哪些措施保障党员权利，各级党组织和领导干部在党员权利保障工作中的职责任务以及责任追究等，全面细致、充分有力。其中，《条例》用13条条文，对党章规定的8个方面权利进行了明确细化，并采用“权利名称+权利内容”的方式进行表述，使党员权利便于理解、易于掌握、利于行使。《条例》按照权利义务相统一的原则，划出了权利行使的边界。比如明确规定党员进行批评、揭发、检举以及提出处理、处分要求，应当通过组织渠道，不得随意扩散传播、网络散布，不得夸大和歪曲事实，更不得捏造事实、诬告陷害。《条例》还系统规定了20项保障措施，这些都充分体现了时代要求，彰显了法治精神。

---

① 人民时评：《保障党员权利 激发干事热情》，《人民日报》2021年1月5日。

（一）保障党员党内知情权

党员有党内知情权，有权按照规定参加党的有关会议、阅读党的有关文件，了解党的路线方针政策和决议，贯彻党中央决策部署以及上级党组织决定、落实全面从严治党主体责任、开展重点工作情况以及其他党内事务。其中，党务公开是基层党内民主的重要内容，特别是关于党员群众切身利益的、党员群众普遍关心的信息，应当一律公开。党务公开应包含党组织基本情况、基础党务工作情况、日常活动情况、重大事项通告、党风廉政建设相关情况等内容。党务公开的内容要和基层党组织建设结合起来，党组织议定事项、活动开展情况、党费收缴情况、积极分子和党员发展情况、党员民主评议等内容要作为党务公开的重要内容。

党务公开是保障党员知情权的重要途径。广州在推进党务公开工作中，注重党务公开与政务公开等的衔接联动，统筹各级党组织党务公开工作。在党务公开参与形式上，强调运用多种形式拓展参与广度深度，包括党员旁听党委会议、党代表大会代表列席党委会议、党内情况通报反映、党内事务咨询、重大决策征求意见、重大事项社会公示和社会听证制度。在党务公开领导体制和工作机制等方面，做到市、区党委分级负责、各部门各单位各负其责的领导体制，确保方向正确、责任到位，建立健全保密审查、风险评估、信息发布、政策解读、舆论引导、舆情分析、应急处置等七方面机制，形成环环相扣的党务公开工作链条，以管理应对可能出现的问题和风险。在监督追责方面，建立健全党务公开工作报告、考核评议、督查、问责等制度，以传导压力，推动落实。

在具体实践中，广州市始终坚持以便于百姓、利于监督、忠于组织为根本原则，采取阵地公开、微信公开、会议公开的形式，召开群众大会、党员大会、村（社区）“两委”干部会议、乡村两级妇联主席会议；突出载体宣传公开，设立党务公开栏、村务公开栏，微信公众平台；突出社会宣传公开，制作、张贴党务公开内容宣传册等。通过党务公开让党员群众有了更多的共同语言并形成共识。丰富而又贴近民生的党务公开内容让党员群众对党和国家的政策、社区建设、党内互助等方面有了更深入的了解，党员群众之间有了更多的共同语言并形成共识。

在城市社区，广州推行社区党务、政务、事务“一揽子”公开试点。其中，广州市越秀区华乐街华侨新村社作为广州市社区基层党务公开试点基层，运用“十大方式”使党务公开形式多样化。一是专栏式公开。通过橱窗宣传栏、展板、上墙制度、“先锋视窗”滚动式电子显示屏等形式专设党务公开栏，让党务公开内容清清楚楚进入党员群众视野。二是会议式公开。定期召开党员会议、群众座谈会等，把党的文件精神、政策法规等及时传达给每一位党员群众。三是信息网式公开。整合网络资源，为社区党员设立“越秀党建网”个人账户，只要登录进去，党员们就可以看到对基层决策落实、工作动态、最新信息等内容的“全景式”公开，推进党务公开的数字化、信息化。同时，利用越秀信息短信平台，及时把党的最新政策等信息以手机短信的形式公开给每一位党员。四是窗口式公开。华侨新村社区专门增设了党务咨询处和群众意见箱，配备专业服务人员，面对面听取群众意见，现场协调解决问题。五是资料式公开。把概括了党务公开与群众关心关注的热点和服务群众的民生事项141项的《华乐街办事通——一册在手，办事无忧》和每一期《华乐情》，派发给辖区群众，让党员群众定期了解街道和社区的相关工作。六是交流式公开。通过华乐地区党建联席会、中介信息交流促进会、华乐先锋论坛等，将各种服务信息公开推介给非公企业党组织，党务公开使社区党员与非公党员的交流更加密切。七是接访式公开。华乐街在各社区设置了“两代表两员”（党代表、人大代表，政协委员和廉政监督员）的联系点，联系华侨新村的党代表2名、人大代表2名、政协委员1名和廉政监督员6名。这些“两代表两员”每个月都安排了固定的接访时间，坚持到华侨新村听取党员群众的意见和建议，并及时为党员群众答疑解惑，受到党员群众的欢迎。八是拜访式公开，即主动上门征求意见。华侨新村社区工作人员有计划地主动到社区居民家中征求意见，以便更深入地了解社情民意、化解社会矛盾和提供更到位的服务。九是慰问式公开。社区工作人员定期组织人员到社区困难党员、低保户、失业人员家庭等弱势群众家中慰问，把党和国家的优惠政策传达和落实到位，同时让社区联合解困小组及时帮助他们排忧解难。十是活动式公开。定期组织法律知识讲座、维权咨询、党风廉政等活动，公开党员群众关注的信息。同时，依托现代远程教育终端设备，在组织党员群众收看远程教育课件时，把社区党务、居务以及党员群众想要了解的热点、焦点问题制作成Word文档、Excel电子表格、幻灯片或者音像资料，通过远教设备向党员群众播放公开，受到社区党员群众的一致好评。①

在农村地区，广州持续推进乡镇党务、政务、村务三公开，要求乡（镇）、村（社区）党组织的工作事项，除国家秘密外，都要向党员和农民群众公开，重点公开农村基层党组织的工作目标、决策内容和程序、干部选拔任用、发展党员、党费收缴管理和使用、民主评议党员、党员干部违纪违法问题的处理、落实党风廉政建设责任制情况等内容。在党务公开的基础上，把各级政府支农惠农政策、社会各界支持新农村建设的项目、新农村建设的各项资金及其使用情况、农村集体资产和资源处置情况，以及对村干部的民主评议、考核和审计结果等事项，纳入公开的内容。广州从化区着力打造“指尖上”的乡村治理线上平台，以现代互联网技术为载体，试点打造集党务政务村务信息公开、网上办事、公共服务、农村电商于一体的“仁里集”共建共治共享一键通云平台，有效提升了村民参与村务建设的积极性。2020年，从化区“仁里集”智能治理云平台成为全国乡村治理数字化典型案例。

（二）保障党员教育培训权

党员有接受党的教育培训权，有权提出教育培训要求，参加党组织安排的集中学习教育、专题学习教育、集中轮训、脱产培训、网络培训。

① 广州市纪委监察局：《阳光党务凝聚人心 引领幸福社区建设》，广州市纪委监委网，2012年4月10日，http://www.gzjjjc.gov.cn/ljgzw/xwzx/gqxx/content/post_18666.html.

新时代党员教育培训工作，要以马克思列宁主义、毛泽东思想、邓小平理论、“三个代表”重要思想、科学发展观、习近平新时代中国特色社会主义思想为指导，认真落实新时代党的建设总要求，把学习贯彻习近平新时代中国特色社会主义思想作为首要政治任务，以坚定信仰、增强党性、提高素质为重点，坚持思想建党、理论强党、从严治党，坚持围绕中心、服务大局，坚持分类指导、按需施教，坚持联系实际、继承创新，坚持简便易行、务实管用，不断增强针对性和有效性，引导党员增强“四个意识”、坚定“四个自信”、拥护“两个确立”、做到“两个维护”，努力建设政治合格、执行纪律合格、品德合格、发挥作用合格的党员队伍。

在基层党员教育培训工作中，广州依照省级示范培训、市级重点培训、区县级普遍培训、基层党委兜底培训的形式，开展党员集中培训。通过理论学习中心组学习、“三会一课”、主题党日等活动，抓实集体学习。党员领导干部要定期为基层党员讲党课。引导党员根据自身实际和工作需要，利用业余时间开展自学。灵活运用讲授式、研讨式、模拟式、互动式、观摩式、体验式等教学方法，探索“课堂+基地”实训模式，增强教育培训的吸引力、感染力。加强案例培训，选好用好各条战线各个领域各个行业的生动鲜活案例。开展典型教育，引导党员学习重大先进典型和身边榜样，运用反面教材加强警示教育。

其中，“党课开讲啦”系列活动在全市各区、市直机关、国有企业和街道铺开。天河区委组织部围绕党史学习教育重点打造“党史微课”系列，每月定期举办一期，每期安排天河区委组织部党支部若干名党员上台授课。每名党员授课时长控制在20～30分钟，授课主题由授课党员围绕党史自行选取，并组织撰写发言内容，制作党史课件，确保支部每名党员都能上讲台、讲党课。“党史微课”授课主题聚焦党历史中的某个阶段、某个事件，从细节、片段中深刻反映中国共产党一路走来的光辉历程和艰辛磨砺，引起了党员们的强烈共鸣。[①]白云区坚持“三打造”，让党课资源“聚起来”。一是打造先锋师资库。明确师资的人选条件、类别构成和来源渠道，由领导干部、优秀村（社区）党组织书记等人员建立骨干队伍，并注重将熟悉基层工作、善用群众语言授课的“土专家”“田秀才”纳入师资库，为镇街党校开展党员培训提供师资保障。全区共聘任专（兼）职师资100人，同时面向全区基层党组织开放共享，实行授课预约制。二是打造精品课件库。白云区的党课聚焦学习贯彻习近平新时代中国特色社会主义思想，明确了政治建设等8种课件类型，结合党员教育电视片观摩交流、“党课开讲啦”及发挥镇街、区直单位部门职能优势，形成政治理论教育、党规党纪教育等方面课件的开发力度，保持课件库存量不少于200部，供全区党员干部“点单”学习。三是打造共享阵地群。白云区打造以三元里抗英纪念馆、农民工博物馆等为代表的共享阵地群，制作共享阵地目录及电子档案，依托“白云党建”微信公众号等信息平台，公开发布各阵地详细地址、开放时间、接待能力和联系方式，方便全区党组织就近就便选择，让共享阵地“活”起来。[②]广州交投下属大广高速党总支组织开展《青春战疫》微党课，以情景剧的形式讲述广州交投人在防控疫情期间的感人事迹。大广公司党员自发编写剧本、导演作品、排练动作，在短短8分钟内，展现出交投人在战“疫”期间的激情与力量。工程公司党委紧贴当前决战脱贫攻坚的工作实际，从两位80后“党员夫妻档”的视角，讲述集团驻村扶贫干部5年来竭力协助贫困村发展脱贫产业，帮助贫困户强生产、谋福利、解难题，一步一步实现脱贫致富的励志故事。[③]

为推动学习习近平新时代中国特色社会主义思想和党的十九大精神

---

① 中共广州市委组织部：《广州天河：党员上讲台 党课活起来》，广东组织工作网，2021年5月10日，https://www.gdzz.gov.cn/zdzt/dkkjl/hddt/content/post_11525.html.

② 中共广州市白云区委组织部：《广州白云：坚持“四个三”深入推进“党课开讲啦”活动》，广东组织工作网，2020年12月24日，https://www.gdzz.gov.cn/zdzt/dkkjl/hddt/content/post_9754.html.

③ 广州交投集团：《多种形式盘活党员教育 广州交投组织开展“党课开讲啦”活动》，澎湃网，2020年6月18日，https://m.thepaper.cn/baijiahao_7890951.

持续深入开展，激发广大党员干部不忘初心、牢记使命，传承红色基因和革命精神，广州市委组织部充分运用城市红色资源，依托党员教育基地打造系列培训示范班。党的十九大以来，广州市委组织部结合党员教育基地特色和贯彻落实党的十九大精神的要求，分类施教，分别面向民办学校教师党员、村党组织班子成员、科技园区企业党员、商务楼宇企业党员、律师行业党员、会计师行业党员、民营企业党员、社会组织党员等举办示范班。示范班通过理论教学和体验式教学，开展党建基础知识教育和党性主题教育，是传承红色文化的有效方式和载体，体现了广州党员教育常态化的发展创新。一是实现党员教育常态化的方式创新。点面结合，鼓励全市党员教育基地结合自身特点，分类打造党员教育课程，增强党员教育的吸引力，同时积极引导全市各级党组织加强与基地的合作，以点带面，充分发挥基地的辐射力和吸引力，切实解决部分基层党组织党员教育无场地、无内容等难题，大力提升全市党员教育工作覆盖面。二是实现党员教育常态化的内容创新。对标党的十九大精神，结合党员干部应知应会内容，深入挖掘广州的历史文化资源，以理想信念为重点，把学懂弄通做实党的十九大精神与充分发挥广州红色文化底蕴深厚的优势结合起来，引导党员学思践悟。既向党员全方位展示习近平新时代中国特色社会主义思想的真理力量，又向党员多角度传递近代以来广州一直走在全国前列的历史记忆，拓宽党员教育内容的多维视角，增强党员的政治认同、历史认同和感情认同。三是实现党员教育常态化的载体创新。依托培训示范班，整合基地资源，拓展“互联网+党员教育”，充分发挥广州市党员教育网、“红棉璀璨”微信公众号的优势，推动传统教育方式与现代信息技术的高度融合，变抽象为形象，打造党员教育随身课堂，加强教育培训的双向互动，线上线下教学相长，增强党员教育的传播力、感染力和凝聚力。

近年来，广州市不断推动党内教育从集中性教育向经常性教育延伸，注重创新党员教育载体，增强党员教育的吸引力和感染力，在加强原有20个党员教育基地建设的基础上，进一步挖掘历史资源，遴选出具有代表性、示范性的10个基地作为第三批市级党员教育基地，为全市60多万党员提供更多接受党性教育、加强党性锻炼的学习场所。2017年，广州市委组织部在中共广东区委旧址纪念馆举行广州市党员教育基地授牌暨揭牌仪式，新增了中共广东区委旧址纪念馆、广州地铁“1+N”党建实践基地、广州市地方志新馆、辛亥革命纪念馆、西汉南越王博物馆、广州市银河烈士陵园、广州环投环保教育基地、广州十三行博物馆、广州科学城反腐倡廉教育基地（育廉馆）、第一次全国劳动大会旧址等10个党员教育基地。在时间跨度上，广州30个党员教育基地，从三元里人民抗英斗争纪念馆，到农民运动讲习所旧址纪念馆，再到广州环投环保教育基地，涵盖了清末民初、土地革命、抗日战争、解放战争、改革开放前后两个30年等各个历史时期；在历史人物上，既有广东区委这样的党组织集体，又有广州起义英烈、三元里抗英群众这样的人物群像，还有孙中山、毛泽东、周恩来这样的伟大人物；在史料层次上，既有中共三大、黄花岗起义这样对全民族有深远影响的重大事件，又有广州地铁这样反映改革开放伟大成就的典型。[①]

为深入开展社会组织党史学习教育，扩大党员教育范围，提升党员教育质量，广州市社会组织党委制定了《广州市社会组织党建示范（党员教育）基地管理办法》，编印《广州市社会组织党建阵地目录》，打造社会组织党建红色阵地线路图，着力构建党建红色生态链。并用数年时间打造了一批社会组织党建示范（党员教育）基地，作为社会组织党员教育培训的阵地，发挥辐射带动、示范引领作用。让社会组织和会员单位党员党性锻炼有载体、学习交流有场所，推动形成可复制、可推广的社会组织党建“广州经验”。截至2020年底，共建成社会组织党建示范（党员教育）基地21个，其中市级8个，区级13个。社会组织党建示范（党员教育）基地纳入广州市社会组织“三库三基地”管理体系。以建设党建示范基地为契机，组织社会组织及会员单位党员参与主题党日、公益服务、社区治理和服务居民群众等活动，自觉践行为人民服务的宗旨。常态化开展“党建沙龙”“读书分享”等活动，推动党员服务管理高质有效覆盖。其中，广

① 陈子垭：《广州新增10个党员教育基地》，《信息时报》2017年6月28日。

州市社会组织党建展览馆作为广州市两新组织党员教育示范基地、市直新时代文明实践中心（所、站）建设示范点，通过“敢为人先”“勇担使命”“出新出彩”“走在前列”四个篇章，充分展示了广州社会组织党建奋力前行的发展历程，及广州社会组织在服务经济社会发展方面的主要成就。不仅成为全市社会组织的党建向导，还能为社会组织提供开展主题党日活动、学习、交流、小型会议等的场所。广州市动漫艺术家协会党建阵地JC动漫艺术馆，充分发挥其作为首家中外动漫艺术馆优势，专设有红色教育、爱国主义教育等题材的连环漫画。党建示范基地充分发挥示范带动效应，科学设置活动安排，构建社会组织党员温馨的“红色家园”。通过开展“请进来”“走出去”和“开放日”等活动，加强与党群服务中心、新时代文明实践中心等联动，推动社会组织党建与业务的深度融合，提升社会组织党建质量。广州市社会组织联合会党委“红在社联”党建阵地，依托“一网六平台”，深入实施党建“红苗工程”，深化红联共建，利用党建工作站、党建长廊，系统展现党建引领助力疫情防控、复工复产、脱贫攻坚、兜底保障等工作成效，打造“红心向党、社联万家”党建品牌。该阵地先后被评为全省两新组织党建工作示范点、市两新组织党建工作示范点、市社会组织党建工作示范基地。①

（三）保障党员监督权

党的十九大报告中指出，要强化党内监督，扩大党内基层民主，推进党务公开，畅通党员参与党内事务、监督党的组织和干部、向上级党组织提出意见和建议的渠道。第十三届全国人大一次会议通过的《中华人民共和国监察法》，实现了党内监督与国家监察有机统一，推进了国家治理体系和治理能力现代化。强化党内监督是马克思主义政党的一贯要求，是我

---

① 苏赞：《广州打造社会组织党建示范和党员教育基地》，《广州日报》2021年7月16日。

们党的优良传统和政治优势。

近年来，广州市各级纪检监察机关坚持以问题为导向，以“曝光台”“回访台”“排行榜”“排头兵”等作为作风建设重要抓手，以暗访、曝光、查处、问责为重要手段，进一步加大深入整治“四风”突出问题工作力度，不断将落实中央八项规定精神引向深入。引导广大党员开展民主监督，旗帜鲜明同不正之风和腐败现象作斗争，同一切可能动摇党的根基、阻碍党的事业的行为作斗争，坚持在党的纪律面前人人平等，不允许任何党员享有特权，着力营造风清气正的政治生态。

同时，广州严格落实“三个区分开来”要求，鼓励党员大胆探索、勤勉敬业，敢于担当、踏实做事，对受到诬告陷害的及时澄清正名。广州出台《关于贯彻“三个区分开来”治理为官不为的实施意见》，明确着力治理为官不为、宽容改革创新中的失误、探索构建长效机制3项目标任务，对如何发现为官不为，提出了具体意见。市党廉办通过“四风”问题云治理系统等平台，广泛收集为官不为问题情况和线索，运用大数据、云治理的工作理念和模式，建立全市为官不为问题数据库，定期对全市治理为官不为问题进行研判并提出对策建议。按照党内法规和监督执纪“四种形态”，对苗头性、倾向性问题、尚未造成不良影响的，通过谈话、函询等方式督促整改；对于违规行为、已经造成不良影响但尚未构成违纪的，采取责令做出书面检查、责令公开道歉、通报、诫勉、实施离岗锻炼、调离岗位、改任同级非领导职务等方式进行处理。

三、发挥党员代表履职作用

党代表是联系党员群众的重要桥梁和纽带。充分发挥好党代表履职作用，对密切联系群众、直接回应群众诉求、维护群众利益具有重要意义。2018年以来，广州市以加强党代表工作室建设为抓手，积极拓宽代表履职渠道和载体，制定了党代表工作室建设“广州标准”，重点培育、优化、提升了一批可看可学的党代表工作室示范点，擦亮了广州市党代表工作品牌。党代表工作室大多建在党群服务中心等便于党员群众来访的地方，有效承接省、市、区三级党代表到基层一线联系服务党员群众，破除了不同行业、层级、领域之间的障碍，充分发挥了大政方针传达、党情民意收集、利益矛盾协调等职责作用。党代表工作室搭建起实现党群对话的平台：一是高效沟通的“快速通道”。工作室为党代表职责“前移”“无障碍”联系群众搭建了平台，为“零距离”沟通创造了条件。既让党代表拥有一个相对固定的履职平台，也让群众感受到“党代表就在身边”。二是暖心互动的“对话平台”。党代表以党员群众“代言人”的身份出现在工作室，与群众平等对话，拉近与基层群众的距离，能够听到更多真话、实话、心里话。三是上下联通的“传导中枢”。在工作室，党员群众的诉求可以直达上级党组织或相关职能部门，工作室成为党组织联系党员群众，实现上下对话的“核心枢纽”。将党代表履职与网格化管理有机结合，把驻室的省、市、区三级党代表安排到社区网格中，每名党代表联系网格内一定数量的党员群众，推动党代表从以列席会议、参加调研为主，向“零距离”联系党员群众转变，既能及时协调有关部门解决群众反映的问题，又积极引导群众以理性合法的方式表达诉求，推动各种社会矛盾解决在基层一线。工作室不断探索创新代表履职方式，依托微信群、党建平台等，拓宽问题发现和快速处置渠道，党代表通过手机拍摄、上传就能将发现的问题提交相关部门处理，推动党代表主动深入大街小巷发现环境治理、安全维稳、公共设施等方面的问题，并借助微信平台等及时跟进、督促办理情况，切实提升了解决问题的效率。此外，工作室一改以往坐等群众登门反映情况的做法，积极开展夜间接访、主动约谈、到党员群众家中拜访等活动，使群众感受到党组织和党员干部作风的转变，感受到党代表是为群众说话、维护群众利益的，切实解决了一批群众的困难和问题，让群众有更多的获得感，进一步夯实了党在基层的执政基础。

党的十九大以来，广州市委组织部在丰富党代表履职途径和方式上下苦功夫，注重创新、突出特色，尝试党代表履职项目化。只要党代表发现问题，以联系服务群众为目标，就可以“立项”，项目由组织部牵头，社会各界的党代表共同参与。党代表在履职过程中提出专业化的项目，发挥了本职业的特长，增强了履职的积极性。党代表们提出、参与的项目内容多样，例如帮扶援助罹患白血病的省党代表、各级党代表爱心接力铺平困难华侨“归国路”、共建全市首个党代表志愿服务社区联络站、新春佳节全市党代表为身边困难群体送温暖等。每一个项目的成功实施都凝聚了党代表的热情和心血。相比传统的履职方式，以项目化带领下开展的履职活动，从策划、组织到最后实施都是党代表自愿参与，没有强迫要求，也不搞硬性摊派，党代表自然也不会把履职当成是例行公事随便应付了事，而是尽己所能做到最好。因此，履职的项目化能最大限度地激发党代表参与的积极性。

党代表履职形式的多样化有利于扩大联系服务群众的覆盖面，提升党代表在群众心中的为民形象。因此，广州市按照各区的特点，在全市各个区域都设立了大小、特色不同的基层党代表工作室。广州市每个区的情况不一，为发挥基层党代表的履职作用，广州市各区（县）按照本区特色，积极组织党代表加强与群众沟通交流。例如，海珠区是老城区，退休居民多、弱势群体多、邻里关系和谐、干群关系好。海珠区就在街道社区建立了“街坊会所”式的党代表工作室，组织党代表以“拉家常”“喝茶聊天”等形式，开展日常性的联系社区党员群众活动。无论是以街道为阵地的党代表工作室，还是个人党代表工作室，通过重心下移、力量下沉、方法创新，从而在推进社会管理和基层治理现代化中“大显身手”。此外，为健全各级党代表驻室工作的流程，广州市出台了相关的配套制度——《关于反馈市党代表提案、提议办理情况的函》，督促跟踪提案、提议办理工作的最新进展情况。

黄埔区探索实行党代表提案制。自2011年确定为广州党代会常任制试点区后，黄埔区组织人员研究相关政策理论，学习借鉴各地开展常任制试点工作的做法和经验，于2012年初制定出台《中国共产党广州市黄埔区代表大会代表提案暂行办法》。激发了代表履行职责的积极性，为落实代表表达权、参与权、决策权、监督权开辟了新的渠道。在试行党代会代表提案制过程中，黄埔区注重厘清思路，合理界定提案范围，将党代表提案与“两会”代表议案、提案进行科学合理的区分，尽量避免交叉重叠。在受理党代表提案时，要求提案内容应更具有前瞻性、宏观性，主要涉及贯彻执行党代会和区委决议、决定的事项，本区范围内经济社会发展的重大事项，党的自身建设等几个方面。为充分发挥代表议党议政的作用，黄埔区结合中心工作，有计划、有重点地组织代表开展调查研究、视察走访、联系群众等工作，为代表提出高质量提案创造条件。黄埔区每年至少组织一次以代表团为主体的调研活动，发动代表在深入调查研究、听取党员和群众意见的基础上，积极提交提案，立足区情实际，采取实地察看、听取汇报等方式，分别组织党代表对“三化”服务管理改革、党建创新等重点工作进行视察，使代表更深入地了解区的重点工作。为确保提案办理落实到位，黄埔区切实抓好提案“办前、办中、办后”三个环节，将与代表的沟通联系贯穿办理工作的全过程。在办理前，主动与代表对接，反复沟通协商，听取意见和建议，明确办理方向；在办理中，采取座谈、走访、调研等方式，与代表共同研究解决措施；在办理后，及时征求代表对办理成效的意见。主办单位充分发挥牵头组织、统筹协调作用，协办单位充分发扬团结协作精神，共同做好提案办理工作。[①]

广州市荔湾区落实“五个”示范，全面提升党代表履职成效。一是开展“学习宣传我带头”。通过专题讲座、理论学习会、“三会一课”、党代表履职培训班以及自学等形式，学准吃透党的先进理论和各级党代会的精神实质，准确把握各项工作任务。组建党代表宣讲团，组织各领域的专家型党代表，带头深入机关单位、街道社区、学校企业进行广泛宣讲，将党代会的精神实质传导至基层党员群众身边，引导大家齐心协力，共同投身到发展荔湾的大局中来。二是开展“联系服务群众我率先”。按照“街

① 谢莹：《广州黄埔区探索实行党代表提案制》，《中国组织人事报》2013年4月10日。

道+职能部门+社区”的“1+1+N”模式，规范建设党代表工作室，着力打造一批有影响力的个人党代表工作室。全区42个党（工）委均统筹腾出20多平方米的场地作为党代表工作室，供党代表开展履职接待服务；全区综合建立186个社区党代表工作室，基本实现街道、社区工作室全覆盖。通过构建这种纵横交错网格，让居民群众在10分钟生活圈内就能找到党代表工作室反映问题。协调安排党代表在工作室开展接待党员群众活动，及时公开驻室党代表的信息和接待时间，每周至少安排1名党代表，利用半天时间进驻工作室。同时，在开展的驻点直接联系活动中，将党代表同步纳入驻点团队。三是开展“推动发展我献策”。围绕全区中心工作，结合党代表自身实际，组织开展系列调研和建议献策活动，建立推动荔湾发展的党代表“智库”。围绕村级换届等重点工作，开展“听民意、解难题、促换届”专题调研，全面了解186个社区和21个经济联社换届选举工作的重点、难点问题，按照“一社一策”原则制定相应对策措施。在推进“1234”发展战略中，组织党代表围绕“传统文化商旅活化提升区与产业转型升级”“白鹅潭中心商务区与旧村旧厂改造”“国际科技创新产业区与公共服务均衡发展”等问题开展深入调研，形成20多篇建设性的专题调研报告，为区委区政府决策提供了重要参考。四是开展“我是党代表”“我是共产党员”。以做优秀党员为目标，在岗位职责、攻坚重点工作和项目，发挥党代表敢担当的毅力、善作为的能力和能冲锋的魄力，示范引领、团结带领党员群众，切实以强有力的组织领导确保区委的决策部署从蓝图走进现实。在服务窗口设立100多个党代表示范岗，党代表在服务过程中敢于“亮身份”。全区近400名党代表在各自岗位做示范，认真发挥先锋模范作用，以热情主动的干事态度、严谨务实的工作作风和专业过硬的职业素养，为身边的同事带好头、立标杆。结合“驻点直联”活动，党代表在服务群众上做示范，畅通党委政府联系群众的渠道，将服务群众作为代表的常态化基础性工作。党代表积极参与化解基层社会矛盾，有效化解了一批历史遗留问题。五是开展“民主监督我参与”。梳理完善党代表任期制“1+9”制度，构建包括“党代表开展民主评议实施规范”在内的党代表任期制标准化规范，让党代表开展监督更顺畅。建立党情政情双向通报沟通机制，让党代表及时了解区、街工作情况，使其更好地履职尽责、发挥作用。组织党代表参与经济联社、社区“两委”换届选举有关工作，发挥党代表宣传员、联络员和监督员的作用，及时收集社区（联社）党员群众的意愿，确保换届程序公平公正合法，营造了风清气正的换届工作氛围。同时，组织42名基层一线党代表列席区委全会、区委常委会和党（工）委书记述职评议会，扩大党内民主。①

四、提高党内监督实效

中国共产党作为马克思主义政党长期执政，实现有效的自我监督、正确行使人民赋予的权力，是一个关系社会主义事业前途命运的重大课题。党的执政地位决定了党内监督在党和国家各种监督形式中是最基本的、第一位的。党内监督的任务是确保党章党规党纪在全党有效执行，维护党的团结统一。我们党历来高度重视党内监督，出台了一系列法规制度，包括《中国共产党章程》《关于新形势下党内政治生活的若干准则》《中国共产党党内监督条例》《中国共产党廉洁自律准则》《中国共产党纪律处分条例》《中国共产党问责条例》等。这些法规制度对于党内监督的对象、内容、监督的制度等都做了明确的规定。党的十八届六中全会审议通过的《中国共产党党内监督条例》，提出建立健全党中央统一领导、党委（党组）全面监督、纪律检查机关专责监督、党的工作部门职能监督、党的基层组织日常监督、党员民主监督的党内监督体系。这些改革措施和制度建设对于规范党内监督权力行使、加大党内监督力度具有重要作用，促进了

① 中共广州市荔湾区委组织部：《广州市荔湾区党代表落实“五个”示范 全面提升履职成效》，广州党建网，2017年8月14日，https://www.gzdj.gov.cn/zzgz/info_46_itemid_11271.html.

国家治理体系的完善和发展。

党的十八大以来，广州市坚定不移深入推进全面从严治党，着力构建全覆盖的监督体系，督促掌握公权力的组织和个人公正用权、依法用权、廉洁用权，全力营造风清气正的政治生态，为决胜全面建成小康社会、持续提升国际大都市治理能力和水平提供坚强保障。广州始终以“四个意识”为政治标杆，以党的政治建设为统领，牢牢把握政治方向、政治立场和政治大局，严肃党内政治生活，净化党内政治生态，发展积极健康的党内政治文化，坚持自上而下的组织监督和自下而上的民主监督相结合，带动党内其他监督和群众监督、舆论监督，把上级对下级、同级之间、下级对上级的监督以及群众对党的监督充分调动起来，实现同频共振，不断增强监督实效。

在实践中，广州坚决贯彻党的十九大提出的“坚持全面从严治党”基本方略，抓住“关键少数”，明确党内监督的重点对象是党的领导机关和领导干部特别是主要领导干部。对党组织主要负责人和关键岗位领导干部的监督，重点监督其政治立场、加强党的建设、从严治党，执行党的决议，公道正派选人用人，责任担当、廉洁自律，落实意识形态工作责任制情况。在监督领域上，广州列出了重点清单，对工程建设、国土管理、司法、税务、干部人事、行政审批等容易发生权钱交易等腐败行为的领域，权力相对集中的机关、部门和热点岗位，进行重点监督，把政治规矩、政治纪律挺在前面。此外，广州还强化对党务公开、民主决策、党内选举等的全过程监督，持续加强对党务公开的监督，科学规范党务公开的内容、范围、程序和方式，增强严肃性、公信度，不断提升党务公开工作制度化、规范化水平。尤其是对重大问题决策、重要干部任免、重大项目投资决策、大额资金使用要进行重点监督。

自2017年到2019年，广州连续三年以市委1号文制定出台全面从严治党政策文件，包括2017年《关于进一步加强对一把手监督的十项措施》、2018年《广州市加强和规范党内政治生活三年行动计划（2018—2020年）》、2019年《关于深入开展形式主义、官僚主义专项整治的指导意见》。2020年，广州市委再次以市委1号文印发实施《关于推进政治监督具体化常态化、做到“两个维护”的若干措施》，聚焦政治监督，提出16项具体举措，推动全面从严治党向纵深发展。其中，措施着眼于解决政治监督内容发散、泛化和碎片化等问题，聚焦“关键人”，通过拓宽一把手约谈范围，健全党委、政府领导班子成员向同级纪委全会述责述廉述德并向基层延伸，围绕权力运行各个环节，完善发现问题、纠正偏差、精准问责有效机制，破解对一把手监督和同级监督难题。此外，措施还强调推动“三述”制度向基层延伸，研究制定全面深化“三述”制度、着力破解同级监督难题的指导意见，推动市区两级党委班子成员、政府党组成员（主要负责人除外）向同级纪委全会述责述廉述德常态化，并在一个任期内实现全覆盖。各级党委（党组）领导班子成员（主要负责人除外）和下级党组织一把手向本单位年度党风廉政建设工作会议述责述廉述德并接受评议，排名靠后的由同级党委（党组）主要负责人进行约谈提醒。村（居）党组织负责人向村（居）民代表大会述责述廉述德并接受群众代表现场提问和评议，排名靠后的由镇（街）党（工）委主要负责人进行约谈提醒。

2018年，广州市党风廉政建设领导小组印发《关于深入贯彻落实〈中国共产党党内监督条例〉的通知》（以下简称《通知》），明确党内监督35项工作要点和14个责任部门，针对党的工作部门、基层党组织和党员列出42项监督责任清单，积极构建党统一指挥、全面覆盖、权威高效的监督体系。《通知》强调，各级党组织要深入贯彻落实党的十九大精神，切实增强监督意识，统筹部署好党内监督总体工作，推动解决本地区、本系统存在的党内监督突出问题。要明确党委（党组）、纪律检查机关、党的工作部门、党的基层组织和党员在党内监督中的职责和分工。各级党风廉政建设办公室要协助各级党委加强统筹协调和督促落实。各级纪委要发挥专责监督作用，聚焦监督执纪问责，建立完善日常监督机制和民主监督机制。各责任单位要按照分工要求，认真履行党内监督职责，认真落实党内监督工作要点，切实履行责任清单，做到“有机制、有清单、有制度、有台账、有考核”。

五、发挥基层党员参与议事作用

党的十八大以来，广州积极推动党员参与基层议事，倡导党员、群众通过血缘关系、地缘关系和族缘关系，收集整理社情民意，协调解决邻里关系、家庭纠纷、扶贫济困。在社区，党组织通过召集各类组织代表参加的社区党员民情议事会，在社区能力允许和居民自治范围内，对居民反映的问题进行分类，整合居委会、社区服务站、志愿服务组织、驻区单位等各类组织资源，围绕居民群众关心的问题，协调各方面力量各负其责、各展所长，共同参与社区管理服务，共建共享幸福社区。在街道党员民情议事会，针对社区党员民情议事会反映的民情民意和关系到街道稳定发展的重大问题，坚持问需于民、问计于民、问政于民，召开各类驻区组织、区直机关、“两代表一委员”为主要成员的党员民情议事会，听取各方面发表的意见，讨论形成解决问题的具体方案，协调各方面力量和资源，形成街道层面的资源整合、各方协同的工作格局。通过三个层次的力量整合，逐步引导党员和群众发挥主体作用，逐级消化民众关心的实际难题，基本实现“小事不出社区，大事不出街道”的良好工作局面。

广州市越秀区通过开发社区治理微信小程序，搭建“党建+互联网”社区共建共治共享服务平台，以社区党委、网格党支部、楼栋党员为引领，引导居民群众开展线上协商议事，拓宽居民反映问题、参与社区议事的方法和渠道，提高社区居民对社区热点问题的参与度。该区成立了由居民党员、社工党员、地区机团单位党员、专业服务机构党员共同组成的网格党支部，引进广州粤华物业有限公司“党建+互联网红色物业管理”项目，以小程序为平台，为居民提供公益性基本物业管理服务，解决老旧无物业管理小区管理难的问题。在党建引领下，通过完善社区基层党组织服务功能、促进基层社会治理参与主体多元化，实现“小区事务共商共治，平安小区共建共享”。

广州市荔湾区立足中心城区实际，把构建社区党员民情议事会三级联动机制作为工作抓手，积极推动基层党建创新，以党的基层建设带动其他各类基层组织建设、以社区党建带动社区管理服务创新的“三带动”。社区党员民情议事会是荔湾区委在总结近年来实行民情日记、社区（经济联社）民情议事会（民情议事厅）制度的基础上发展起来的了解民意、体察民情、集中民智、解决民忧的党群联动议事制度，是社区党组织领导居民和驻区各类组织参与社区重大事务的讨论、咨询、协调、联络和监督制度，引导党员带头落实社区党组织民主决策，为机关党员联系服务群众搭建平台，引导各类组织和居民参与公共事务的工作机制。荔湾区注重通过建章立制，发挥各类基层组织在密切联系群众、反映群众诉求、协调利益关系、化解社会矛盾、为群众排忧解难中的桥梁纽带作用，真正把稳定落实到基层、实现在基层，建设人民群众平安幸福的美好家园。一方面，建立民情议事联推实施机制，着力完善“议事、反馈、组织落实”各个环节。另一方面，建立“民情议事四项保障”机制，努力实现化民怨、解民忧、促和谐。在实际工作中，荔湾区以街道为单位，分别建立街道党员民情议事会、社区党员议事会、片区居民议事会，通过街道、社区、片区三级联动，使原有的社区党员民情议事会既能够依靠居民实现民主议事、民主决策、民主管理，又能为街道党工委指导协调区域各类组织联系和服务社区反映诉求、提供信息。[①]

---

① 余嘉敏：《“你呼我应、三级联动”，荔湾基层治理新模式帮群众解决烦心事糟心事》，南方Plus，2019年4月30日，http://static.nfapp.southcn.com/content/201904/30/c2177624.html.

后　记

每座城市都有属于自己的标签。属于广州市的标签，无外乎“一线城市”“千年商都”“猴犀利的粤语”“讲饮讲食”这几种。这本书想要做的，是展示广州市的另一面，即一座崇尚民主、追求平等、市民社会发育成熟的城市。

事实上，运行良好的市场经济体系背后，不仅要有缜密科学的顶层设计，也不仅要靠高效廉洁的政府执行，还要依赖理性、合作、包容的社会支持。随着经济发展模式的转型，国内一些城市陷入了发展困境，这些城市管理者纷纷南下“取经”，但搬抄移植制度设计容易，培育与之相互配合的社会条件则困难得多。广州之所以拥有雄厚的社会资本，既是先天“基因”优势，也是后天“磨砺”使然。广州作为中国对外贸易的传统港口城市，对外交往频繁，各种思潮相互碰撞，很早便孕育了多元社会格局。近代以来，康有为、梁启超、陈千秋等把变革思潮推向政治制度和理念层面，他们开办了万木草堂（在今广州市中山路）以培育维新队伍，社会风气随之一新。广州地区也成为全国思想启蒙与社会改革的肇始之地。早在1921年3月，广州就建立了共产党小组，是当时国内最早成立共产党组织的六个地区之一。第一次国共合作建立后，国民革命军的东征与北伐均从广州起步……百年岁月激荡与形势变幻造就了城市新型社会形态，也早早奠定了广州的未来。

广州解放后，迅速成立了具有过渡性质的政治协商委员会，以协商的方式对彼时广州城市建设的重大问题进行了议定。改革开放后，广州在基层民主治理方向上再进一步，先有市领导接待群众来访日、市政府新闻发布会、市长专线电话等先行先试办法生效，后有《羊城论坛》、“开门立法”等常态化举措。2019年广州颁布实施《广州市开展“有事好商量”民生实事协商办法（试行）》，成为全国首个以法律形式明确地方民主协商制度及具体程序的超大城市。此外，广州还常年在中国法治政府评估中稳居前列，六次荣获中国法治政府奖或提名奖，获评法治政府建设典范城市、中国营商环境标杆城市、全国“七五”普法中期先进城市。

遗憾的是，以上种种敢闯敢试的实践，并没有被完整系统地记录下来，而仅仅是零星散诸各类工作日志、总结报告、报纸杂志之中。广州的城市文化一向低调、务实，偏爱埋头苦干，对成绩并不过多宣扬。为了让广州的民主实践不在片言只语中埋没，我们决定把案头的材料重新理顺，于是有了这么一本书。

本书是中共广州市委党校“红棉论丛”系列研究成果，同时也是献礼党的二十大的重要活动内容。自选题确立后，中共广州市委党校政治学与法学教研部在短时间内组建由部门中青年骨干力量构成的研究团队。各章节具体写作分工如下：

导论：敖带芽；

第一、三、五、六、七章：陈炜；

第二章：何平；

第四章：陈炜、王梓。

本书写作过程中得到了中共广州市委党校校委会、学术委员会、科研处等部门的大力支持。

由于研究资料和知识水平均属有限，本书难免存在疏漏和不足，尚请读者不吝指正，以待进一步修订。

陈炜

2022年7月